Kerstin Reinke • Swetlana Meißner

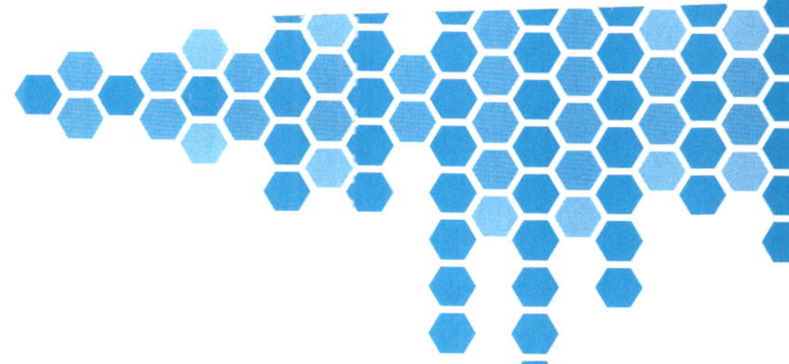

Auf Deutsch im Rhythmus!

Phonetik mit Grammatik in Sprachhandlungen

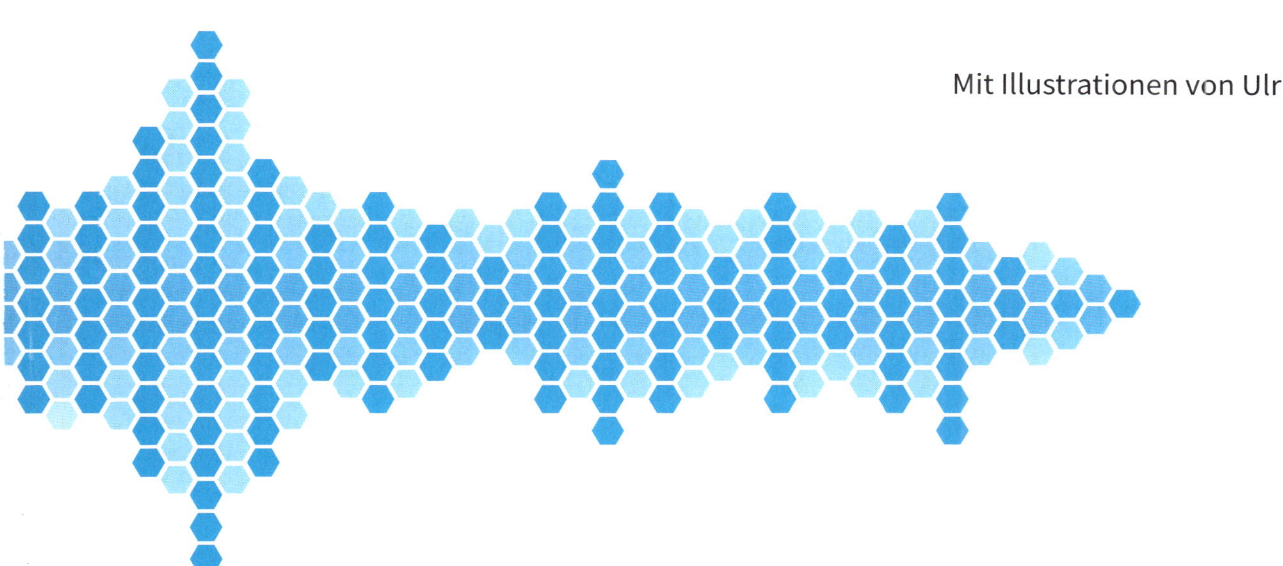

Mit Illustrationen von Ulrike Keil

Das vorliegende Lehrwerk beinhaltet Hörtexte.

 Hörtext

Die Hörmaterialien stehen in unserer App **SCHUBERT-Audio** und auf unserer Website unter **www.schubert-verlag.de/medien** zum Download zur Verfügung.

Dieses Buch wurde hergestellt mit 100 % Ökostrom aus ökologischer Erzeugung, welcher durch den TÜV Nord und das ok-Power-Label zertifiziert ist.

Es ist gedruckt auf zertifiziertem Papier aus nachhaltigen und verantwortungsvollen Quellen.

Redaktion: Ann-Katrin Röß, Hedwig Rebekka Siemionek
Layout und Satz: Regina Lang
Illustrationen: Ulrike Keil

Die Hörtexte wurden gesprochen von:
Patrick Becker, Helena Bieler, Debora Diehl, Theo Glase, Johann Graßhof, Felicia Meißner, Kerstin Reinke, Fabian Steinke

1. Auflage 2024

Printed in Germany
ISBN: 978-3-96915-059-7

Inhaltsverzeichnis

Inhaltsverzeichnis

„Auf Deutsch im Rhythmus!“ – Vorwort

Liebe Lehrerinnen und Lehrer, liebe Lernerinnen und Lerner,

eine gute Aussprache ist eine wichtige Voraussetzung, um auch in einer Fremd- oder Zweitsprache gut zu verstehen und verstanden zu werden. Für eine verständliche Aussprache müssen unbekannte Vokale und Konsonanten eingeübt werden. Ebenso wichtig sind Wort- und Satzakzente, Satzmelodie und Satzgliederung.

In jeder Sprache gibt es für die Aussprache besondere Regeln, die man in seiner zuerst erworbenen Sprache automatisch anwendet: Man betont z. B. Silben in Wörtern und Sätzen auf besondere Weise oder man macht in Sätzen mehr oder weniger Pausen und verwendet eine für die Sprache typische Satzmelodie. Viele DaF-/DaZ-Lernende sind mehrsprachig. Sie besitzen mehr oder weniger entwickelte Sprach- und Sprechfertigkeiten in mehreren Sprachen und verfügen somit auch über eine sehr individuelle Aussprache in diesen Sprachen.

Der Erwerb von Aussprachefertigkeiten in einer neuen Sprache gelingt ab einem Alter von ca. zehn Jahren meist nicht mehr automatisch und scheinbar mühelos wie in der Erstsprache/ in den Erstsprachen, sondern man benötigt dafür eine intensive Unterstützung durch geeignete Lehr- und Lernmethoden für die Ausspracheschulung.

Das vorliegende Lernmaterial „Auf Deutsch im Rhythmus!“ soll die Entwicklung einer verständlichen Aussprache bei Lernenden ab ca. zehn Jahre in der Fremd- und Zweitsprache Deutsch (DaF/DaZ) in Lerngruppen ab Sprachniveaustufe A2 unterstützen. Es bietet ein auf die individuellen Bedürfnisse der Lernenden abgestimmtes Aussprachetraining, welches zum regelmäßigen Bestandteil des DaF-/DaZ-Unterrichts gehören sollte. „Auf Deutsch im Rhythmus!“ kann sowohl begleitend zu jedem Lehrwerk als auch als eigenständiger Kurs eingesetzt werden.

Dem Kurs liegt der sprechrhythmische Ansatz zugrunde (vgl. Empfehlungen zur Arbeit mit dem Kurs auf S. 8), der den Rhythmus der Sprache in den Mittelpunkt stellt und mithilfe abwechslungsreicher Lernaktivitäten ein gleichzeitiges Training von Wortschatz, Grammatik und Aussprache in relevanten Sprachhandlungsfeldern ermöglicht.

Wichtige phonetische Themen werden in jeder der 14 Einheiten auf der Grundlage eines rhythmisch gesprochenen Sprechtextes eingeführt und bewusstgemacht sowie danach zusammen mit anderen sprachlichen Kompetenzen in verschiedenen Lernaktivitäten, insbesondere in methodisch abwechslungsreichen Hör- und Ausspracheübungen trainiert. Darauf aufbauend können die Lernenden entsprechende phonetische Regeln eigenständig erschließen und sich einprägen. Zusätzlich erwerben sie lernförderliche Strategien zur Bewusstmachung und zum Trainieren jedes phonetischen Phänomens. Schließlich können die Lernenden gemeinsam einen eigenen Sprechtext entwerfen und präsentieren. Jede Einheit schließt mit einer handlungsorientierten Aufgabe ab, in der die geübten rhythmisch-melodischen Strukturen in Kombination mit anderen sprachlichen Kompetenzen in einen alltagsrelevanten Kontext transferiert und geübt werden.

Durch diesen Ansatz gelingt die Aneignung sprechsprachlicher Strukturen mühelos, die Aussprache verbessert sich, der Wortschatz erweitert sich, das rhythmische Sprechen macht Freude und Spaß und stärkt das Gemeinschaftsgefühl.

Viel Erfolg und Freude beim Lehren und Lernen mit „Auf Deutsch im Rhythmus!“
wünschen Ihnen die Autorinnen Kerstin Reinke und Swetlana Meißner.

Diese Abkürzungen, Symbole und Markierungen werden im Kurs verwendet:

L	bedeutet Lernende (Lernerinnen und Lerner)
Ü	bedeutet Übung
[ ]	zeigen gesprochene Laute an, z. B. [a] in *Stadt*
[ˈ]	kennzeichnet den betonten Vokal, z. B. *fröhlich* [fʁ̥ˈøːlɪç]
[ː]	kennzeichnet einen langen Vokal, z. B. [aː] in *Staat*
[̥]	kennzeichnet einen stimmlosen Konsonanten, z. B. [z̥] in *aussehen*
[̯]	markiert den zweiten Vokal eines Diphthongs, z. B. [ao̯] in ***au**ch*
[m̩], [n̩], [ŋ̍]	stehen für die Endung *-en*, wenn das *e* ausfällt, z. B. [m̩] in *lie**ben***, [n̩] in *re**den***, [ŋ̍] in *sa**gen***
‿	unter zwei Buchstaben zeigt, dass man aufeinanderfolgende Laute ohne Pause dazwischen aussprechen muss, z. B. *auch‿rot*
e̸	zeigt an, dass das *e* (Schwa-Laut [ə]) in der Endung *-en* ausfällt, z. B. in *rede̸n*
|	vor einem Vokalbuchstaben zeigt einen Vokalneueinsatz mit Knacklaut/Glottisplosiv an, z. B. *Wir |**är**gern |uns.*
Staat – Stạdt	Die Markierungen zeigen einen langen Vokal (*Staat*), einen Diphthong (*Haus*) und einen kurzen Vokal (*Stạdt*) an.
eine **Ho**se	Silben mit Wortakzent und Wortgruppenakzent sind **fett** markiert.
Das ist eine **Ho**se.	Satzakzente sind **fett** markiert und **fett** unterstrichen.
↘ ↗ →	Die Satzmelodie ist mit Pfeilen markiert: Sie fällt ↘ oder steigt ↗ am Satzende, z. B. *Ich habe ein Heft.* ↘ *Hast du ein Heft?* ↗ Sie bleibt gleich → nach Satzteilen und wenn ein Satz noch nicht zu Ende ist, z. B. *Ich habe ein Heft* → *und einen Stift.* ↘
/ und //	Mit / sind kurze Pausen nach Satzteilen bzw. Wortgruppen markiert. Mit // sind lange Pausen am Satzende markiert, z. B. *Ich habe ein Heft / und einen Stift. //*
• ● das **Heft**	Rhythmusmuster: betonte Silbe ● und unbetonte Silbe • Rhythmusschrift: betonte Silbe **Heft** und unbetonte Silbe das
✪	kennzeichnet eine Übung für leistungsstärkere Lernende

Empfehlungen zur Arbeit mit dem Kurs „Auf Deutsch im Rhythmus! Phonetik mit Grammatik in Sprachhandlungen"

1. Zielgruppen, Lernziele und Einsatzmöglichkeiten

Der Kurs besteht aus 14 Einheiten, die sich jeweils einzelnen Sprachhandlungsfeldern mit dem dazugehörenden Wortschatz, den morphologisch-syntaktischen (= grammatischen) Strukturen und Redemitteln sowie den ihnen immanenten phonetischen Themen widmen (vgl. 3.).

Zielgruppen: Der Kurs kann in kleineren oder größeren Lerngruppen ab Sprachniveaustufe A2 im DaF-/DaZ-Unterricht verwendet werden. Besonders angesprochen sind junge Lernende (ab ca. zehn Jahre), der Kurs ist aber ebenso für Lernende aller Altersstufen einsetzbar.

Lernziele: Ziel des Kurses ist die ganzheitliche Förderung der sprachlichen Handlungskompetenz. Der Fokus liegt auf der Ausspracheschulung in Verbindung mit wichtigen grammatischen und lexikalischen Formen und Strukturen. Folgende Lernziele werden angestrebt:

- Verdeutlichen der Zusammenhänge zwischen grammatischen und phonetischen Besonderheiten des Deutschen in ausgewählten Sprachhandlungsfeldern
- Automatisierung elementarer Sprachstrukturen in Form rhythmisch dargebotener Chunks (= Portionen fester sprachlicher Einheiten)
- Erweiterung des Wortschatzes und wichtiger Redemittel zu kommunikationsrelevanten Themen
- Verbesserung der Aussprachefertigkeit und damit der Verständlichkeit in der Fremd- und Zweitsprache Deutsch sowie Vermittlung von Aussprachelernstrategien
- Veranschaulichung phonetischer Besonderheiten und Unterschiede zwischen Erstsprache und Fremd-/Zweitsprache der Lernenden, Bewusstmachung mehrsprachiger Ressourcen
- Sensibilisierung für die Rolle verschiedener Emotionen beim Sprechen
- Freude und Spaß am Klang und am Spiel mit der Sprache
- Förderung und Stärkung des Gemeinschaftsgefühls.

Einsatzmöglichkeiten: Der Kurs ist als eigenständiges Kursmaterial oder begleitend zu anderen Lehrwerken und Lehrmaterialien verwendbar.

Die 14 Einheiten des Kurses können von der ersten bis zur letzten Einheit durchgearbeitet werden. Da jede Einheit in sich abgeschlossenen ist, lassen sich je nach Bedarf sowohl einzelne Einheiten als auch einzelne Übungen aus den Einheiten auswählen. Für die Auswahl können sich Lehrende und Lernende an den phonetischen und/oder grammatischen Schwerpunkten bzw. an den Sprachhandlungsfeldern (vgl. Übersichten unter 3.) orientieren, die für die konkrete Lerngruppe besonders relevant sind.

Für die Ausspracheschulung ist eine Unterstützung der Lernenden durch eine/n Lehrende/n natürlich vorteilhaft. Ausgewählte Übungen können jedoch auch zum eigenständigen Lernen bzw. Weiterlernen genutzt werden.

2. Grundlagen des Kurses

Der Kurs orientiert sich am Gemeinsamen Europäischen Referenzrahmen für Sprachen (Begleitband 2020) hinsichtlich der dort erfassten Can-Do-Standards für die Sprachniveaus A1 bis B1.

Basis des Kurses ist der sprechrhythmische Ansatz, d. h. die rhythmische Struktur von Sprache wird genutzt, um die Aussprachekompetenz zu verbessern sowie weitere kommunikative Sprachaktivitäten von DaF-/DaZ-Lernenden zu ermöglichen. Dies soll nachfolgend näher erläutert werden.

Sprache sprechen und hören wir im Rhythmus: Der Sprechrhythmus in Sätzen entsteht durch das regelmäßige Hervorheben von wichtigen Silben und Wörtern (→ Wort- und Satzakzente), durch Gliederungspausen (/) und durch die Melodie (→↘↗). Man erkennt den Sprechrhythmus, wenn man einen gehörten Satz mit- oder nachsummt wie bei einem Lied, z. B.
*Ich **freu**e mich* → */ auf den leckeren **Ku**chen.* ↘ //
*Hm-**hm**-hm-hm* → */ hm-hm-hm-hm-hm-**hm**-hm.* ↘

Jede Sprache hat einen für sie typischen Sprechrhythmus, den man auch emotional wahrnimmt. Es können mehr oder weniger Silben und Wörter hervorgehoben und unterschiedlich stark betont werden. Die Melodie kann lebhafter oder monotoner sein.

Deutsch hat einen typischen Staccato-Rhythmus, d. h. betonte Silben werden sehr viel präziser, lauter, länger und höher bzw. tiefer als die unbetonten Silben gesprochen. Unbetonte Endungen oder Vorsilben werden dagegen oft extrem abgeschwächt. In *hab**en*** verändert sich bspw. die Endung *-en* zu *m* (→ [hˈaːbm̩]).

Man kann sich den Sprechrhythmus des Deutschen bildlich wie ein Gebirge mit sehr spitzen Berggipfeln vorstellen, die von den betonten (→ akzentuierten) Silben besetzt werden, während alle anderen Silben fast abrupt in die Täler hinunterfallen.

In anderen Sprachen ist der Unterschied zwischen betonten und unbetonten Silben meist viel kleiner und die unbetonten Silben werden gar nicht oder viel weniger reduziert.

Der Sprechrhythmus ist wichtig für eine gute Verständlichkeit. Wir kennen die Regeln für den Sprechrhythmus unserer Erstsprache bereits seit frühester Kindheit und wenden sie automatisch beim Hören und Sprechen an, um andere zu verstehen und um verstanden zu werden.

Lernt man eine neue Sprache, sollte man deren Sprechrhythmus besonders üben. Ab einem Alter von etwa zehn Jahren benötigt man dabei Unterstützung durch spezifische didaktische Ansätze, wie z. B. unseren **sprechrhythmischen Ansatz**. Dieses Prinzip wenden wir oft völlig unbewusst im Alltag an, indem wir uns durch besonders rhythmisches Sprechen zum Beispiel Telefonnummern und andere Inhalte besser einprägen. Der **sprechrhythmische Ansatz** wird in unserem Kurs durch die zahlreichen Rhythmustexte, Gedichte, Reime und Lieder deutlich. Sie beinhalten wichtige sprachliche Strukturen, in denen der Rhythmus durch sehr deutlich gesprochene Akzentsilben herausgestellt und zusätzlich mithilfe der Schrift (→ Rhythmusschrift) visualisiert und bewusstgemacht wird, z. B.

Die Rhythmusschrift funktioniert dabei wie ein Geländer, an dem man sich beim Sprechen und Hören orientieren kann, weil man erkennt, welche Silben betont (also gespannter, lauter, deutlicher, langsamer, höher/tiefer gesprochen) werden müssen. Die Rhythmusschrift markiert in Wortgruppen und Sätzen sowohl die Satzakzente als auch deutlich gesprochene Nebenakzente.

Oft verwenden wir in den Übungen zudem gereimte Sprache, um so bestimmte Formaspekte der Sprache extra zu verdeutlichen und die Aufmerksamkeit der Lernenden darauf zu lenken. Die Merkfähigkeit wird hierdurch noch zusätzlich unterstützt.

Auch die rhythmische Einbeziehung des gesamten Körpers (also Mitbewegen, Taktschlagen, Klopfen, Klatschen, Stampfen, Summen, Brummen) wird stets angeregt, weil man so die rhythmischen Strukturen einfacher erkennt und sie sich besser merken kann.

Der Sprechrhythmus als übergreifendes (phonetisches) Phänomen wird multifunktional genutzt:

a) zum Erwerb suprasegmentaler Besonderheiten (→ Sprechrhythmus, Akzentuierung, Melodisierung, Satzgliederung)

b) zum Trainieren der lautlichen Artikulation (→ Aussprache der Vokale und Konsonanten sowie deren Verbindungen)

c) zum Einschleifen sprachlicher Strukturen (→ Wortschatz, Grammatik) und

d) als ästhetisches Element, das gesprochene Sprache lustvoll erfahrbar macht.

Die in unserem Kurs genutzte Aussprache entspricht der in Deutschland verbindlichen Standardaussprache (sogen. norddeutscher Standard). Diese Aussprache wird meist in den Hörmedien in Deutschland verwendet.

3. Schwerpunkte des Kurses

3.1 Sprachhandlungsfelder und Wortschatz

Die Sprachhandlungsfelder mit dem dazugehörigen Wortschatz entsprechen den Bedürfnissen von Lernenden mit verschiedenen Erstsprachen beim Erlernen des Deutschen als Fremd- und Zweitsprache. Sie sind den 14 Einheiten wie folgt zugeordnet:

Einheit	Thematisches Sprachhandlungsfeld
1. Ein Taschentuch	Schulalltag, Alltagsgegenstände
2. Zu Hause und in der Stadt	Ziele in der Stadt, Haus und Wohnung
3. Wo? Woher? Wohin?	Städte- und Ländernamen, Heimat und Urlaubsziele
4. Partyzeit	Kleidung und Partyvorbereitung
5. Modelcasting	Kleidung und Aussehen, Körperteile
6. Mein Tag	Tätigkeiten, Tagesablauf
7. Mein Kalender	Datum, Geburtstag, Jahreszeiten
8. Gut, besser, am besten!	Vergleiche von Fähigkeiten und Fertigkeiten, Freizeitaktivitäten
9. Telefonieren	Telefonieren, Wünsche und Verabredungen, gemeinsame Aktivitäten
10. Wochenende	Freizeitaktivitäten, Tagesablauf
11. Gesund oder krank?	Körperteile, Krankheiten, Medizin
12. Gemeinsam	Gefühle, Gemeinsamkeiten und Unterschiede
13. Einkaufen	Einkaufen, Lebensmittel und Mengenangaben
14. Lernen	Schulalltag, Aufforderungen und Bitten, Verhalten in der Schule

3.2 Grammatik

Die folgenden grammatischen Themen ergeben sich automatisch aus den unter 3.1 aufgeführten Sprachhandlungsfeldern und sind auch mit den phonetischen Schwerpunkten (vgl. 3.3) eng verbunden.

Nomen/Artikel/Adverbien
- bestimmter Artikel (→ Einheiten 1, 2)
- unbestimmter Artikel (→ Einheit 1)
- Genus/Numerus (→ Einheiten 1, 5, 13)
- Nomen im Nominativ und Akkusativ (→ Einheit 1)
- Nomen mit (Negations-)Artikel im Singular und Plural (→ Einheit 1)
- Nomen und Adverbien für Tage, Monate und Jahreszeiten (→ Einheit 7).

Verben
- Infinitiv-Konstruktion mit *zu* (→ Einheit 10)
- Konjugation schwacher und starker Verben (→ Einheit 8)
- Konjugation von Reflexivverben (→ Einheit 12)
- Konjunktiv von *haben* (→ Einheit 13)
- Modalverben im Konjunktiv (→ Einheit 9)
- reflexive Verben mit Pronomen im Akkusativ und Dativ (→ Einheit 4)
- trennbare Verben im Präsens (→ Einheiten 4, 6, 14)
- Verben im Präsens (→ Einheit 3).

Adjektive und Zahlen
- Adjektivdeklination im Nominativ und im Dativ (→ Einheit 5)
- Adjektivkomparation (→ Einheit 8)
- Zahlen, Ordinalzahlen (→ Einheit 7).

Präpositionen und Pronomen
- Deklination von Personalpronomen (→ Einheit 11)
- Possessivpronomen (→ Einheit 11)
- Reflexivpronomen (→ Einheit 12)
- Wechselpräpositionen im Dativ (→ Einheit 2).

Sätze
- Imperativ (→ Einheiten 9, 14)
- Kausalsätze mit *weil* (→ Einheit 12)
- Negation mit *nicht* (→ Einheit 12)
- Satzklammer (→ Einheit 6)
- Wortstellung in Sätzen (→ Einheiten 1, 3, 7, 9, 10, 11, 14).

3.3 Phonetik

Neben dem Sprechrhythmus, der in jeder Einheit im Mittelpunkt steht, werden in den Einheiten folgende **phonetische Themen** vermittelt:

Suprasegmentalia
- Sprechrhythmus (→ alle Einheiten)
- Satzmelodie (→ Einheiten 1, 3, 9, 10, 12, 14)
- Satzakzent (→ alle Einheiten)
- Wortgruppenakzent (→ Einheiten 1, 2, 4, 5, 7, 10, 11, 12, 13)
- Satzgliederung (→ Einheiten 4, 10, 12)
- Wortakzent (→ Einheiten 2, 3, 4, 6, 7)
- nachdrückliche und bittende Sprechweise (→ Einheit 14)
- höfliche Sprechweise (→ Einheiten 9, 13).

Vokale und reduzierte Endungen
- Akzentvokale: lang/gespannt – kurz/ungespannt (→ Einheiten 1, 2, 3, 5, 6, 7)
- E-Laute: [eː], [ɛ], [ɛː] (→ Einheit 11)
- Ö- und Ü-Laute: [øː] – [œ], [yː] – [Y] (→ Einheiten 8, 9)
- reduzierte und assimilierte Endungen -*e* und -*en* (→ Einheiten 5, 8)
- reduzierte und assimilierte Endungen -*e*, -*en*, -*et*, -*est*, -*el*, -*eln* (→ Einheit 13)
- Vokalneueinsatz/Knacklaut (→ Einheit 4).

Konsonanten
- Auslautverhärtung (→ Einheit 14)
- feste Konsonantenverbindungen: [ks], [ts] (→ Einheit 7); [ts] (→ Einheit 10)
- Ich- und Ach-Laute: [ç] und [x] (→ Einheit 12)
- Konsonantenfolgen (→ Einheiten 11, 13)
- R-Laute: vokalisiert [ɐ] und konsonantisch [ʁ] (→ Einheit 8).

4. So ist der Kurs aufgebaut!

Der Kurs besteht aus 14 Einheiten, die alle ähnlich aufgebaut sind:
- Am Anfang jeder Einheit finden Lehrende und Lernende wichtige Informationen zu den miteinander verbundenen phonetischen und morphologisch-syntaktischen (= grammatischen) Schwerpunkten der jeweiligen Einheit. An Beispielen aus der jeweiligen Einheit wird gezeigt, welche Aspekte einzelner phonetischer Themen mit welchen Ausspracheleernstrategien und Übungstypen im Unterricht vermittelt werden sollten.
- Mehrere nummerierte Arbeitsblätter mit 10 bis 14 Übungen und Aufgaben für die Lernenden schließen sich an. Alle Hörbeispiele zu den Übungen sind ab Seite 150 zu finden.
- Den Abschluss bilden Unterrichtstipps für die Lehrenden. Diese sollen bei der Vorbereitung, Durchführung und Nachbereitung der einzelnen Übungen helfen. Ebenfalls enthalten sind die Lösungsangaben zu den Übungen.

Die **Übungen jeder Einheit** folgen der Progression vom Einfachen zum Schwierigen und sind wie folgt angeordnet:
- In der ersten Übung wird der Rhythmustext (A) zum Thema der Einheit sowohl visuell in Rhythmusschrift als auch auditiv zum Einhören präsentiert. Zusätzlich werden die grammatischen und phonetischen Themen der Einheit bewusstgemacht
- Mehrere nachfolgende Übungen trainieren und automatisieren die grammatischen Phänomene und Redemittel der Einheit in Verknüpfung mit deren Aussprache mithilfe dafür geeigneter Übungstypen.
- In der vorvorletzten Übung wird der Rhythmustext (B) aus der ersten Übung wieder aufgegriffen und von den Lernenden mit- und nachgesprochen sowie anschließend gestaltend gesprochen.
- In der vorletzten Übung können leistungsstärkere Lernende nach Vorgaben (Lückentexte) und unter Anleitung einer Lehrenden/eines Lernenden ein neues Rhythmusstück kreieren und es später vor der Lerngruppe vorführen.

- Jede Einheit schließt mit einer komplexen handlungsorientierten Aufgabe ab. Damit können die Lernenden das Gelernte in praxisnahe Situationen transferieren und all ihre sprachlichen Kompetenzen miteinander verknüpft einsetzen.

Der Kurs enthält folgende **Übungs- und Aufgabentypen**:

- **Übungen zum Hören und Mitlesen sowie zum Mit- und Nachsprechen:** Dabei konzentrieren sich die Lernenden sowohl auf die Schrift als auch auf das auditive Signal. Sie üben somit das auf die phonetische Form gerichtete Hören und beachten gleichzeitig die Laut-Buchstaben-Beziehungen. Sie orientieren sich am deutlich herausgestellten Sprechrhythmus und bewegen sich ggf. dazu.
- **Kontrollierbare Hörübungen** zum Ankreuzen, Markieren, Ergänzen trainieren das Erkennen und Unterscheiden phonetischer und phonologischer Merkmale und dienen gleichzeitig zur Selbstüberprüfung, inwieweit Lernende wichtige phonetische Phänomene im Deutschen schon erkennen. Alle Übungsinhalte sollen auch mit- und nachgesprochen werden.
- **Übungen zur selbstständigen Regelermittlung:** Die Lernenden können über wahrgenommene Aussprachebesonderheiten reflektieren und die Regeln anhand von Hörbeispielen induktiv erschließen. Hierdurch werden Ausspracheregeln bewusst und sind in handlungsorientierten Aufgaben und in der Praxis anwendbar.
- **Übungen mit phonetisch-kontrastiver Ausrichtung zur Aktivierung mehrsprachiger Erfahrungen** sind mit den Übungen zur Regelermittlung kombiniert. Sie regen die Lernenden an, bestimmte phonetische Phänomene in den ihnen vertrauten Sprachen miteinander zu vergleichen und sich darüber auszutauschen. Hierdurch werden auch Sprechanlässe geschaffen. Dabei geht es um die Sensibilisierung für phonetisch-formale Aspekte von Sprachen und keineswegs um das Finden vorgegebener Lösungen.
- **Übungen, die grammatische und phonetische Themen miteinander verknüpfen**, schulen die Sprachaufmerksamkeit und helfen den Lernenden, sich grammatische (d. h. morphologisch-syntaktische) Strukturen in situationsangemessener Aussprache nachhaltig einzuprägen.
- **Übungen mit Spielcharakter** haben neben dem Übungs- auch ein Spielziel (meist mit Wettbewerbscharakter), z. B. wer nennt zuerst einen passenden Satz oder wer nennt die meisten Wörter zu einem bestimmten Thema.
- **Übungen zum rhythmusbetonten Sprechen** animieren die Lernenden, das vorher Gelernte anhand bestimmter Mustervorgaben anzuwenden, vielmals zu wiederholen und sich einzuprägen. Dabei sprechen die Lernenden z. B. reihum in rhythmisch geformter Sprache (→ Rhythmuskette), sodass sich der Rhythmus ganz von selbst einstellt.
- **Übungen zum gestaltenden Sprechen** betreffen v. a. die Rhythmustexte. Diese sollen von den Lernenden selbstständig sprecherisch gestaltet werden. So machen notwendige Wiederholungen mehr Spaß. In jeweils einer Übung der Einheit sollen die Lernenden vorgegebene Textanfänge und Lückentexte mit passenden sprachlichen Strukturen ergänzen. Dadurch setzen sie sich besonders mit der Form der Sprache auseinander und begreifen ihre Texte danach als eigenes Werk, das sie umso motivierter üben.
- **Handlungsorientierte Aufgaben** ermöglichen es Lernenden, realitätsnahe Sprachhandlungen für Szenarien außerhalb des Unterrichtsraums zu simulieren. So können sie miteinander in Austausch kommen und die erworbenen sprachlichen Strukturen, Kenntnisse und Fähigkeiten in der Praxis ausprobieren. Dabei konzentrieren sie sich besonders auf die Aussprachethemen der jeweiligen Einheit. Sie reflektieren über ihre eigene Aussprache und kontrollieren die Aussprache gegenseitig und/oder mithilfe der Lehrenden.
- **Fakultative Übungen für leistungsstärkere Lernende** (mit ✪ gekennzeichnet) stellen etwas höhere Anforderungen. Das betrifft die handlungsorientierten Aufgaben und die Übungen, in denen ein eigener Rhythmustext kreiert werden soll.
- **Lerntipp-Kästchen** neben einzelnen Übungen bieten wichtige Informationen, worauf Lernende bei der Grammatik und v. a. bei der Aussprache jeweils achten sollen. Sie helfen den Lernenden, sich wichtige grammatische und phonetische Aspekte anhand von Beispielen einzuprägen. Lehrende erhalten Impulse, bestimmte Phänomene im Unterricht ggf. etwas ausführlicher zu behandeln.

Anmerkung: Die in den Einheiten enthaltenen Übungen und Aufgaben sind mehrheitlich nicht nur einem, sondern mehreren Übungstypen zugehörig.

5. Allgemeine Unterrichtstipps für Lehrende

- Denken Sie bei jeder Übung an den sprechrhythmischen Ansatz: Sprechen Sie alles selbst mit einem deutlichen Rhythmus vor, d. h. übertreiben Sie ruhig ein wenig und unterstützen und begleiten Sie die Lernenden beim rhythmischen Sprechen, indem Sie Hilfsmittel verwenden (z. B. ein Lineal als Taktstock, Rhythmusinstrumente wie Trommeln o. Ä.) und den ganzen Körper dazu einsetzen (z. B. um den Rhythmus zu klopfen, mit den Fingern zu schnipsen oder zu tanzen). Motivieren Sie die Lernenden mimisch, gestisch und mit Fröhlichkeit, in den Rhythmus einzustimmen.

  Die Lernenden sollten sich im Raum zum Rhythmus bewegen können oder zumindest den Rhythmus durch Mitklatschen, Klopfen und Stampfen am Ort begleiten. Dabei ist Freiwilligkeit jedoch oberstes Gebot. Man sollte den Lernenden zwar Tipps und Anleitung zur rhythmischen Umsetzung geben, jedoch niemanden dazu zwingen.

- Visualisieren Sie den Rhythmus an der Tafel, indem Sie die Rhythmusschrift anwenden und/oder schwach gesprochene Endungen besonders klein schreiben.
- Nutzen Sie das Übungsangebot kreativ: Ergänzen Sie weitere passende Übungsbeispiele. Summen, brummen, sprechen Sie alle Beispiele mit und nach, und zwar auch in unterschiedlichen Emotionen. Suchen Sie nach weiteren Verknüpfungsmöglichkeiten für Grammatik und Phonetik und machen Sie die Lernenden auf Zusammenhänge aufmerksam.
- Nehmen Sie sich regelmäßig Zeit, um an der Aussprache der Lernenden zu arbeiten. Eine gute Aussprache verbessert die kommunikative Kompetenz enorm. Außerdem gelingt damit der Erwerb aller Sprachstrukturen (z. B. morphologisch-syntaktischer Strukturen) müheloser.
- Loben Sie die Lernenden für ihre Erfolge in der Aussprache. Korrigieren Sie die Aussprache der Lernenden konstruktiv, zeitnah, aber nicht permanent und v. a. nicht streng. Notieren Sie sich lieber typische Abweichungen/Auffälligkeiten der Lernenden in einem sog. Beobachtungsprotokoll (vgl. 6.) und machen Sie später entsprechende Übungen dazu. Korrigieren Sie niemals während eines Spiels oder während des kreativen Sprechens, sondern immer erst danach. Die Korrektur von Ausspracheabweichungen erfordert Geduld und Einfühlungsvermögen, daher bleiben Sie entspannt und fröhlich. Wenn es nicht gleich gelingt, ist das keine Katastrophe.
- Animieren Sie die Lernenden, zunächst selbst auf die Aussprache und auf Ausspracheabweichungen ihrer Mitlernenden zu achten und ihnen Tipps zur Verbesserung der Aussprache zu geben. Damit fördern Sie die Bewusstmachung phonetischer Formen und Strukturen. Erst im Anschluss daran übernehmen dann ggf. Sie selbst die „Korrekturfunktion".
- Lassen Sie die Lernenden auch Wörter und Sätze nach bestimmten phonetischen Gesichtspunkten ins Heft und/oder an die (digitale) Tafel schreiben. Dadurch werden die Kenntnisse der Laut-Buchstaben-Beziehungen verbessert.
- Lernen Sie selbst die phonetische Umschrift (vgl. Übersicht auf S. 159) und ermutigen Sie ebenfalls Ihre Lernenden dazu. Informieren Sie sich in einschlägiger wissenschaftlicher Literatur zur kontrastiven Phonetik über zu erwartende Ausspracheabweichungen bei Ihren Lernenden und beugen Sie ihnen nach Möglichkeit vor, sodass sie sich gar nicht erst einschleifen können.

Für weiterführende Informationen zur Phonetik des Deutschen, zu methodisch-didaktischen Fragen der Ausspracheschulung und zu kontrastiven Aspekten empfehlen wir Ihnen:

Hirschfeld, Ursula/Reinke, Kerstin (2018): Phonetik im Fach Deutsch als Fremd- und Zweitsprache. Unter Berücksichtigung des Verhältnisses von Orthografie und Phonetik. 2. Aufl. Berlin. (Grundlagen Deutsch als Fremd- und Zweitsprache 1). [Online: https://www.esv.info/978-3-503-17756-1].

Dahmen, Silvia/Hirschfeld, Ursula/Meißner, Swetlana/Reinke, Kerstin (2021–2025): Kontrastive Phonetik für Deutsch als Fremd- und Zweitsprache. Berlin. [Online: https://www.esv.info/lp/phonetik].

6. Beobachtungsprotokoll für phonetische Abweichungen

Sie selbst oder die Lernenden sollten in verschiedenen Übungssituationen (v. a. in der handlungsorientierten Aufgabe am Schluss jeder Einheit) die jeweils behandelten phonetischen Themen besonders aufmerksam beobachten und protokollieren. Die Ausspracheabweichungen können verbal oder/und mithilfe der phonetischen Umschrift notiert werden, z. B. In *das Beet* ist langes/gespanntes E [eː] zu kurz und wie [ɛ] gesprochen.

Das folgende **Beobachtungsprotokoll zu Einheit 1** dient nur als Beispiel und kann beliebig erweitert, verkürzt oder verändert werden, je nachdem, welche phonetischen Themen beobachtet werden sollen.

Das Beobachtungsprotokoll auf S. 12 können Sie für jede Einheit anpassen.

Beobachtungsprotokoll zur Aussprache

Einheit: **1** 2 3 4 5 6 7 8 9 10 11 12 13 14

Datum: ____________________

Lernende/r: ____________________ Beobachter/in: ____________________

Phonetische Schwerpunkte:

Wortakzente

____

____

Wortgruppen- und Satzakzente

____

____

Satzmelodie

____

____

Lange und kurze Vokale

____

____

Weitere phonetische Schwerpunkte

____

____

Weitere Anmerkungen und Einschätzung der Aussprache:

____

____

Wir wünschen Ihren Lernenden gute Fortschritte bei der Aneignung einer verständlichen Aussprache und Ihnen viel Freude beim Einsatz dieses Materials!

Einheit: 1 2 3 4 5 6 7 8 9 10 11 12 13 14

Datum: ____________________

Lernende/r: ____________________ Beobachter/in: ____________________

Phonetische Schwerpunkte:

Weitere Anmerkungen und Einschätzung der Aussprache:

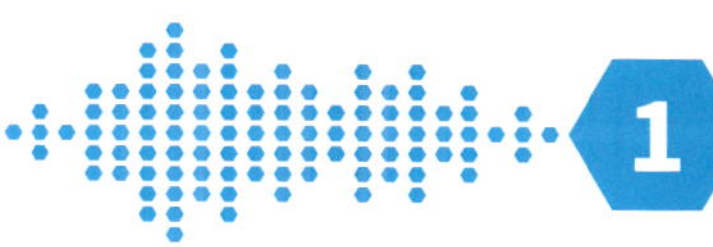

Phonetische Schwerpunkte

Wortgruppenakzent (Artikel + Nomen) und Akzentvokale: lang/gespannt – kurz/ungespannt

- **Regeln:**
  - Betont wird i. d. R. das Nomen als Inhaltswort, Artikel als Formwörter sind meist unbetont, z. B. *die Tạsche*.
  - Die betonte Silbe wird lauter, höher/tiefer, deutlicher und langsamer gesprochen als unbetonte Silben.
  - Die langen/gespannten und kurzen/ungespannten Akzentvokale (→ Vokale in der betonten Silbe) müssen korrekt realisiert werden, z. B. *die Tạsche, eine Tạsche, keine Ta̲fel.*
- **Bewusstmachung:**
  - betonte Silben groß schreiben und Akzentvokale markieren (lang mit _, kurz mit .), z. B. *die Ta̲fel*
  - jede Wortgruppe mit deutlichem Wortgruppenakzent vorsprechen.
- **(Kontrollierbare) Hörübungen durchführen:**
  - zum Erkennen und Markieren der Wort- und Wortgruppenakzente in den Nomen.
- **Wortgruppenakzentuierung trainieren:**
  - durch Nachsprechen und Imitieren der Wortgruppen mit Übertreibung der betonten Silben
  - mit gestischer bzw. ganzkörperlicher Unterstützung, z. B. auf den betonten Silben klopfen/klatschen/stampfen.

Phonetik

- Wortgruppenakzent (Artikel + Nomen) und Akzentvokale: lang/gespannt – kurz/ungespannt
- Satzakzent und Satzmelodie in Aussagen und Ja-/Nein-Fragen

zusammen mit

... Grammatik

- Genus (maskulin, neutral, feminin)
- Nomen im Singular und Plural
- Nomen mit bestimmtem, unbestimmtem und Negations-Artikel
- Nomen im Nominativ und Akkusativ
- Verbstellung in Aussagen und Ja-/Nein-Fragen

... Wortschatz

- Schulalltag
- Alltagsgegenstände

Satzakzent und Satzmelodie in Aussagen und Ja-/Nein-Fragen

- **Regeln:**
  - Die Satzmelodie fällt ab der Satzakzentsilbe stark ↘ in Aussagen (mit .) bis in die Lösungstiefe (→ die Tiefe, die physiologisch gerade noch erreichbar ist), z. B. *Ich habe eine **Ta̲**sche.* ↘
  - Die Satzmelodie steigt stark ↗ in Ja-/Nein-Fragen (mit ?), z. B. *Hast du eine **Ta̲**sche?* ↗

  Achtung: W-Fragen werden hier nicht behandelt, denn für diese gelten z. T. andere Regeln.
- **(Kontrollierbare) Hörübungen durchführen:**
  - zum Erkennen und Markieren der steigenden ↗ oder fallenden ↘ Melodieverläufe.
- **Satzakzentuierung und Satzmelodie trainieren:**
  - durch emotionales und nachdrückliches Sprechen, sodass die Satzakzentsilbe noch deutlicher hervortritt und der Melodieverlauf ab der Satzakzentsilbe noch deutlicher fällt oder steigt
  - durch gestische und ganzkörperliche Unterstützung, z. B. bei jeder Satzakzentsilbe eine Geste mit der Hand oder mit dem Ellenbogen machen oder bei steigender Satzmelodie aufstehen und bei fallender Satzmelodie hinsetzen.

1 *Ein Taschentuch* im Rhythmus (A)

A Die **Ta**sche, das **Heft**, der **Stift**, das **Buch**.
He **Freun**de! Ich brauche ein **Ta**schentuch.
Die **Fla**sche, ein **Bild**, ein **Schuh**, ein **Buch**.
He **Freun**de! Ich habe kein **Ta**schentuch.
Ein **Fül**ler, ein **Fuß**ball, ein **Schlüs**sel, ein **Buch**.
He **du!** Hast du ein **Ta**schentuch?

B Eine **Bril**le, ein **Spit**zer, eine **Uhr**, ein **Buch**.
Tut mir **leid**! Ich hab **auch** kein Taschentuch.

A Ha, ha, ha, hat**schiiii**!

④
Hast du ein **Ta**schentuch? ↗
Hast du eine **Ta**sche? ↗
Hast du ein **Heft**? ↗
Hast du einen **Stift**? ↗

⑤
Ich brauche ein **Ta**schentuch. ↘
Ich habe eine **Ta**sche. ↘
Ich brauche die **Ta**sche. ↘
Ich habe ein **Heft**. ↘
Ich brauche das **Heft**. ↘
Ich habe einen **Stift**. ↘
Ich brauche den **Stift**. ↘

a Hört den Text *Ein Taschentuch* im Rhythmus mehrmals. Lest und summt mit.

▶ 2 **b** Hört die Nomen mit Artikel ①②③. Achtet auf die Wortakzente und auf die Wortgruppenakzente.

c Hört die Nomen mit Artikel noch einmal. Summt und klopft mit.

▶ 3 **d** Hört die Sätze ④⑤. Achtet auf die Satzakzente und auf die Satzmelodie ↗ und ↘.

e Hört die Sätze noch einmal. Summt und klopft mit.

Wortgruppen- und Satzakzente

Wichtige/bedeutungstragende Wörter sind betont

- in Wortgruppen, z. B. *ein **Ta**schentuch*
  → Wortgruppenakzent
- in kurzen Sätzen, z. B. *Ich brauche ein **Ta**schentuch.*
  → Satzakzent
- in längeren Sätzen mit mehreren Wortgruppen, z. B. *Ich brauche ein **Ta**schentuch / und einen **Stift**.*
  Ich brauche ein **Ta**schentuch und einen **Stift**.
  (→ Rhythmus)

2 Nomen sortieren und sprechen

das **Heft** • ein **Heft**

die **Ta**sche • eine **Ta**sche

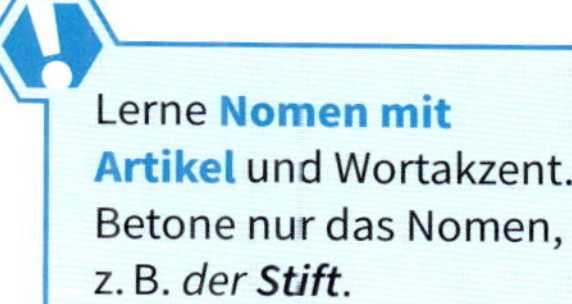

a Lest die Nomen mit Artikel (→ Wortgruppen) laut.

b Ergänzt die Rhythmusmuster: betonte Silbe → ●, unbetonte Silbe → •.

der/ein	das/ein	die/eine
der/ein Schuh, ______	______	______
______	______	______
______	______	______
______	______	______

c Schreibt die Nomen aus dem Rhythmustext (Ü1a) mit Artikel *der/ein*, *das/ein* und *die/eine* in die richtige Spalte.

▶ 4 **d** Hört die Nomen mit Artikel, zuerst mit *der/das/die*, dann mit *ein/eine*. Vergleicht die Lösung und sprecht nach.

e Rhythmuskette: Sprecht reihum Nomen mit Artikel von Gegenständen aus dem Unterrichtsraum oder von Dingen aus der Schultasche. Achtet auf die Wortgruppenakzente.

3 Nomen sprechen und raten

• ●	•• ●	• ● •	•• ● •	• ● • •	•• ● • •
ein **Heft**	eine **Uhr**	ein **Spit**zer	eine **Ta**sche	ein **Stun**denplan	eine **Ü**berschrift
ein **Buch**	eine **Zahl**	ein **Schlüs**sel	eine **Ta**fel	ein **Wör**terbuch	eine **Welt**karte
ein **Tisch**	eine **Tür**	ein **Fen**ster	eine **Sei**te	ein **Ar**beitsblatt	eine **Sport**hose
ein **Stuhl**	eine **Wand**	ein **Dru**cker	eine **Lam**pe	ein **Ta**schentuch	eine **Ka**mera

▶ 5 **a** Hört die Nomen spaltenweise von links nach rechts und summt mit.

▶ 6 **b** Hört noch einmal und markiert die betonten Vokale (→ Akzentvokale): lang mit _ und kurz mit .

c Hört noch einmal, vergleicht die Lösung und sprecht nach. Klopft im Rhythmus mit. Achtet auf die betonten Vokale.

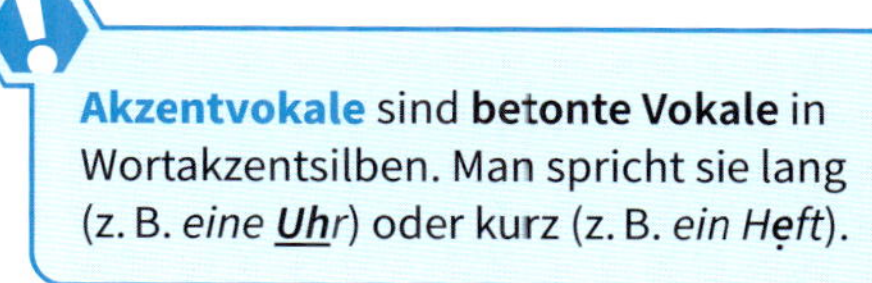

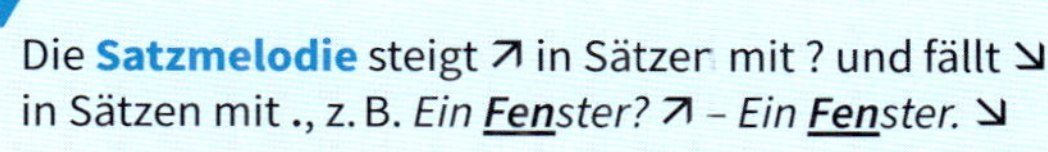

d Spiel: Schreibt die Nomen aus Ü3a mit Artikel *ein/eine* auf Zettel. Malt die Rhythmusmuster. Zieht Zettel und summt oder klopft den Rhythmus – die anderen raten.

e Schreibt noch mehr Nomen mit Artikel und Rhythmusmuster auf. Summt den Rhythmus – die anderen raten.

4 Die Regel

Akzentuierung in Wortgruppen/Wortgruppenakzent

In Wortgruppen aus Artikel (→ Formwort) und Nomen (→ Inhaltswort) wird …

der Artikel als Formwort	◯ … betont.	◯ … nicht betont.
das Nomen als Inhaltswort	◯ … betont.	◯ … nicht betont.

▶ 5
a Hört die Nomen aus Ü3a noch einmal.
b Ergänzt die Regel: Kreuzt an. Vergleicht mit Ü3a.
c Vergleicht mit anderen Sprachen: Haben die Nomen auch Artikel? Welche? Werden die Artikel betont?

5 Nomen reimen

ein **Buch** – ein **Tuch** • ein **Tisch** – ein **Fisch** • eine **Zahl** – ein **Schal** •
ein **Schlüs**sel – eine **Schüs**sel • eine **Ta**sche – eine **Fla**sche •
eine **Klas**se – eine **Tas**se • eine **Ho**se – eine **Ro**se

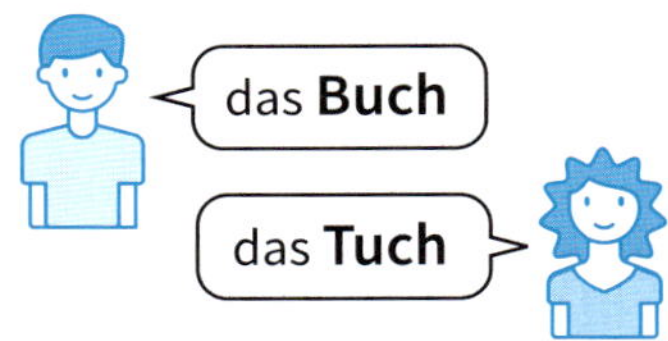

▶ 7
a Hört die Reime und sprecht im Rhythmus mit und nach.
b Übt zu zweit: Sagt abwechselnd ein Nomen mit Artikel *der/das/die* und dann das Reimwort mit Artikel.

Ein **Heft** ist kein **Buch**.
Ein **Schal** ist kein **Tuch**.
Ein **Stuhl** ist kein **Tisch**.
Ein **Hund** ist kein **Fisch**.
Ein **Hemd** ist keine **Ho**se.
Eine **Schüs**sel ist keine **Do**se.
Eine **Tas**se ist keine **Fla**sche.
Ein **Korb** ist keine **Ta**sche.
Ein **Tisch** ist kein **Bett**.
Reime sind **nett**.

Negationsartikel und unbestimmter Artikel
haben die gleichen Endungen,
z. B. *eine **Ta**sche – keine **Ta**sche, ein **Tuch** – kein **Tuch**, ein **Ta**schentuch – kein **Ta**schentuch.*

Satzakzent in Aussagen

Betone das letzte Wort im Satz besonders stark,
z. B. *Ein **Heft** ist kein **Buch**.*

c Hört die Reime und sprecht leise mit.
d Hört noch einmal und sprecht laut mit. Achtet auf die Satzakzente.

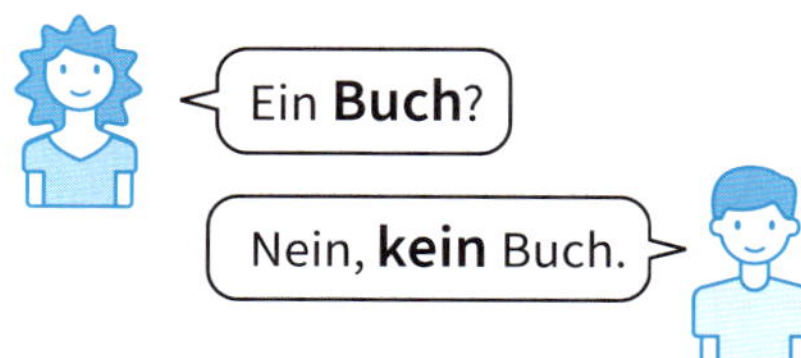

Satzakzent

Betone in Nachfragen das Nomen, z. B. *Ein **Buch**?*
Betone in Nein-Antworten auf Ja-/Nein-Fragen den Negationsartikel, z. B. *Nein, **kein** Buch.*

e Sprecht zu zweit: A zeigt einen Gegenstand und fragt.
B reagiert mit *Nein, …*

6 Vom Plural zum Singular

Plural	Singular	Die Endungen sind =	Die Endungen sind ≠	Plural	Singular	Die Endungen sind =	Die Endungen sind ≠
1. die **Uh**ren	*die Uhr*	◯	⊗	9. die **Ti**sche		◯	◯
2. die **Bril**len		◯	◯	10. die **Ta**feln		◯	◯
3. die **Ta**schen		◯	◯	11. die **Hef**te		◯	◯
4. die **Schlüs**sel		◯	◯	12. die **Bü**cher		◯	◯
5. die **Spit**zer		◯	◯	13. die **Sei**ten		◯	◯
6. die **Fla**schen		◯	◯	14. die **Bil**der		◯	◯
7. die **Fen**ster		◯	◯	15. die **Welt**karten		◯	◯
8. die **Tü**ren		◯	◯	16. die **Ta**schentücher		◯	◯

a Ergänzt die Nomen im Singular.
▶ 9 b Hört die Nomen im Plural und Singular. Vergleicht die Lösung und sprecht nach.
c Vergleicht die Nomen im Singular und im Plural. Kreuzt an: Sind die Endungen gleich (=) oder nicht gleich (≠)?
d Rhythmuskette: Sprecht die Nomen reihum im Rhythmus, zuerst so: *die Uhren – die Uhr* und dann so: *die Uhr – die Uhren*. Beginnt immer wieder von vorn.
e Schreibt noch mehr Nomen im Singular und im Plural auf. Lest vor und vergleicht die Endungen.

7 Was hast du? Was brauchst du?

1. *ein* **Heft**
2. ______ **Bril**le
3. ______ **Fahr**rad
4. ______ **Fuß**ball
5. ______ **Ar**beitsblatt
6. ______ Ra**dier**gummi
7. ______ **Ruck**sack
8. ______ **Schlüs**sel
9. ______ **Spit**zer
10. ______ **Sport**hose
11. ______ **Ta**sche
12. ______ **Uhr**
13. ______ **Bild**
14. ______ **Buch**
15. ______ **Stift**
16. ______ **Text**
17. ______ **Wör**terbuch
18. ______ **Welt**karte
19. ______ **Fla**sche
20. ______ **Ta**schentuch

a Ergänzt die Artikel *ein/eine* im Nominativ.
b Lest vor und vergleicht die Lösung.

A Ich habe ein **Heft**. ↘ Ich brauche einen **Stift**. ↘ Und **du**? ↗
B Ich habe einen **Stift**. ↘ Ich brauche ein **Buch**. ↘ Und **du**? ↗
A Ich habe ein **Buch**. ↘ Ich brauche eine **Bril**le. ↘ Und **du**? ↗
B Ich habe eine **Bril**le. ↘ Ich brauche …

▶ 10 c Hört die Sätze im Akkusativ und sprecht in Gruppen oder zu zweit (A und B) nach.
d Sprecht zu zweit (A und B) mit den Nomen aus Ü7a noch mehr Sätze im Akkusativ. Achtet auf die Satzakzente und auf die Satzmelodie ↘ und ↗.

Sätze mit .

In Aussagen mit ↘ Satzmelodie hat das Verb Position 2, z. B. *Ich brauche einen* ***Stift***. ↘

Satzakzent

Betone in einem kurzen Satz nur ein Wort/eine Silbe, z. B. *Ich habe ein* ***Heft***.

8 Was suchst du? Was kaufst du? Was malst du?

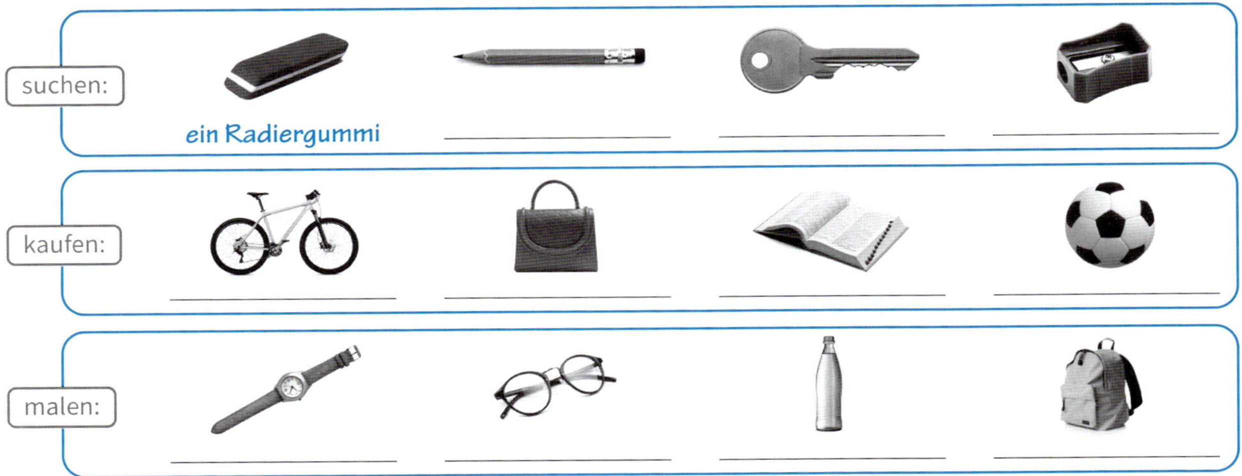

a Schreibt die Nomen mit Artikel *ein/eine* im Nominativ unter die Fotos.

b Lest vor und vergleicht die Lösung.

> **A** Ich suche einen Ra**dier**gummi. ↘ Und **du**? ↗
> **B** Ich suche ein **Wör**terbuch. ↘

> **A** Ich kaufe eine **Ta**sche. ↘ Und **du**? ↗
> **B** Ich kaufe einen **Ruck**sack. ↘

▶ 11 **c** Hört die Sätze und sprecht nach.

d Schreibt Sätze im Akkusativ mit den Verben *suchen, kaufen, malen* aus Ü8a ins Heft. Lest sie vor. Achtet auf die Satzakzente und auf die Satzmelodie ↘ und ↗.

e Rhythmuskette: Sprecht reihum Sätze (A und B) mit den Verben aus Ü8a. Achtet auf die Satzakzente und auf die Satzmelodie ↘ und ↗.

9 Kettenspiel: Hast du ... ?

Jemand versteckt einen Gegenstand bei einer Person (→ Nomen aus anderen Übungen: *eine Brille, ein Bild, einen Schlüssel, ...*). Fragt nach dem Gegenstand und macht dazu Gesten für Betonung und Satzmelodie ↗ und ↘.

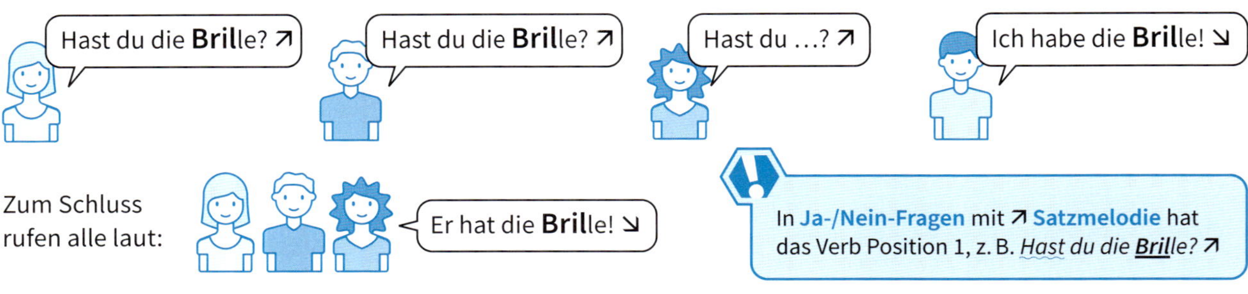

> **!** In **Ja-/Nein-Fragen** mit ↗ **Satzmelodie** hat das Verb Position 1, z. B. *Hast du die **Bril**le?* ↗

10 *Ein Taschentuch* im Rhythmus (B)

▶ 2 **a** Hört die Nomen mit Artikel ① ② ③ aus Ü1b und sprecht nach. Achtet auf die Wortakzente.

▶ 12 **b** Hört die Sätze ④ ⑤ aus Ü1d und sprecht nach. Achtet auf die Wortgruppen- und Satzakzente und auf die Satzmelodie ↘ und ↗.

▶ 1 **c** Hört den Text *Ein Taschentuch* im Rhythmus (Ü1a) und sprecht im Rhythmus mit.

d Sprecht den Rhythmustext zu zweit (A und B).

e Sprecht lustig, ärgerlich, verzweifelt, ...

11 *Unser Wörterbuch* im Rhythmus

A Die **Bril**le, der **Fuß**ball, der **Schlüs**sel, das **Lehr**buch.
He **Freun**de! Ich brauche ein **Wör**terbuch.
Das **Deutsch**heft, ________________, ________________, ein **Lehr**buch.
He **Freun**de! Ich suche ein **Wör**terbuch.
Ein **Tab**let, ________________, ________________, ein **Lehr**buch.
He du! Hast du ein **Wör**terbuch?
________________, ________________, ________________, ein **Lehr**buch.

B Tut mir **leid**! Ich hab **auch** kein **Wör**terbuch.

A Na **gut**! Vielleicht hast du ein **Stück** Schoko**la**de?

B Nein, hab ich **auch** nicht.

A Das ist ja **scha**de!

a Ergänzt gemeinsam den Text *Unser Wörterbuch* im Rhythmus.

b Führt den Rhythmustext vor. Achtet besonders auf die betonten Vokale (lang/gespannt – kurz/ungespannt) in den Nomen, die Wortgruppen- und Satzakzente und die Satzmelodie.

12 Das brauchen wir für die Schule!

Hast du ein Heft?
Brauchst du einen Stift?

Ich habe einen Stift und ein
Heft. Ich brauche einen Block.

Wir haben …
ein Heft
einen Stift
…

Wir brauchen …
einen Block
…

Das braucht Tarek …

Einkaufsliste:
ein Block
…

Schreibt eine Einkaufsliste für die Schule!

Achtet auf die Aussprache:
Wortakzente, Wortgruppen- und Satzakzente, Satzmelodie, lange und kurze Vokale.

Wählt eine Person. Sie beobachtet eure Aussprache und macht Notizen.

Arbeitet zu zweit:

- Sprecht: Was habt ihr schon für die Schule? Was braucht ihr noch? Schreibt eine gemeinsame Liste.
- Sprecht die Liste als Sprachnachricht für einen Freund/eine Freundin aus der Lerngruppe. Fragt auch, was er/sie noch braucht.
- Er/Sie schickt eine Sprachnachricht zurück und sagt euch, was er/sie noch für die Schule braucht.
- Ergänzt damit eure Liste. Schreibt dann eine gemeinsame Einkaufsliste.

Präsentation:

- Präsentiert vor der Lerngruppe eure Einkaufslisten und die Sprachnachrichten.
- Sprecht danach über die Aussprache: Was war gut? Was ist noch schwierig? Die Beobachtungsperson ergänzt. Gebt euch dann gegenseitig Aussprachetipps.

Arbeitsblatt 1

1 *Vor der Übung:* Die L beschreiben (ggf. in ihrer Erstsprache), was sie auf dem Bild sehen und worum es sich in dieser Einheit handeln könnte. Zeigen Sie ein Taschentuch – die L sagen reihum, wie das in anderen Sprachen heißt. Schreiben Sie *das Taschentuch* an die Tafel und summen/sprechen Sie mehrmals mit deutlicher Betonung. Weisen Sie die L auf die Rhythmusschrift im Text hin. Alle betonten Silben sind größer geschrieben. Erklären Sie am Beispiel (→ Lerntipp zu Ü1, S. 14), dass in Wortgruppen und Sätzen ein Wort/eine Silbe stark betont ist und in längeren Sätzen mehrere Wörter betont werden. Besonders deutlich betont wird das bedeutungstragende Wort bzw. dessen Wortakzentsilbe.

a/c/e Ermuntern Sie die L zum Mitsummen, Mitklopfen, Mitbewegen im Rhythmus. Zeigen Sie den Melodieverlauf mit der Hand oder mit dem Ellenbogen.

Arbeitsblatt 2

2 a *Vor der Übung:* Sprechen und summen Sie die Wörter aus den drei oberen Kästchen vor – die L summen sie nach. Erklären Sie die Rhythmusmuster (● → betonte Silben/deutlich gesprochen, • → unbetonte Silben/schwach gesprochen). Zur Vorbereitung können die L selbst Rhythmusmuster zu ein- oder zweisilbigen Wörtern an die Tafel/ins Heft zeichnen und sie vorsummen sowie auch gegenseitig ihre Lösungen überprüfen.

e Sprechen Sie im Rhythmus einige Nomen mit Artikel vor, die alle L im Chor und im Rhythmus wiederholen. Danach sprechen die L einzeln.

Variante: Reihum spricht jede/r zwei, drei oder vier Nomen mit Artikel.

3 b *Vor der Übung:* Sprechen Sie zwei Wörter mit deutlicher Vokallänge (lang vs. kurz) der betonten Vokale (→ Akzentvokale) und begleitender Gestik vor, z. B. lang: *ein Buch* (Hände weit auseinanderführen), kurz: ein *Heft* (in die Hände klatschen).

e *Variante:* Die L summen reihum Nomen für Dinge aus ihrer Schultasche. Die anderen L raten.

Lösungen

2 b der Stift •●/ein Stift •●, das Heft •●/ein Heft •●, die Tasche •●•/eine Tasche ••●•

2 c **der/ein:** der Schuh/ein Schuh, der Stift/ein Stift, der Füller/ein Füller, der Fußball/ein Fußball, der Schlüssel/ein Schlüssel, der Spitzer/ein Spitzer; **das/ein:** das Heft/ein Heft, das Buch/ein Buch, das Taschentuch/ein Taschentuch, das Bild/ein Bild; **die/eine:** die Tasche/eine Tasche, die Flasche/eine Flasche, die Brille/eine Brille, die Uhr/eine Uhr

3 b ein Heft, ein Buch, ein Tisch, ein Stuhl, eine Uhr, eine Zahl, eine Tür, eine Wand, ein Spitzer, ein Schlüssel, ein Fenster, ein Drucker, eine Tasche, eine Tafel, eine Seite, eine Lampe, ein Stundenplan, ein Wörterbuch, ein Arbeitsblatt, ein Taschentuch, eine Überschrift, eine Weltkarte, eine Sporthose, eine Kamera

Arbeitsblatt 3

4 c *Vergleich mit anderen Sprachen:* Im Englischen gibt es zwei Artikel: den unbestimmten Artikel *a* (oder *an*) und den bestimmten Artikel *the*. Das Arabische besitzt nur den bestimmten Artikel *al*. Das Russische differenziert keine Artikel. Weitere Beispiele in Dahmen/Hirschfeld/Meißner/Reinke (2021–2025).

Lösungen

4 b In Wortgruppen aus Artikel und Nomen wird der Artikel als Formwort nicht betont, das Nomen als Inhaltswort betont.

5 a Erklären Sie das Reimprinzip: Der Reim beginnt mit dem Akzentvokal. Klingen Wörter ab diesem Vokal gleich, reimen sie sich, z. B. *(das) Buch – (das) Tuch*.

Lassen Sie ggf. vor dem Nachsprechen die Akzentvokale (→ betonte Vokale) in den Nomen markieren: lang mit _, z. B. *ein Buch*, kurz mit ., z. B. *ein Tisch*.

Variante: Die L sprechen reihum je ein Wortpaar – alle L wiederholen im Chor oder summen den Rhythmus mit.

Nach der Übung: Schreiben Sie noch mehr Reimwörter (bekannte Nomen) ungeordnet an die Tafel – die L nennen reihum ein Reimpaar und alle summen im Chor den Rhythmus.

d Das Gedicht kann zuerst in einem langsamen und dann immer schnelleren Tempo gesprochen werden. Es sollte immer auf die Abfolge betonter und unbetonter Silben geachtet werden.

Arbeitsblatt 4

6 b Die L können zu zweit ihre Lösungen überprüfen.

c Die L können die Nomen im Singular und Plural miteinander vergleichen und Regelmäßigkeiten und Unterschiede bei der Pluralbildung von maskulinen, neutralen und femininen Nomen feststellen.

Nach der Übung: Erweitern Sie die Übung mit anderen bekannten Nomen aus dem Schulalltag.

7 c *Vor der Übung:* Lassen Sie die L die Sätze aus Ü1d mehrmals hören und mit- oder nachsummen oder mitsprechen und gestisch oder mit dem ganzen Körper begleiten.

d Die L sollten zuerst einige Sätze aufschreiben. Leistungsstarke L können die Sätze spontan bilden.

Lösungen

6 a/c 1. die Uhren – die Uhr (≠) 2. die Brillen – die Brille (≠) 3. die Taschen – die Tasche (≠) 4. die Schlüssel – der Schlüssel (=) 5. die Spitzer – der Spitzer (=) 6. die Flaschen – die Flasche (≠) 7. die Fenster – das Fenster (=) 8. die Türen – die Tür (≠) 9. die Tische – der Tisch (≠) 10. die Tafeln – die Tafel (≠) 11. die Hefte – das Heft (≠) 12. die Bücher – das Buch (≠) 13. die Seiten – die Seite (≠) 14. die Bilder – das Bild (≠) 15. die Weltkarten – die Weltkarte (≠) 16. die Taschentücher – das Taschentuch (≠)

7 a 1. ein Heft 2. eine Brille 3. ein Fahrrad 4. ein Fußball 5. ein Arbeitsblatt 6. ein Radiergummi 7. ein Rucksack

8. ein Schlüssel 9. ein Spitzer 10. eine Sporthose 11. eine Tasche 12. eine Uhr 13. ein Bild 14. ein Buch 15. ein Stift 16. ein Text 17. ein Wörterbuch 18. eine Weltkarte 19. eine Flasche 20. ein Taschentuch

Arbeitsblatt 5

8 **e** *Variante:* Die L bilden Sätze zu anderen Aktivitäten. Fragen Sie z. B. *Was brauchst du zum Kochen/Backen/Basteln/ Reisen/…? Was brauchst du für eine Party/für den Sport/…?*

Lösungen

8 a **suchen:** ein Radiergummi, ein Stift, ein Schlüssel, ein Spitzer; **kaufen:** ein Fahrrad, eine Tasche, ein Wörterbuch, ein Fußball; **malen:** eine Uhr, eine Brille, eine Flasche, ein Rucksack

8 d Ich suche einen Radiergummi/einen Stift/einen Schlüssel/einen Spitzer. Ich kaufe ein Fahrrad/eine Tasche/ein Wörterbuch/einen Fußball. Ich male eine Uhr/eine Brille/ eine Flasche/einen Rucksack.

9 *Variante 1 – Flüster-Kettenspiel:* Alle flüstern sich die Fragen zu oder sprechen einander wie beim Stille-Post-Spiel ins Ohr.

Variante 2 – Emotionen: Fragen und Antworten werden in verschiedenen Emotionen gesprochen (Smileys zeigen oder Emotion vereinbaren, z. B. fröhlich, traurig, ängstlich, …).

Variante 3 – Rückwärts-Kette: Der gefundene Gegenstand wird wieder rückwärts jeweils zur nächsten Person weitergereicht – diese reagiert: *Ich habe die Brille.* etc.

10 **d/e** Der Rhythmustext kann entweder zu zweit gesprochen werden oder die eingerückte Zeile sprechen alle L. Vorher werden die Sprechrollen zugeteilt.

Die L können – ggf. in ihrer Erstsprache – erzählen, ob sie auch schon einmal nach einem Taschentuch gesucht und keins gefunden haben und was dann passiert ist.

Arbeitsblatt 6

11 Die L können in Kleingruppen arbeiten. Geben Sie Hilfestellungen: Wortgruppen an die Tafel schreiben, Wörterlisten austeilen. Anschließend wird der Rhythmustext vorgeführt. Der Text kann auf ein Poster geschrieben und im Unterrichtsraum ausgehängt werden. *Hinweis:* Die Zeilen des Rhythmustextes können, müssen sich aber nicht reimen.

12 *Handlungsorientierte Aufgabe:* Weisen Sie die L darauf hin, dass sie beim Sprechen immer auch auf die Aussprache achten sollen: hier besonders auf Wortakzente, Wortgruppen- und Satzakzente, Satzmelodie, Vokallänge.

Bestimmen Sie mit den L vor der Ü gemeinsam eine/n Beobachter/in für jedes Team, der/die die Abweichungen in der Aussprache der L während der gesamten Ü protokolliert und den L abschließend Feedback zur Aussprache gibt (vgl. Beobachtungsprotokoll auf S. 12).

Unterstützen Sie die L bei der Fokussierung auf die Aussprache. Geben Sie selbst Tipps für die Verbesserung der Aussprache und ermuntern Sie die L, verschiedene Aussprachelernstrategien auszuprobieren.

Das kann man auch noch üben:

- lange/gespannte und kurze/ungespannte Vokale in Nomen, z. B. *(die) Tafel, (die) Tasche*
- Schwa-Laut [ə] im Artikel *eine* sowie in Verben und Nomen mit der Endung *-e*, z. B. *(ich) habe, (ich) brauche, (die) Tasche*
- vokalische *R*-Laute [ɐ] in Nomen mit der Endung *-er*, z. B. *(der) Spitzer, (das) Fenster*
- Ich-Laut [ç] und Ach-Laut [x], z. B. in *ich brauche* unterscheiden und aussprechen
- progressive Assimilation: stimmlose Aussprache von aufeinanderfolgenden Konsonanten, z. B. *Hast‿du …?, Ich‿brauche …*

Phonetische Schwerpunkte

Wortakzent in zwei- und dreiteiligen Komposita (Nomen)

- **Wortakzentregeln:**
  - Betont wird das Bestimmungswort, z. B. *der **Markt**platz.*
  - Die betonte Silbe wird lauter, höher/tiefer, deutlicher und langsamer realisiert als unbetonte Silben.
  - Die langen/gespannten und kurzen/ungespannten Akzentvokale (→ Vokale in der betonten Silbe) müssen korrekt realisiert werden, z. B. *das **Fahr**rad, der **Rad**weg, der **Stadt**plan.*
- **Bewusstmachung:**
  - betonte Silben fett und groß schreiben, Akzentvokale markieren (lang mit _ und kurz mit .), z. B. *der **Rad**weg, der **Markt**platz*
  - Komposita mit deutlichem Wortakzent vorsprechen.
- **(Kontrollierbare) Hörübungen durchführen:**
  - zum Erkennen und Markieren der Wortakzente in den Komposita.
- **Wortakzente trainieren:**
  - durch Nachsprechen und Imitieren der Komposita mit Übertreibung der betonten Silben
  - mit gestischer bzw. ganzkörperlicher Unterstützung, z. B. auf jeder betonten Silbe klopfen/klatschen/stampfen.

Phonetik

- Wortakzent in zwei- und dreiteiligen Komposita (Nomen)
- Akzentvokale: lang/gespannt – kurz/ungespannt
- Wortgruppen- und Satzakzent in Aussagen

zusammen mit

... Grammatik

- bestimmter Artikel von zweiteiligen und dreiteiligen Komposita
- Wechselpräpositionen im Dativ

... Wortschatz

- Ziele in der Stadt
- Haus und Wohnung

Akzentvokale: lang/gespannt – kurz/ungespannt

- **Bewusstmachung:**
  - Regeln zu Laut-Buchstaben-Beziehungen für lange/gespannte Vokale (z. B. *das **Wohn**zimmer* → Vokal + <h>) und für kurze/ungespannte Vokale (z. B. *das **Klass**enzimmer* → Vokal + Doppelkonsonant)
  - Aussprachebesonderheiten der Vokale mit Markierung der Vokallänge in der Schrift, d. h.
    - lange/gespannte Vokale werden länger und mit hoher Artikulationsspannung gesprochen, z. B. *der **Fuß**ballplatz* → [uː]
    - kurze/ungespannte Vokale werden kurz und mit geringer Artikulationsspannung gesprochen, z. B. *die **Bus**haltestelle* → [ʊ].
- **(Kontrollierbare) Hörübungen durchführen:**
  - zum Differenzieren und Identifizieren sowie Markieren der Vokallänge (lang mit _ vs. kurz mit .).
- **Aussprache der Akzentvokale trainieren:**
  - durch Nachsprechen und Imitieren mit Übertreibung der Vokallänge (lang vs. kurz)
  - mit gestischer bzw. ganzkörperlicher Unterstützung, z. B. bei langen Vokalen Hände weit auseinanderführen; bei kurzen Vokalen in die Hände klatschen.

Wortgruppen- und Satzakzent in Aussagen

- **Regeln:**
  - Die neue Information (→ das inhaltlich wichtigste/bedeutungstragende Wort) in der Wortgruppe oder im Satz wird betont, z. B. *... im **Su**permarkt; Ich kaufe im **Su**permarkt ein.* (als Antwort auf die Frage *Wo kaufst du ein?*).
  - Das inhaltlich wichtigste/bedeutungstragende Wort (bzw. dessen Wortakzentsilbe) im Satz oder in der Wortgruppe wird lauter, höher/tiefer, deutlicher und langsamer realisiert als alle anderen Silben, z. B. *... im **Su**permarkt ...*
- **(Kontrollierbare) Hörübungen durchführen:**
  - zum Erkennen und Markieren der Wortgruppen- bzw. Satzakzentsilben.
- **Wortgruppen- und Satzakzentuierung trainieren:**
  - durch besonders nachdrückliches Sprechen, sodass die Wortgruppen- oder Satzakzentsilben noch deutlicher hervortreten
  - durch gestische und ganzkörperliche Unterstützung, z. B. bei jeder Satzakzentsilbe eine Geste mit der Hand machen oder klopfen/klatschen/stampfen.

1 *In der Stadt* im Rhythmus (A)

①

Treppenhaus – **Haus**tür

Hauptstraße – **Stra**ßenschild

Supermarkt – **Markt**platz

②

das **Trep**penhaus – die **Haus**tür

die **Haupt**straße – das **Stra**ßenschild

der **Su**permarkt – der **Markt**platz

Viele, viele **Wör**terspiele in **mei**ner Stadt,
in **un**serer Stadt!

Kannst du das? **Das** macht **Spaß**!

Das **Trep**penhaus – die **Haus**tür,

die **Haupt**straße – das **Stra**ßenschild,

der **Su**permarkt – der **Markt**platz,

der **Au**tospiegel – das **Spie**gelbild,

die **Hei**matstadt – der **Stadt**park,

das **Fahr**rad – der **Rad**weg,

die **Au**tobahn – der **Bahn**hof,

die **Grund**schule – der **Schul**hof,

die **Schul**klasse – das **Klas**senzimmer.

Wie **fin**det ihr das? Macht das **Spaß**?

Das macht **Spaß** in meiner **Stadt**.

Ja! Na **klar**! So **cool** ist das!

a Hört den Text *In der Stadt* im Rhythmus mehrmals. Lest und summt mit.

 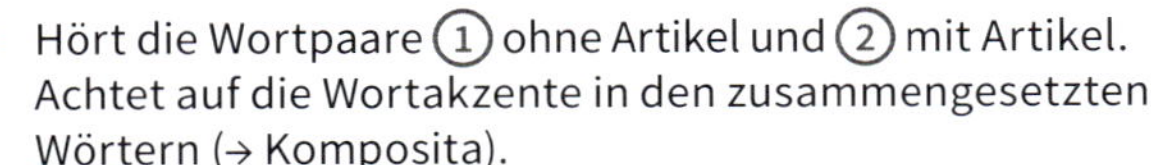
b Hört die Wortpaare ① ohne Artikel und ② mit Artikel. Achtet auf die Wortakzente in den zusammengesetzten Wörtern (→ Komposita).

c Hört noch einmal. Summt und klopft mit.

d Stellt euch in einer Reihe auf. Hört die Komposita aus dem Rhythmustext und sprecht leise mit. Bei jedem Wortakzent macht ihr einen Schritt nach vorn.

Wortgruppen- und Satzakzente

Wichtige/bedeutungstragende Wörter sind betont

- in Wortgruppen, z. B. *in meiner **Stadt***
  → Wortgruppenakzent
- in Sätzen, z. B. *Das macht **Spaß**.* → Satzakzent
- in längeren Sätzen mit mehreren Wortgruppen, z. B. *Das macht **Spaß** / in meiner **Stadt**.*
  Das macht Spaß in meiner Stadt. (→ Rhythmus)

2 Die Regel

Der Wortakzent in Komposita …

◯ liegt auf dem ersten Wortteil (→ Bestimmungswort).	◯ liegt auf dem zweiten Wortteil (→ Grundwort).

▶ 15

a Hört noch einmal die Komposita aus *In der Stadt* im Rhythmus (Ü1b/d).

b Ergänzt die Regel: Kreuzt an.

c Vergleicht mit anderen Sprachen: Gibt es auch Komposita? Wo ist der Wortakzent?

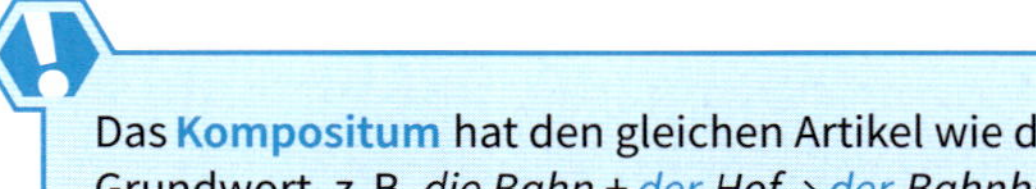
Das **Kompositum** hat den gleichen Artikel wie das Grundwort, z. B. *die Bahn* + *der Hof* → *der Bahnhof.*

3 Komposita … in der Stadt und unterwegs

Stadt	Markt	Park	Bank	Bahn
Platz	Hof	Haus	Land	Fuß
Tür	Plan	Weg	Sport	Auto
Garten	Hotel	Ampel	Schule	Heimat
Straße	Kreuzung	Zimmer	Fahrer	Schlüssel

der	das	die
*der **Stadt**park,* ________	________	________
________	________	________
________	________	________
________	________	________
________	________	________
________	________	________
________	________	________
________	________	________

a Bildet Komposita aus den Nomen.
Schreibt sie mit Artikel *(der/das/die)* auf.

b Markiert die Wortakzente (→ betonte Silben) in den Komposita.
Vergleicht die Lösung zu zweit.

c Markiert die betonten Vokale (lang mit _ und kurz mit .).

d Lest vor und vergleicht die Lösung.
Wer nennt die meisten richtigen Komposita?
Wer spricht die Wortakzente und betonten Vokale am deutlichsten?

Wortakzent

Sprich die betonte Silbe in Komposita deutlicher, gespannter und lauter, z. B. *der **Stadt**park.*

Artikel sind Formwörter und immer unbetont.

e Spiel: Schreibt die Nomen aus der Tabelle auf Zettel und verteilt sie. Bildet mit einer anderen Person ein Kompositum. Sprecht euer Wort dreimal gemeinsam im Rhythmus. Klatscht bei jeder betonten Silbe.

f Spiel: Zeigt Zettel. Wer von den anderen aus der Lerngruppe sagt am schnellsten ein Kompositum? Wer spricht den Wortakzent am deutlichsten?

4 Komposita-Paare

1. *das* Wo̲h̲nhaus – ______ Kaufhaus
2. ______ Spielplatz – ______ Sitzplatz
3. ______ Wohnzimmer – ______ Schlafzimmer
4. ______ Arbeitszimmer – ______ Wartezimmer
5. ______ Kinderzimmer – ______ Hotelzimmer
6. ______ Fahrplan – ______ Stadtplan
7. ______ Haustür – ______ Zimmertür
8. ______ Bahnhof – ______ Schulhof

a Lest die Wortpaare und ergänzt die Artikel.

16 **b** Hört die Wortpaare und markiert in jedem Wort den Wortakzent.

c Hört noch zweimal. Markiert zuerst die betonten Vokale (lang mit _ und kurz mit .). Sprecht dann nach.

d Rhythmuskette: Lest die Wortpaare reihum im Rhythmus vor und vergleicht die Lösung.

5 Komposita-Gedicht

Im Wohnhaus wo̲h̲ne ich immer.
Im ______________ kaufe ich ein.
Im ______________ arbeite ich immer.
Im ______________ schlaf ich allein.
Im ______________ wohne ich immer.
Auf dem ______________ spiel ich mit dir.
Im ______________ warte ich immer.
Und auf dem ______________ sitze ich hier.

Satzakzent

Betone das wichtigste Wort im Satz besonders stark, z. B. *Im **Wohn**haus **wo̲h̲**ne ich immer.*

Der **Satzakzent** in Aussagen mit einem trennbaren Präfix liegt oft auf dem Präfix, z. B. *Im **Kauf**haus kaufe ich **e̲i̲n̲**.*

In **Verben in der 1. Person Singular** fällt *-e* am Ende in der Umgangssprache oft weg, z. B. *Ich spiel mit dir.*

a Lest das Gedicht. Ergänzt Komposita aus Ü4.

17 **b** Hört das Gedicht. Vergleicht die Lösung und sprecht mit.

c Hört noch einmal. Markiert die Wortgruppenakzente.

d Hört noch einmal. Welcher Wortgruppenakzent ist am deutlichsten? Markiert fett (→ **S̲a̲t̲z̲**akzent).

e Hört noch einmal, vergleicht die Lösung und sprecht mit.

f Lest das Gedicht ausdrucksvoll vor. Achtet auf die Wortgruppen- und **S̲a̲t̲z̲**akzente.

6 Wort + Wort + Wort = Kompositum

1. *der* H̲a̲u̲ptbahnhof
2. ______ Fußballplatz
3. ______ Haustürschlüssel
4. ______ Einfamilienhaus
5. ______ Bushaltestelle
6. ______ Kinderspielplatz
7. ______ Fahrradweg
8. ______ Treppenhauslicht
9. ______ Wohnzimmertür
10. ______ Kaufhaustreppe

Wortakzent

In **Komposita aus drei Wörtern** liegt der Hauptakzent auf dem ersten Wort (→ das Bestimmungswort), z. B. *der **Haupt**...bahn...hof.*

a Hört die Komposita ohne Artikel.
Markiert die betonten Vokale (lang mit _ und kurz mit .).

b Ergänzt die Artikel der Komposita. Vergleicht jeden Artikel mit dem Artikel des Grundwortes.

c Rhythmuskette: Lest reihum die Komposita mit Artikeln vor und vergleicht die Lösung. Stampft bei jedem Wortakzent.

d Macht Sport mit den Komposita: Stellt euch in einer Reihe auf.
Bei der Wortakzentsilbe hebt ihr die Arme, bei den unbetonten Silben hockt ihr euch hin.

Betone in **Wortgruppen aus Artikel und Nomen** nur das Nomen (→ Inhaltswort).

Sprich den Artikel leiser, undeutlicher und ungespannter, z. B. *der **Fuß**ballplatz.*

7 Nein, das stimmt nicht!

der Fußballplatz ◆ der Hauptbahnhof ◆ die Autobahn ◆ das Arbeitszimmer ◆ das Wohnzimmer ◆ der Fahrradweg

1. A Das Fahrrad steht in der Badewanne.
   B Nein! Das Fahrrad fährt auf *dem Fahrradweg*.
2. A Der Schreibtisch steht auf dem Kinderspielplatz.
   B Nein! Der Schreibtisch steht im ______________________.
3. A Der Fernseher steht im Treppenhaus.
   B Nein! Der Fernseher steht im ______________________.
4. A Die Kinder spielen auf dem Hauptbahnhof Fußball.
   B Nein! Die Kinder spielen auf ______________________ Fußball.
5. A Die S-Bahn hält an der Bushaltestelle.
   B Nein! Die S-Bahn hält am ______________________.
6. A Die Autos fahren auf dem Fahrradweg.
   B Nein! Die Autos fahren auf ______________________.

Betone in **Wortgruppen aus Präposition, Artikel und Nomen** nur das Nomen (→ Inhaltswort).

Sprich die Akzentsilbe deutlich, laut und gespannt, z. B. *auf dem* ***Fahr****radweg*.

Betone Präposition und Artikel nicht.

a Lest die Sätze (A und B). Ergänzt in den Sätzen (B) die richtigen Komposita mit Artikel.

▶ 19 b Hört die Sätze, vergleicht die Lösung und sprecht mit. Achtet auf die Wortgruppen- und Satzakzente.

c Sprecht zu zweit (A und B): A spricht neutral. B spricht sehr nachdrücklich.

8 *In der Stadt* im Rhythmus (B)

▶ 14 a Hört noch einmal die Wortpaare ① ② aus Ü1b und sprecht nach. Achtet auf die Wortakzente in den Komposita.

▶ 13 b Hört den Rhythmustext (Ü1a) noch einmal und sprecht im Rhythmus mit.

c Sprecht den Rhythmustext zu zweit.
Sprecht abwechselnd je ein Kompositum oder zwei Komposita.
Bewegt euch dazu im Rhythmus.
Achtet auf die Wortakzente in den Komposita und auf die Wortgruppen- und Satzakzente.

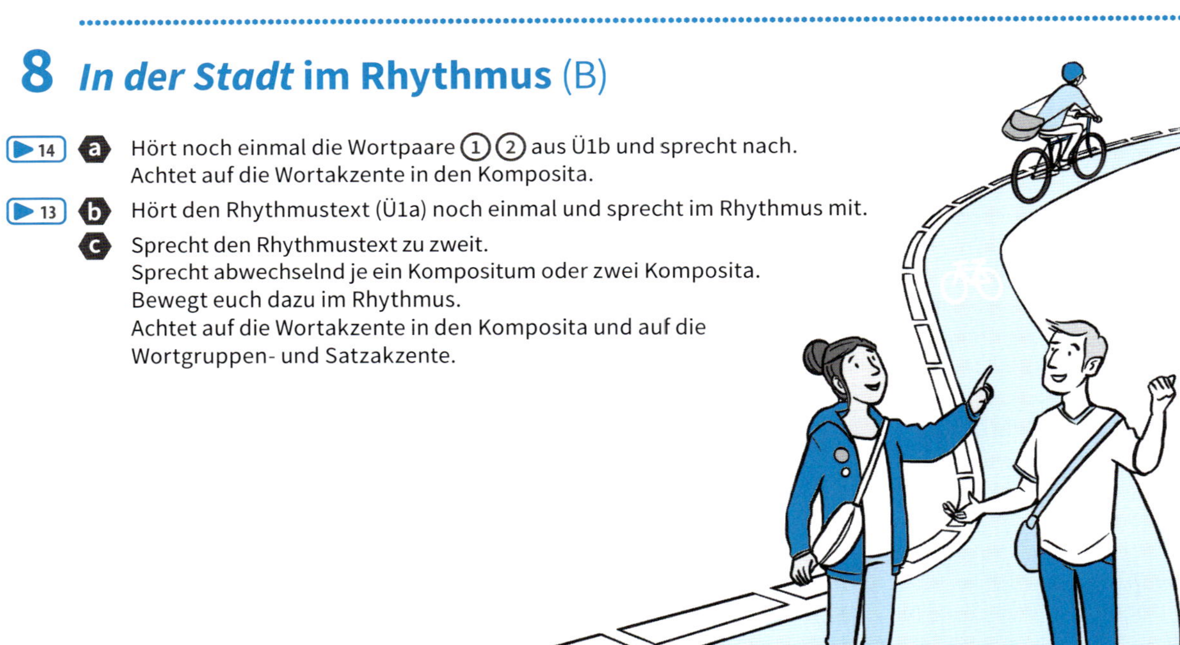

9 *Unser Haus* im Rhythmus

Viele, viele **Wör**terspiele in meinem **Haus**, in unserem **Haus**!
Kannst du das? **Das** macht **Spaß**!
Die **Haus**tür – der **Haus**flur,
das **Wohn**zimmer – das **Kin**derzimmer,

____
____
____
____
____
____
____

Wie **fin**det ihr das? Macht das **Spaß**?
Das macht **Spaß** in meinem **Haus**.
Ja! Na **klar**! So **cool** ist das!

a Schreibt gemeinsam einen Text *Unser Haus* im Rhythmus. Setzt passende Komposita ein.
b Führt den Rhythmustext vor. Achtet besonders auf die Wortakzente in den Komposita und auf die Satzakzente.

10 Wir verabreden uns!

Hallo **Mai**te, wir treffen uns um fünfzehn **Uhr** auf dem **Markt**platz.
Wir gehen zusammen **shop**pen. Kommst du **mit**?

Verabredet euch!

Achtet auf die Aussprache:
Wortakzente, Wortgruppen- und Satzakzente, lange und kurze Vokale.

Wählt eine Person. Sie beobachtet eure Aussprache und macht Notizen.

Arbeitet zu zweit:

- Sprecht: Wo und wann trefft ihr euch? Was wollt ihr gemeinsam machen?
- Einigt euch und macht Notizen: Uhrzeit? Treffpunkt? Gemeinsame Unternehmungen? Verwendet dazu Komposita aus dem Rhythmustext aus Ü1 und Ü9.
- Sprecht eine Sprachnachricht für einen Freund/eine Freundin und verwendet dazu die Notizen. Fragt auch, ob er/sie mitkommen will.
- Er/Sie schickt eine Sprachnachricht zurück.

Präsentation:

- Stellt vor der Lerngruppe eure gemeinsamen Pläne vor und präsentiert die Sprachnachrichten.
- Sprecht danach über die Aussprache: Was war gut? Was ist noch schwierig?
  Die Beobachtungsperson ergänzt. Gebt euch dann gegenseitig Aussprachetipps.

Arbeitsblatt 1

1 *Vor der Übung:* Die L beschreiben (ggf. in ihrer Erstsprache), was sie auf der Illu sehen (Jemand fährt mit dem Fahrrad auf dem Radweg.). Lesen Sie die Wortpaare ① und ② langsam vor. Die L überlegen, worin das Gemeinsame der Wörter jedes Wortpaares besteht. Weisen Sie die L auf die Rhythmusschrift in den Wortpaaren hin. Alle betonten Silben sind größer geschrieben. Erklären Sie am Beispiel (→ Lerntipp zu Ü1, S. 23), dass in Wortgruppen und Sätzen ein Wort/eine Silbe stark betont ist und in längeren Sätzen mehrere Wörter betont werden. Besonders deutlich betont wird das bedeutungstragende Wort bzw. dessen Wortakzentsilbe.

b Die Komposita-Paare sollten mehrmals angehört werden und zusätzlich (ohne und mit Artikel) deutlich vorgesummt/vorgesprochen und von den L nachgesummt/nachgesprochen werden. Die L überlegen, ob sie eine Regel für die Kompositabildung und den Wortakzent erkennen (vgl. auch Ü2).

a/c Ermuntern Sie die L zum Mitsummen, Klopfen, Mitbewegen im Rhythmus.

Arbeitsblatt 2

2 **b** Nachdem die L die Regel selbst ermittelt haben, fassen Sie ggf. noch einmal zusammen, dass Komposita aus einem Grundwort (GW) und einem Bestimmungswort (BW) bestehen, z. B. *der **Bahn**hof* → *(die) Bahn* (BW) + *(der) Hof* (GW). Machen Sie noch einmal durch Vorsprechen an Beispielwörtern (auch aus Ü1) deutlich, dass der Wortakzent auf dem Bestimmungswort liegt.

c *Vergleich mit anderen Sprachen:* Die L sprechen ggf. einige Beispiele für Komposita in anderen Sprachen und vergleichen: Welche Position hat der Wortakzent? Wird er deutlich hervorgehoben? Im Englischen wird z. B. oft der erste Teil, im Russischen der zweite Teil des Kompositums betont. Weitere Beispiele in Dahmen/Hirschfeld/Meißner/Reinke (2021–2025).

3 **a** Alle Komposita können auch so an die Tafel geschrieben werden, z. B. *der **MARKT**platz* oder *der Marktplatz*.

c Lange Akzentvokale unterstreichen *(die Straßenbahn)*, kurze Akzentvokale unterpunkten *(der Marktplatz)*.

d Bitten Sie einzelne L zu überprüfen, ob der Wortakzent deutlich genug realisiert wurde. Auch die korrekte Aussprache des Akzentvokals kann (bei leistungsstärkeren L) überprüft werden.

e Beim rhythmischen Sprechen können sich die L am Text *In der Stadt* im Rhythmus (Ü1a) orientieren. Sprechen Sie einige Beispiele vor.

f *Variante:* Wer nach dem Zeigen eines Zettels am schnellsten ein Kompositum genannt und auf der richtigen Silbe betont hat, schreibt das neue Kompositum an die Tafel und zieht den nächsten Zettel. An der Tafel wird jeweils die betonte Silbe markiert. Alle L summen und sprechen jedes Kompositum im Chor nach.

Lösungen

2 b Der Wortakzent in Komposita liegt auf dem ersten Wortteil (Bestimmungswort).

3 a–c **Auswahl an Komposita** (es lassen sich weitere Komposita bilden): **der:** der Stadtpark, der Stadtplan, der Marktplatz, der Sportplatz, der Fußweg, der Hausschlüssel, der Autofahrer, der Schulhof, der Gartenweg; **das:** das Stadthotel, das Heimatland, das Hotelzimmer; **die:** die Heimatstadt, die Straßenkreuzung, die Parkbank, die Gartenbank, die Straßenbahn, die Autobahn, die Haustür, die Sportschule, die Gartentür, die Ampelkreuzung, die Zimmertür

Arbeitsblatt 3

4 **a** Erinnern Sie die L ggf., dass sich der Artikel nach dem Grundwort richtet (vgl. Ü2 und Ü3) und der Wortakzent auf dem Bestimmungswort liegt.

Nach der Übung: Suchen Sie mit den L gemeinsam noch mehr Kompositapaare.

5 **c** Erklären Sie den L am Beispielsatz *Im **Wohn**haus **woh**ne ich immer.*, dass ein Satz aus mehreren Sinneinheiten besteht, die Wortgruppen bilden *(Im Wohnhaus …* und *…wohne ich immer.)*. Erklären Sie, dass Wortgruppen zusammenhängend gesprochen werden und dass in jeder Wortgruppe ein Wort besonders betont wird (→ Wortgruppenakzent). Diese Wortgruppenakzente liegen auf den Inhaltswörtern. Die Formwörter (→ Präpositionen, Pronomen, Artikel) werden leiser, ungespannter und undeutlicher realisiert. Weisen Sie die L darauf hin, dass in Aussagen mit trennbaren Verben im Präsens der Satzakzent auf dem trennbaren Präfix liegt (→ Lerntipp zu Ü5, S. 25). Bitten Sie die L, auf den Unterschied zwischen dem Wortgruppenakzent und dem Satzakzent zu achten. Der Satzakzent ist stärker ausgeprägt als der Wortgruppenakzent. Achten Sie auch auf den fallenden Melodieverlauf ↘ am Satzende (= Lösungstiefe).

f Das Komposita-Gedicht kann auch wie ein Rhythmustext gesprochen werden (stärkere Akzentuierungen, deutliche Mitbewegungen), aber es werden dennoch die gleichen Wörter/Silben betont.

Die L können die Verben in der 1. Person Singular auch ohne *-e* am Ende sprechen (z. B. *Ich schlaf/kauf/wohn*, aber *ich arbeite*). Das ist für die gesprochene Sprache des Deutschen v. a. beim schnellen Sprechen typisch.

6 **a** Summen Sie die dreiteiligen Komposita zusätzlich vor – die L summen sie nach. Zur Verdeutlichung der Dreigliedrigkeit können die Komposita so an die Tafel geschrieben werden: der *Haustürschlüssel*. Zudem können die Rhythmusmuster ergänzt werden: *Haustürschlüssel* → ● • • •.

b Die L sollen in den dreigliedrigen Komposita den Artikel ergänzen. Ermuntern Sie die L, immer zuerst das Grundwort mit Artikel zu nennen. So erkennen sie, dass der Artikel des Kompositums mit dem des Grundworts übereinstimmt, z. B. *der Hof* → *der Hauptbahnhof*.

Lösungen

4 a–c 1. das Wohnhaus – das Kaufhaus 2. der Spielplatz – der Sitzplatz 3. das Wohnzimmer – das Schlafzimmer 4. das Arbeitszimmer – das Wartezimmer 5. das Kinderzimmer – das Hotelzimmer 6. der Fahrplan – der Stadtplan 7. die Haustür – die Zimmertür 8. der Bahnhof – der Schulhof

5 a/c/d Im Wohnhaus **woh**ne ich immer. Im Kaufhaus kaufe ich **ein**. Im Arbeitszimmer **ar**beite ich immer. Im Schlafzimmer schlaf ich al**lein**. Im Wohnzimmer **woh**ne ich immer. Auf dem Spielplatz spiel ich mit **dir**. Im Wartezimmer **war**te ich immer. Und auf dem Sitzplatz **sit**ze ich hier.

6 a/b 1. der Hauptbahnhof (→ der Hof) 2. der Fußballplatz (→ der Platz) 3. der Haustürschlüssel (→ der Schlüssel) 4. das Einfamilienhaus (→ das Haus) 5. die Bushaltestelle (→ die Stelle) 6. der Kinderspielplatz (→ der Platz) 7. der Fahrradweg (→ der Weg) 8. das Treppenhauslicht (→ das Licht) 9. die Wohnzimmertür (→ die Tür) 10. die Kaufhaustreppe (→ die Treppe)

Arbeitsblatt 4

7 b Lassen Sie die Sätze ggf. mehrfach hören – die L markieren zuerst die Wortgruppenakzente und dann den besonders deutlichen Satzakzent.

c *Hinweis:* Nachdrückliches Sprechen bei Kontrastbetonung ist besonders vorteilhaft beim Einüben des situationsangemessenen Sprechrhythmus.

8 c Es kann auch mit anderen Komposita im Rhythmus gesprochen werden: Die L schreiben vorher ein, zwei oder drei Komposita in ihr Heft und fügen diese in den Rhythmustext ein, wenn sie an der Reihe sind.

Lösungen

7 a 1. Das Fahrrad fährt auf dem Fahrradweg. 2. Der Schreibtisch steht im Arbeitszimmer. 3. Der Fernseher steht im Wohnzimmer. 4. Die Kinder spielen auf dem Fußballplatz Fußball. 5. Die S-Bahn hält am Hauptbahnhof. 6. Die Autos fahren auf der Autobahn.

Arbeitsblatt 5

9 Die L können in Kleingruppen arbeiten. Geben Sie Hilfestellungen: Komposita an die Tafel schreiben, Wörterlisten austeilen. Anschließend wird der Rhythmustext vorgeführt. Der Text kann auf ein Poster geschrieben und im Unterrichtsraum ausgehängt werden. *Hinweis:* Die Zeilen des Textes können, müssen sich aber nicht reimen.

Variante: Die L machen spontan einen Komposita-Endlos-Rhythmustext mit allen Komposita, die sie kennen. Sie können hierzu auch Zettel mit Komposita vorbereiten, die die L ziehen. Sie sprechen die Komposita im Rhythmus und legen die Zettel danach wieder zurück.

10 *Handlungsorientierte Aufgabe:* Erklären Sie ggf., wie eine Verabredung auf Deutsch (als kurze Sprachnachricht mit wesentlichen Informationen und ohne Redundanzen) aufgebaut ist. Weisen Sie die L daraufhin, dass sie beim Sprechen immer auch auf die Aussprache achten sollen: hier besonders auf Wortakzente, Wortgruppen- und Satzakzente, Vokallänge.

Bestimmen Sie mit den L vor der Ü gemeinsam eine/n Beobachter/in für jedes Team, der/die die Abweichungen in der Aussprache der L während der gesamten Ü protokolliert und den L Feedback zur Aussprache gibt (vgl. Beobachtungsprotokoll auf S. 12).

Unterstützen Sie die L bei der Fokussierung auf die Aussprache. Geben Sie selbst Tipps für die Verbesserung der Aussprache und ermuntern Sie die L, verschiedene Aussprachelernstrategien auszuprobieren.

Das kann man auch noch üben:

- Satzstruktur und Satzakzent/Rhythmus in Aussagen mit Inversion, z. B. *Im **Kauf**haus kaufe ich **ein**.*
- lange/gespannte und kurze/ungespannte Akzentvokale in Nomen: lang in offenen und potenziell offenen Silben, z. B. *(die) Schu-le, (der) Hof (→ die Hö-fe),* kurz in geschlossenen Silben, z. B. *(der) Platz*
- vokalisches R [ɐ] in der Endung *-er*, z. B. *(das) Schlafzimmer, (der) Supermarkt*
- Konsonantenfolgen in Nomen, z. B. *(die) Hau**ptstr**aße, (der) Ma**rktpl**atz*
- progressive Assimilation (→ Übertragung der Stimmlosigkeit vom vorangehenden Konsonanten auf den nachfolgenden), z. B. *(das) Treppenhaus* und *(das) **Str**aßenschild.*

Phonetische Schwerpunkte

Wortakzent in Ortsnamen

- **Wortakzentregeln:**
  - Der Wortakzent ist für jeden Ortsnamen festgelegt, kann jedoch auf jeder möglichen Silbe liegen, z. B. ***Salz**burg, Han**no**ver, Pader**born***.
  - Die betonte Silbe wird lauter, höher/tiefer, deutlicher und langsamer als unbetonte Silben realisiert.
  - Bei nachdrücklicher Akzentuierung und Kontrastakzentuierung werden die betonten Silben noch deutlicher hervorgehoben.
- **Bewusstmachung:**
  - betonte Silben fett oder groß schreiben, Länge des Akzentvokals markieren (lang mit _ und kurz mit .), z. B. ***Sạlz**burg, Han**no̲**ver*
  - Ortsnamen sehr deutlich vorsprechen.
- **(Kontrollierbare) Hörübungen durchführen:**
  - zum Erkennen und Markieren der Wortakzente in den Ortsnamen.
- **Wortakzente trainieren:**
  - durch Nachsprechen und Imitieren mit Übertreibung der betonten Silben
  - mit gestischer bzw. ganzkörperlicher Unterstützung, z. B. beim Sprechen der Ortsnamen auf Personen zeigen (wie bei einem Abzählreim) oder auf der betonten Silbe klopfen/klatschen/stampfen.

Phonetik

- Wortakzent in Ortsnamen
- Satzakzent und Satzmelodie in Aussagen, W-Fragen und Nachfragen
- Akzentvokale: lang/gespannt – kurz/ungespannt

zusammen mit

... Grammatik

- Verben im Präsens
- Verbstellung in Aussagen, W-Fragen und Nachfragen

... Wortschatz

- Städte- und Ländernamen
- DACHL-Länder
- Heimat und Urlaubsziele

Satzakzent und Satzmelodie in Aussagen, W-Fragen und Nachfragen

- **Regeln:**
  - Der Satzakzent liegt meistens auf der neuen Information im Satz (→ Rhema) und wird sehr deutlich gegenüber den anderen Silben hervorgehoben, z. B. *Wo **wohnst** du? – Ich wohne in **Ham**burg.*
  - Die Satzmelodie fällt ab der Satzakzentsilbe stark ↘ in Aussagen (mit .) und häufig in W-Fragen (mit ?) bis in die Lösungstiefe (→ die Tiefe, die physiologisch gerade noch erreichbar ist), z. B. *Woher **kommst** du?* ↘ – *Ich komme aus A**lep**po.* ↘
  - Die Satzmelodie steigt stark ↗ in Ja-/Nein-Fragen und Nachfragen (mit ?), z. B. *Reist du nach Ti**ra**na?* ↗ *Du kommst aus der Tür**kei**?* ↗.
- **(Kontrollierbare) Hörübungen durchführen:**
  - zum Erkennen und Markieren des steigenden ↗ oder fallenden ↘ Melodieverlaufes ab der Satzakzentsilbe.
- **Satzakzentuierung und Satzmelodie trainieren:**
  - durch nachdrückliches Sprechen, sodass die Satzakzentsilbe noch deutlicher hervortritt und der Melodieverlauf ab der Satzakzentsilbe noch deutlicher fällt oder steigt
  - durch gestische und ganzkörperliche Unterstützung, z. B. bei jeder Satzakzentsilbe eine Geste mit der Hand machen oder bei steigender Satzmelodie aufstehen und bei fallender Satzmelodie hinsetzen.

Akzentvokale: lang/gespannt – kurz/ungespannt

- **Bewusstmachung:**
  - Regeln zu Laut-Buchstaben-Beziehungen für lange/gespannte Vokale (z. B. *wo̲h̲nen* → Vokal + <h>) und kurze/ungespannte Vokale (z. B. *kọmmen* → Vokal + Doppelkonsonant)
  - Aussprachebesonderheiten der Vokale erklären, d. h.
    - lange/gespannte Vokale werden länger und mit hoher Artikulationsspannung gesprochen, z. B. *Wi̲e̲n* → [iː], *Bre̲men* → [eː]
    - kurze/ungespannte Vokale werden kurz und mit geringer Artikulationsspannung gesprochen, z. B. *Stụttgart* → [ʊ], *Bẹrn* → [ɛ].
  - Markieren der Vokallänge in der Schrift (lange Vokale mit _, kurze Vokale mit .).
- **(Kontrollierbare) Hörübungen durchführen:**
  - zum Differenzieren, Identifizieren und Markieren der Vokallänge (lang mit _ vs. kurz mit .).
- **Aussprache der Akzentvokale trainieren:**
  - durch Nachsprechen und Imitieren mit Übertreibung der Vokallänge (lang vs. kurz)
  - mit gestischer bzw. ganzkörperlicher Unterstützung, z. B. bei langen Vokalen mit den Händen ein Gummiband dehnen und bei kurzen Vokalen das Gummiband lockerlassen.

1 *Wo? Woher? Wohin?* im Rhythmus (A)

①

ich **woh**ne, ich **kom**me	wir **woh**nen, wir **kom**men
du **wohnst**, du **kommst**	ihr **wohnt**, ihr **kommt**
er **wohnt**, er **kommt**	sie **woh**nen, sie **kom**men
sie **wohnt**, sie **kommt**	

ALLE Ich, du, er, sie, **es** – wir, ihr, **sie**!
A Hallo **du**! **Sag**, wo **wohnst** du? Hallo **du**, woher **kommst** du?
B Ich wohne in **Ham**burg. Ich komme aus **Deutsch**land.
C Sie wohnt in **Ham**burg. Sie kommt aus **Deutsch**land.
A Ich wohne in **Salz**burg. Ich komme aus **Ös**terreich.
C Er wohnt in **Salz**burg. Er kommt aus **Ös**terreich.
A Hallo **ihr**! **Sagt**, wo **wohnt** ihr? Hallo **ihr**, woher **kommt** ihr?
ALLE **Wir** wohnen in **Frank**furt. Wir **kom**men aus **Frank**furt.
A Und **du** und **du** und **du**? Wo wohnst **du**?

ALLE Ich, du, er, sie, **es** – wir, ihr, **sie**!
A Hallo, **du**! Wohin **reist** du? Hallo **du**! Wohin **reist** du?
B Ich reise nach Aus**tra**lien.
C Ich reise nach **I**talien.
A Du reist nach Aus**tra**lien? Du reist nach **I**talien?
Ich reise in die US**A**, nach **Me**xiko und **Ka**nada.
ALLE Und **du**?

D **Ich**? Ich bleibe **hier** in **Frank**furt bei **dir**!
A **Schön**!

②
Wo **wohnst** du? ↘
Ich wohne in **Ham**burg. ↘
Du kommst aus **Deutsch**land. ↘
Er kommt aus **Ös**terreich. ↘
Sie wohnt in **Frank**furt. ↘
Wir wohnen in **Ham**burg. ↘
Ihr wohnt in **Frank**furt. ↘
Sie wohnen in **Salz**burg. ↘

③
Ich reise nach **I**talien. ↘
Du reist nach **I**talien? ↗
Du reist nach Aus**tra**lien. ↘
Er reist in die US**A**. ↘
Sie reist nach **Me**xiko. ↘
Wir reisen nach **Ka**nada. ↘
Ihr reist nach **Ös**terreich? ↗
Wir reisen nach **Frank**furt. ↘
Sie reisen nach **Deutsch**land. ↘

 20 **a** Hört den Text *Wo? Woher? Wohin?* im Rhythmus mehrmals. Lest und summt mit.

 21 **b** Hört die Wortgruppen aus Pronomen und Verben ① zweimal. Achtet zuerst auf die Wortgruppenakzente und dann auf die kurzen (.) und langen (_) Vokale.

c Hört noch einmal. Summt und klopft mit.

 22 **d** Hört die Sätze ② ③. Achtet auf die Satzakzente und auf die Satzmelodie ↗ und ↘.

e Hört die Sätze noch einmal. Summt und klopft mit.

Wortgruppen- und Satzakzente

Wichtige/bedeutungstragende Wörter sind betont

- in Wortgruppen, z. B. *ich **woh**ne*
  → Wortgruppenakzent
- in Sätzen, z. B. *Ich reise nach **I**talien.*
  → Satzakzent
- in längeren Sätzen mit mehreren Wortgruppen, z. B. *Ich reise in die US**A**, / nach **Me**xiko / und **Ka**nada.*
  Ich reise in die USA, nach Mexiko und Kanada.
  (→ Rhythmus)

2 Länder

Satzakzent
Betone das Neue (→ Rhema) im Satz. Es liegt hier am Satzende, z. B. *Ich komme aus **Sy**rien.*

Sätze mit . haben eine ↘ Melodie. Das Verb ist auf Position 2, z. B. *Ich komme aus **Sy**rien.* ↘

a Woher kommst du? Zeig dein Heimatland auf einer Weltkarte.
b Wie heißt dein Heimatland in deiner Erstsprache? Wie heißt es auf Deutsch? Vergleiche die Aussprache der betonten Vokale und den Wortakzent.
c Rhythmuskette: Woher kommt ihr? Sprecht reihum. Achtet auf die Satzakzente und die fallende Satzmelodie ↘. Steht immer beim Satzakzent auf und setzt euch dann wieder hin.

3 Wortpaare mit langen und kurzen Vokalen

wir – ihr • wie – sie • wo – so • ja – da • sehr – Meer •
das – was • ich – dich • in – hin • noch – doch • dort – Ort

a Hört die Reime mehrmals. Sprecht erst leise mit und dann nach. Achtet auf die langen (_) und kurzen (.) Vokale.
b Übt zu zweit: Sagt abwechselnd ein Wort und dann das Reimwort.

ich – ihr • und – du • es – er • das – da • kommen – wohnen

▶ 24
c Hört die Wortpaare. Zeigt kurze und lange Vokale mit den Händen.
d Hört noch einmal und sprecht nach. Zeigt kurze und lange Vokale mit den Händen.

4 Die Regel

Lange/gespannte und kurze/ungespannte Vokale

- **Vokal** + *h* wird immer ◯ kurz ◯ lang gesprochen.
  ihr, ______
- *ie* wird immer ◯ kurz ◯ lang gesprochen.
  sie, ______
- **Doppelvokale** werden immer ◯ kurz ◯ lang gesprochen.
  Meer, ______
- **Vokal vor Doppelkonsonant** wird immer ◯ kurz ◯ lang gesprochen.
  kommen, ______

a Hört und lest noch einmal die Wörter aus Ü3a und 3c.
b Ergänzt die Regel und kreuzt an: kurz oder lang.
c Schreibt noch mehr Beispielwörter auf. Lest sie vor. Achtet auf die kurzen (.) und langen (_) Vokale.
d Vergleicht mit anderen Sprachen: Gibt es auch lange und kurze Vokale? Erkennt ihr sie in der Schrift?

5 Städte

Wien 1 • Köln ___ • Kiel ___ • Salzburg ___ • Frankfurt ___ • Jena ___ • Klagenfurt ___ • Hamburg ___ • Bremen ___ • München ___ • Stuttgart ___ • Berlin ___ • Hannover ___ • Magdeburg ___ • Bern ___ • Luzern___ • Regensburg ___ • Solingen ___ • Luxemburg ___ • Vaduz ___

25
- a Hört die Städtenamen mehrmals. Klopft die Silben mit und zählt: Wie viele Silben hat jeder Stadtname?
- b Zeichnet Silbenbögen und ergänzt die Silbenzahl.
- c Hört noch zweimal. Markiert zuerst die Wortakzente (→ die betonte Silbe/Wortakzentsilbe) und dann die betonten Vokale (lang mit _ und kurz mit .)
- d Hört noch einmal. Vergleicht die Lösung und sprecht nach.

6 Wo liegen die Städte?

- a Sucht die Städte aus Ü5a auf einer Weltkarte. Sagt, ob sie im Osten, Westen, Norden oder Süden der DACHL-Länder liegen. Achtet auf die Wortgruppen- und Satzakzente und auf die Satzmelodie ↘.

Im Norden von Deutschland liegt **Kiel**. ↘

- b Bildet Sätze mit *Im Norden/Süden/Osten/Westen …* (→ neue Information am Satzanfang). Achtet auf die Wortgruppen- und **Satz**akzente und auf die Satzmelodie ↘.
- c Sucht noch mehr Städte aus den DACHL-Ländern auf der Landkarte. Schreibt sie auf.
- d Markiert die betonten Vokale in den Stadtnamen (lang mit _ und kurz mit .).
- e Sprecht Sätze mit den Städten aus Ü6c wie in Ü6a. Übt gemeinsam die Aussprache.

Offene und geschlossene Silben

Silben mit einem Vokal am Ende sind offen, z. B. *im Sü-den*.
Silben mit Konsonanten am Ende sind geschlossen, z. B. *im Nor-den*.

Betonte Vokale

Sprich den betonten Vokal in offenen Silben immer lang, z. B. *im Sü-den*.
Sprich den betonten Vokal in geschlossenen Silben kurz, z. B. *im Nor-den*.

7 Wohin reist du gern?

Ich reise nach Wien. ↘

① Du reist nach Wien. ↘
② Du reist nach Wien? ↗
③ Sie reist nach Wien? ↗

Satzmelodie

Sprich die Sätze mit . mit stark fallender Satzmelodie ↘ (→ Lösungstiefe), z. B. *Ich reise nach* ***Wien***. ↘
Sprich Nachfragen mit ? mit steigender Satzmelodie ↗, z. B. *Sie reist nach* ***Wien***? ↗

26
- a Hört die Sätze zweimal. Achtet zuerst auf die Satzakzente und auf die Satzmelodie ↗ und ↘. Sprecht dann nach.
- b Wohin möchtet ihr reisen? Sucht die Orte auf der Weltkarte. Schreibt sie auf. Lest vor. Welcher Ort kommt am häufigsten vor?
- c Rhythmuskette: Sagt reihum, wohin ihr reist (wie in Ü7a). Die anderen reagieren im Chor (wie in ①② oder ③).
- d Sprecht mit unterschiedlichen Emotionen: fröhlich, erstaunt, ironisch, … 

8 Meine Heimatstadt

Πάτρα	La Habana
Patras	Havanna

a Wie heißt deine Heimatstadt in deiner Erstsprache?
Wie heißt sie auf Deutsch? Schreibt Zettel.

b Übt zu zweit: Lest euch die Städtenamen gegenseitig vor.
Vergleicht die Silbenzahl, den Wortakzent und die Aussprache der Vokale und Konsonanten.

c Rhythmuskette: Lest die Städtenamen reihum in eurer Erstsprache und auf Deutsch vor.
Vergleicht die Aussprache in verschiedenen Sprachen.

Patras liegt im Süden von Griechenland. ↘

d Sagt, wo eure Heimatstadt liegt: Im Osten, Westen, Süden oder Norden eures Heimatlandes?

Im Süden von Griechenland liegt Patras. ↘

e Bildet Sätze wie in Ü6b mit der neuen Information am Satzanfang.

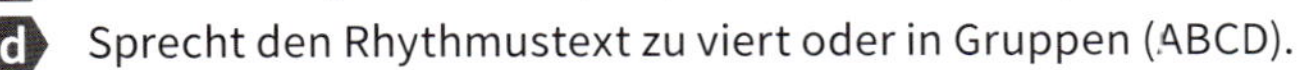

9 *Wo? Woher? Wohin?* im Rhythmus (B)

▶ 21 **a** Hört noch einmal die Wortgruppen aus Pronomen und Verben ① aus Ü1b und sprecht nach.
Achtet auf die Wortakzente und auf die kurzen (.) und langen (_) Vokale.

▶ 22 **b** Hört die Sätze ② ③ aus Ü1d noch einmal und sprecht nach.
Achtet auf die Satzakzente und auf die Satzmelodie ↘ und ↗.

▶ 20 **c** Hört den Rhythmustext (Ü1a) noch einmal und sprecht im Rhythmus mit.

d Sprecht den Rhythmustext zu viert oder in Gruppen (ABCD).

10 *Wo wohnst du?* im Rhythmus

ALLE Ich, du, er, sie, **es** – wir, ihr, **sie**!
A Hallo **du**! **Sag**, wo **wohnst** du? Hallo **du**, woher **kommst** du?
B Ich wohne in ____________________. Ich komme aus ____________________.
C Sie wohnt in ____________________. Sie kommt aus ____________________.
A Ich wohne in ____________________. Ich komme aus ____________________.
C Er wohnt in ____________________. Er kommt aus ____________________.
A Hallo **ihr**! Sagt, wo **wohnt** ihr? Hallo **ihr**, woher **kommt** ihr?
D Wir wohnen in ____________________. Wir kommen aus ____________________.
A Und du und du und **du**? Wo wohnst **du**?
ALLE Ich, du, er, sie, **es** – wir, ihr, **sie**!
A Hallo, **du**! Wohin **reist** du? Hallo **du**! Wohin **reist** du?
B Ich reise nach ____________________.
C Ich reise nach ____________________.
A Du reist nach ____________________? Du reist nach ____________________?
Ich reise ____________________, nach____________________ und ____________________.
Und **du**?
D **Ich**? Ich bleibe **hier** in ____________________ bei **dir**!

a Schreibt gemeinsam einen Text *Wo wohnst du?* im Rhythmus. Setzt andere Ortsnamen ein.
b Führt den Rhythmustext vor. Achtet besonders auf die Wortakzente in den Ortsnamen, auf die Wortgruppen- und Satzakzente, die Satzmelodie sowie auf die betonten Vokale in den Ortsnamen (lang/gespannt – kurz/ungespannt).

11 Grüße aus dem Urlaub!

Schickt Grüße aus dem Urlaub!

Achtet auf die Aussprache:
Wortakzente, Wortgruppen- und Satzakzente, Satzmelodie, lange und kurze Vokale.

Wählt eine Person. Sie beobachtet eure Aussprache und macht Notizen.

Arbeitet zuerst einzeln:
- Überlegt euch einen Urlaubsort. Sucht passende Fotos. Macht Notizen: Sehenswürdigkeiten, Freizeitmöglichkeiten, Wetter, …
- Schreibt eine digitale Postkarte mit einem Foto und mit Urlaubsgrüßen an mehrere Freundinnen und Freunde aus der _erngruppe.
- Ruft einen Freund oder eine Freundin auf dem Handy an. Fragt: Hat er/sie eure Postkarte erhalten? Berichtet über euren Urlaub. Verwendet dazu die Notizen.

Präsentation:
- Vergleicht: Wer hat die meisten Urlaubskarten bekommen?
- Präsentiert eure Urlaubskarten und berichtet über das Gespräch.
- Sprecht danach über die Aussprache: Was war gut? Was ist noch schwierig? Die Beobachtungsperson ergänzt. Gebt euch dann gegenseitig Aussprachetipps.

Arbeitsblatt 1

1 *Vor der Übung:* Die L beschreiben (ggf. in ihrer Erstsprache), was sie auf der Illu sehen. Fragen Sie: *Wer ist das? Was haben die beiden Personen vor? Was machen sie?* Fragen Sie dann einzelne L: *Woher* ***kommst*** *du?* ↘ *Wo* ***wohnst*** *du?* ↘ Achten Sie dabei auf die Satzmelodie (↘), die Satzakzente (fett + unterstrichen) und auf die deutlich hörbare Vokallänge in *wohnen* und *kommen*. Die L antworten z. B.: *Ich komme aus Pune.* ↘ *Ich wohne in Dresden.* ↘
Fragen Sie die L, ob sie schon einmal in einem DACHL-Land (→ Deutschland, Österreich, der Schweiz, Liechtenstein oder Luxemburg) waren. Die L sagen, welche Städte sie kennen oder besucht haben.

Weisen Sie die L auf die Rhythmusschrift in den Verben ① und in den Sätzen ②③ hin. Alle betonten Silben sind größer geschrieben. Erklären Sie am Beispiel (→ Lerntipp zu Ü1, S. 31), dass in Wortgruppen und Sätzen ein Wort/eine Silbe stark betont ist und in längeren Sätzen mehrere Wörter betont werden. Besonders deutlich betont wird das bedeutungstragende Wort bzw. dessen Wortakzentsilbe.

a/c/e Ermuntern Sie die L zum Mitsummen und Klopfen.

d Zeigen Sie den steigenden und fallenden Melodieverlauf mit der Hand.

Arbeitsblatt 2

2 a/b Sie (oder die L) können die Namen für ihr Heimatland – auf Deutsch und in ihrer Erstsprache – an die Tafel schreiben und mehrmals laut vorsprechen. Die L vergleichen die Schriftsysteme beider Sprachen. Fragen Sie die L, ob ihnen Unterschiede in der Wortakzentuierung und der Artikulation von betonten Vokalen (→ Akzentvokal = Vokal in der betonten Silbe) auffallen. Die fortgeschrittenen L können zusätzlich die Realisierung von Konsonanten vergleichen.

c Geben Sie den Rhythmus vor, indem Sie erst einen Satz rhythmisch vorsprechen, den alle L im Chor wiederholen. Erst danach sprechen die L einzeln.

Variante: Die L werfen bei jedem Satzakzent einen Ball.

3 a Erklären Sie ggf. das Reimprinzip: Wörter reimen sich, wenn sie ab dem Akzentvokal gleich klingen, z. B. *wie – sie*. Das bedeutet nicht, dass sie auch gleich geschrieben werden müssen, z. B. *sehr – Meer*.

a–d Achten Sie darauf, dass die L die langen Vokale sehr lang und gespannt und die kurzen Vokale sehr kurz und ungespannt sprechen und entsprechende Gesten dazu machen, z. B. ein Gummiband mit den Händen bei langen Vokalen dehnen oder bei kurzen Vokalen lockerlassen.

Nach der Übung: Schreiben Sie noch mehr Reimwörter (z. B. bekannte Nomen) ungeordnet an die Tafel und lassen Sie die L reihum einzeln reimen – die anderen L summen im Chor den Rhythmus.

4 b Wenn die L Schwierigkeiten bei der Lösung der Aufgabe haben, sprechen Sie die Wörter *wohnen, sie, (das) Meer, kommen* mit deutlicher Vokallänge (lang vs. kurz) mehrmals deutlich vor.

d *Vergleich mit anderen Sprachen:* Viele Sprachen unterscheiden keine langen und kurzen Vokale, z. B. das Griechische, Spanische, Türkische. Im Arabischen und Englischen gibt es jedoch ebenfalls die Differenzierung lang – kurz. Weitere Beispiele in Dahmen/Hirschfeld/Meißner/Reinke (2021–2025).

Lösungen

4 b Vokal + *h* → lang; *ie* → lang; Doppelvokale → lang; Vokal vor Doppelkonsonant → kurz

Arbeitsblatt 3

5 b Beim Zeichnen der Silbenbögen kommt es nicht darauf an, wo genau die Silbengrenzen bei diesen Städtenamen verlaufen, da die Silbengrenzen nicht immer eindeutig bestimmbar sind und v. a. nicht generell den Schreibsilbengrenzen entsprechen, z. B. bei Solingen verläuft die zweite Silbengrenze inmitten des *Ang*-Lautes <ng> → [ŋ].

6 b/d/e Wenn die Verbzweitstellung mit Subjekt an erster Stelle im Satz den L keine Schwierigkeiten mehr bereitet, kann die Verbzweitstellung mit dem Subjekt danach (→ Inversion) geübt werden, z. B. *Im Süden von Deutschland liegt München.* Die neue Information erscheint in diesem Fall an erster Stelle im Satz.

c Bitten Sie die L, jeweils den betonten Vokal zu markieren und auf die Satzakzente und die Satzmelodie zu achten. Die L können sich dabei gegenseitig Tipps zur Aussprache geben.

7 b Die L können sagen, in welches Land/welchen Ort sie gern reisen möchten bzw. wo sie zuletzt waren. Sie oder die L schreiben das Land/den Ort an die Tafel: betonte Silbe in Großbuchstaben *(ITAlien)* oder mit größeren Buchstaben wie in der Übung (z. B. *Italien*). Dann sprechen Sie oder die L den Ortsnamen laut – die anderen L wiederholen im Chor und klatschen/stampfen die betonte Silbe. Am Schluss werden die am häufigsten genannten Orte noch einmal vorgelesen.

c Achten Sie auf die Melodieführung in Fragen und Aussagen und begleiten Sie fallende und steigende Melodiebewegungen mit passenden Handbewegungen. Bei der fallenden Satzmelodie fällt die Melodie am Ende sehr tief (→ Lösungstiefe). Vereinbaren Sie vorher, ob wie im Satz ①, ② oder ③ im Chor reagiert wird.

d Es kann vorher vereinbart werden, in welcher Emotion Fragen und Antworten gesprochen werden oder es werden spontan Emotions-Smileys gezeigt.

Lösungen

5 b/c Wien (1), Köln (1), Kiel (1), Salzburg (2), Frankfurt (2), Jena (2), Klagenfurt (3), Hamburg (2), Bremen (2), München (2), Stuttgart (2), Berlin (2), Hannover (3), Magdeburg (3), Bern (1), Luzern (2), Regensburg (3), Solingen (3), Luxemburg (3), Vaduz (2)

Arbeitsblatt 4

8 **a–c** Helfen Sie den Lerngruppen beim Erkennen der Wortakzentsilben in den Städtenamen in der Erstsprache und auf Deutsch und beim Vergleich der Aussprache, indem Sie die Rhythmusmuster der Städtenamen klatschen oder klopfen, z. B. ***War**schau* → ●•.

d Die L sagen, ob ihre Heimatstadt im Osten, Westen, Süden oder Norden des Heimatlandes liegt. Dabei achten sie besonders auf den Satzakzent, z. B. *Grodno liegt im **Wes**ten von Belarus.*

9 **c/d** Der Rhythmustext kann entweder von allen gemeinsam oder mit verteilten Rollen ABCD (einzeln oder in Kleingruppen) gesprochen werden.

Arbeitsblatt 5

10 Die L können in Kleingruppen arbeiten. Geben Sie Hilfestellungen: Ortsnamen an die Tafel schreiben, Wörterlisten austeilen. Anschließend wird der Rhythmustext vorgeführt. Der Text kann auf ein Poster geschrieben und im Unterrichtsraum ausgehängt werden.

Hinweis: Die Zeilen des Textes können, müssen sich aber nicht reimen.

11 *Handlungsorientierte Aufgabe:* Erklären Sie ggf., wie eine (digitale) Postkarte aufgebaut ist. Die L können auch zu zweit arbeiten und sich zuerst ihre Urlaubsgrüße gegenseitig vorlesen sowie sich Feedback zur eigenen Aussprache geben. Weisen Sie die L darauf hin, dass sie beim Sprechen immer auch auf die Aussprache achten sollen: hier besonders auf Wortakzente, Satzakzente, Vokallänge.

Bestimmen Sie vor der Ü mit den L gemeinsam eine/n Beobachter/in für jede/n L/jedes Team, der/die die Abweichungen in der Aussprache während der gesamten Ü protokolliert und den L Feedback zur Aussprache gibt (vgl. Beobachtungsprotokoll auf S. 12).

Unterstützen Sie die L bei der Fokussierung auf die Aussprache. Geben Sie selbst Tipps für die Verbesserung der Aussprache und ermuntern Sie die L, verschiedene Aussprachelernstrategien auszuprobieren.

Das kann man auch noch üben:

- Wortakzent in Komposita und in Wortgruppen aus Artikel und Kompositum, z. B. *die **Haupt**stadt, die Landeshauptstadt*
- Schwa-Laut [ə] in Verben mit der Endung *-e*, z. B. *ich wohn**e**, ich reis**e**.*

Phonetische Schwerpunkte

Wortakzent in Verben ohne Präfix und in trennbaren vs. untrennbaren Verben

- **Wortakzentregeln:**
  - In Verben ohne Präfix wird der Verbstamm betont, z. B. ***wa**schen*.
  - In trennbaren Verben werden die Präfixe betont, z. B. ***an**ziehen, **auf**setzen*.
  - In untrennbaren Verben werden die Präfixe nicht betont, der Wortakzent ist auf dem Verbstamm, z. B. *be**ei**len*.
  - Die betonte Silbe wird lauter, höher/tiefer, deutlicher und langsamer realisiert als unbetonte Silben.
- **Bewusstmachung:**
  - betonte Silben fett oder groß schreiben, Länge des Akzentvokals markieren (lang mit _ und kurz mit .), z. B. *schlafen, anziehen*.
  - Verben mit deutlichem Wortakzent vorsprechen.
- **(Kontrollierbare) Hörübungen durchführen:**
  - zum Erkennen und Markieren der Wortakzente in den Verben.
- **Wortakzente trainieren:**
  - durch Nachsprechen und Imitieren mit Übertreibung der betonten Silben
  - mit gestischer bzw. ganzkörperlicher Unterstützung, z. B. auf der betonten Silbe klopfen/klatschen/stampfen.

Phonetik

- Wortakzent in Verben ohne Präfix und in trennbaren vs. untrennbaren Verben
- Wortgruppen- und Satzakzent und Satzgliederung in Aussagen und Aufforderungen
- Vokalneueinsatz/Knacklaut

zusammen mit

... Grammatik

- reflexive Verben mit Pronomen im Akkusativ und Dativ
- trennbare und untrennbare Verben im Präsens

... Wortschatz

- Kleidung
- Partyvorbereitung

Wortgruppen- und Satzakzent und Satzgliederung in Aussagen und Aufforderungen

- **Regeln:**
  - Deutlich betont wird das Wort (bzw. dessen Wortakzentsilbe) mit der neuen und wichtigen Information, also das bedeutungstragende Wort, z. B. *Ich **freu**e mich. Ich **freue** mich / auf das leckere **Es**sen.*
  - Fast die gesamte Sprechenergie liegt auf dem Wortgruppen- oder Satzakzent.
  - Wortgruppen werden als zusammengehörende Sinneinheiten durch Pausen getrennt, z. B. *Ich **ärg**ere mich / über die langweilige Mu**sik***. Jede Wortgruppe wird zusammenhängend gesprochen.
- **(Kontrollierbare) Hörübungen durchführen:**
  - zum Erkennen und Markieren der Wortgruppen- und Satzakzente.
- **Wortgruppen- und Satzakzentuierung trainieren:**
  - durch den schrittweisen Aufbau immer längerer Wortgruppen und Sätze mit jeweils nur einer betonten Silbe, z. B. ***Du**. Du **wäschst**. Du **wäschst** dich. Du **wäschst** dich nicht.*
  - durch nachdrückliches Sprechen, sodass die Satzakzentsilbe noch deutlicher hervortritt
  - mit gestischer und ganzkörperlicher Unterstützung, z. B. bei jeder Satzakzentsilbe eine Geste machen oder aufstehen/hinsetzen.

Vokalneueinsatz/Knacklaut

- **Regeln:**
  - Ein Knacklaut | als Vokalneueinsatz wird vor Vokalen oder Diphthongen am Silbenanfang realisiert, z. B. *|**an**fangen, be|**ei**len*.
  - Ein deutlicher Knacklaut wird v. a. innerhalb von Wortgruppen und Sätzen realisiert, nicht aber im absoluten Anlaut, z. B. bei *Ihr* in *Ihr be|**eilt** |euch*.
- **(Kontrollierbare) Hörübungen durchführen:**
  - mit Minimal- und Oppositionspaaren zum Identifizieren und Markieren des Knacklautes, z. B. *|er – **her*** oder *im |**Ei** – im‿Mai*.
- **Vokalneueinsatz/Knacklaut trainieren:**
  - bei der Artikulation eines Vokals oder Diphthongs am Wort- oder Silbenanfang bewusst ein leises Knackgeräusch vor dem Vokal machen
  - vor dem Vokal bewusst eine kleine Atempause machen, z. B. *Ihr zieht | **euch** | **an***.
  - mit gestischer Unterstützung sprechen, z. B. bei einer Silbe mit Knacklaut zusätzlich mit der Handfläche kräftig nach unten schlagen.

1 *Partyzeit* im Rhythmus (A)

①
Ich **wa**sche mich.
Du **wäschst** dich.
Er **kämmt** sich.
Wir **käm**men |uns.
Ihr zieht |euch |**an**.
Sie be|**ei**len sich.

②
Ich zieh mir das **Hemd** |an.
Du ziehst dir die **Jeans** |an.
Sie zieht sich den **Rock** |an.
Wir ziehen |uns die **Schuhe** |an.
Ihr wascht |euch die **Hän**de.
Sie kämmen sich die **Haa**re.

ALLE **He**, es geht **los**! **Par**tyzeit!!!

A **Wasch** dich, **kämm** dich, zieh dich **an**!
Be**eil** dich! **Schnell**! Die **Par**ty fängt an!

B Ja, **ma**che ich!
Ich **wa**sche mich, **käm**me mich und zieh mich **an**!

C Du **wäschst** dich, du **kämmst** dich, du ziehst dich **an**.

B Ich be**ei**le mich! Ja, die **Par**ty fängt an!

A Be**eilt** euch doch! **He**, die **Par**ty fängt an!

BC Wir be**ei**len uns! **Ja**! Die **Par**ty fängt an!

A **Ich** zieh mir das **Hemd** an! – **BC** **Du** ziehst dir das **Hemd** an.
B **Ich** zieh mir das **Shirt** an! – **AC** **Er** zieht sich das **Shirt** an.
C **Ich** zieh mir den **Rock** an! – **AB** **Sie** zieht sich den **Rock** an.
A **Ich** zieh mir die **Jeans** an! – **BC** **Er** zieht sich die **Jeans** an.
D **Ich** zieh mir die **Schuh**e an! – **ALLE** **Sie** zieht sich die **Schuh**e an.
D **Ich** setz mir den **Hut** auf! – **ALLE** **Sie** setzt sich den **Hut** auf.
A **Ich** setz mir das **Cap** auf! – **BC** **Du** setzt dir das **Cap** auf.

A Ist das nicht **cool**? **He**, wie ge**fällt's** dir?

B **Ja**, man, so **cool**! Und es ge**fällt** mir!

ALLE **Par**ty!!!!

D **Hal**lo, **hal**lo, ich lade euch **ein**.
Zu meiner **Par**ty lade ich euch **ein**.
Die **Par**ty fängt um **acht** abends **an**.
Ich **freu** mich auf euch. **Leu**te, **denkt** daran.

ALLE Wir **es**sen und **tan**zen. Wir haben **Spaß**.
Wir machen **Par**ty. So **cool** ist das!

Wortgruppen- und Satzakzente

Wichtige/bedeutungstragende Wörter sind betont

- in Wortgruppen, z. B. *die Party*
  → Wortgruppenakzent
- in Sätzen, z. B. *Die **Par**ty fängt an.*
  → Satzakzent
- in längeren Sätzen mit mehreren Wortgruppen, z. B. *Wir **es**sen / und **tan**zen.*
  Wir **es**sen und **tan**zen. (→ Rhythmus)

▶ 27 **a** Hört den Text *Partyzeit* im Rhythmus mehrmals. Lest und summt mit.

▶ 28 **b** Hört die Sätze ① und ② zweimal. Achtet zuerst auf die Satzakzente und dann auf die Vokale am Silben- und Wortanfang (|).

c Hört noch einmal und summt mit.

d Hört die Sätze noch einmal. Klatscht bei jedem Satzakzent. Summt den Rhythmus oder sprecht leise mit.

2 Vor der Party

Ich **käm**me mich. • Du **kämmst** dich. • Er **kämmt** sich.
Wir **käm**men | uns. • Ihr **kämmt** | euch. • Sie **käm**men sich.

Ich-Laut in Reflexivpronomen

Sprich nach *i* und *eu* immer den Ich-Laut. Flüstere ein kräftiges [j] und es entsteht [ç], z. B. *ja* → *mich*.

▶ 29 **a** Hört die Sätze zweimal. Sprecht erst leise, dann laut mit. Achtet auf die Satzakzente und auf die Vokale am Anfang |.

Ich **wa**sche mich.	Du ______________.	Er ______________.
Wir waschen | uns.	Ihr ______________.	Sie *(Pl.)* ______________.

Ich be| **ei**le mich.	Du ______________.	Sie ______________.
Wir ______________.	Ihr ______________.	Sie *(Pl.)* ______________.

Ich **freu**e mich.	Du ______________.
Er ______________.	Wir ______________.
Ihr ______________.	Sie *(Pl.)* ______________.

Ich ziehe mich | **an**.	Du ______________.
Sie ______________.	Wir ______________.
Ihr ______________.	Sie *(Pl.)* ______________.

b Konjugiert im Präsens weiter und ergänzt die Verben.
c Markiert die Vokale und die Diphthonge am Anfang mit |.
d Lest reihum vor und vergleicht die Lösung. Achtet auf die Satzakzente und auf die Vokale am Anfang (|).
e Rhythmuskette: Sprecht alle Sätze wie Abzählreime. Zeigt dabei auf andere Personen.

3 Die Regel

Vokalneueinsatz/Knacklaut

Am Silben- und Wortanfang ist eine kleine Pause bzw. ein Knacklaut …
- ◯ vor Vokalen.
- ◯ vor Konsonanten.

▶ 29 **a** Hört noch einmal die Sätze aus Übung 2a.
b Ergänzt die Regel: Kreuzt an.
c Übt zu zweit: Lest euch die Sätze aus Übung 2a und 2b gegenseitig vor. Vergleicht mit der Regel.
d Vergleicht mit anderen Sprachen: Gibt es auch einen Knacklaut? Wo kommt er vor?

4 Ich freue mich. Ich ärgere mich.

Ich **freu**e mich / |auf die tolle **Par**ty.	Ich **är**gere mich über die langweilige **Par**ty.
Ich **freu**e mich auf die coole Mu**sik**.	Ich **är**gere mich über die laute Mu**sik**.
Ich **freu**e mich auf meine netten **Freun**de.	Ich **är**gere mich über den **Streit**.
Ich **freu**e mich auf das leckere **Es**sen.	Ich **är**gere mich über das schlechte **Es**sen.
Ich **freu**e mich auf **al**les.	Ich **är**gere mich über **al**les.

a Hört die Sätze und markiert die Vokale am Anfang mit |. (→ Vokalneueinsatz mit Knacklaut).

b Hört noch einmal, vergleicht die Lösung und sprecht nach. Achtet auf die Vokale am Anfang (|).

c Hört noch einmal. Markiert die Gliederungspausen mit / .

d Hört noch einmal, vergleicht die Lösung und sprecht nach.

Vokalneueinsatz/Knacklaut

Mach für den **Vokalneueinsatz/Knacklaut** vor den Präpositionen ***auf*** und ***über*** vor dem Vokal eine kurze Atempause | mit Knackgeräusch, z. B. *Ich freue mich* | ***auf*** *die tolle Party.*

Achtung! Am absoluten Anfang von Wortgruppen und Sätzen ist der Knacklaut nicht so stark.

Es ist Partyzeit!!!

Ich **freu**e mich / |auf den leckeren **Ku**chen.

Ich |**är**gere mich / |über die langweilige Mu**sik**.

Gliederung im Satz

Mach zwischen *Ich **freue** mich …* / und *… auf die tolle **Par**ty* eine sehr kurze Pause. Sie ist kürzer als eine Pause nach dem Satz.

e Rhythmuskette: Sprecht reihum wie in Übung 4a.
Worauf freut ihr euch? Worüber ärgert ihr euch? Achtet auf die **Wort**gruppen- und **Satz**akzente, die Gliederungspausen / und die Vokale am Anfang |.

Ich **freu**e mich / |auf den leckeren **Ku**chen.

Er **freut** sich / |auf den leckeren **Ku**chen.

Das **Verb** hat hier Position 2 im Satz, z. B. *Ich **är**gere mich über die langweilige **Par**ty.*

f Rhythmuskette: Sprecht reihum wie in Ü4e. Alle kommentieren in der 3. Person Singular.
Achtet auf die **Wort**gruppen- und **Satz**akzente, die Gliederungspausen / und die Vokale am Anfang |

5 Zieht euch für die Party an

Ich zieh mir die **Shorts** |an.

Ich zieh mir das **Kleid** |an.

Die **Satzmelodie** fällt stark bis in die Lösungstiefe ↘ in Sätzen mit **.**, z. B. *Ich zieh mir die **Shorts** an.* ↘

a Rhythmuskette: Ihr geht zur Party. Sagt reihum, was ihr anzieht. Achtet auf die Satzakzente und die Vokale am Anfang |.

Zieh dir das **Kleid** an. Zieh dir die **Shorts** an.

b Sprecht die Sätze mit verschiedenen Emotionen, z. B. freundlich, gelangweilt, ironisch. 😀 😵 🙂

c Spielt zu zweit: Sagt abwechselnd der anderen Person, was sie anziehen soll. Alle zählen mit. Wer hat in drei Minuten die meisten Kleidungsstücke genannt?

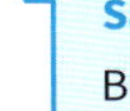

Satzakzent in Aufforderungen

Betone das wichtigste Wort. Sprich es deutlicher und lauter, z. B. *Zieh dir die **Shorts** an.*

Das Verb hat hier Position 1, z. B. *Zieh dir das **Kleid** an.*

6 Nach der Party

Ich ver|abschiede mich von meinen Freunden.
Ich bedanke mich für die Einladung.
Ich ziehe mich aus.
Ich ruhe mich aus.
Ich erinnere mich an die schöne Party.
Ich schlafe mich aus.
Ich freue mich auf die nächste Party.

a Hört die Sätze. Markiert die Vokale am Wort- und Silbenanfang mit |.

b Hört noch einmal, vergleicht die Lösung und sprecht nach.

Ich ver**ab**schiede mich von meinen **Freun**den.

Du ver**ab**schiedest dich von deinen **Freun**den.

Satzakzent

Betone das wichtige Wort im Satz besonders stark (→ Satzakzentsilbe), z. B. *Ich ver**ab**schiede mich / von meinen **Freun**den.*

c Rhythmuskette: Lest die Sätze reihum vor. Die anderen reagieren in der 2. Person Singular fröhlich im Chor.

7 Vor der Party, auf der Party, nach der Party …

Vor der Party: ______________________
____
____
____

Auf der Party: ______________________
____
____
____

Nach der Party: ______________________
____
____
____

Wortstellung in Aussagen mit Ergänzung auf Position 1

Das Verb ist auf Position 2. Das Subjekt folgt dem Verb. Das Reflexivpronomen *sich* steht nach dem Subjekt, z. B.

Ergänzung	+ Verb	+ Subjekt	+ Reflexivpronomen (Dativ)
1	2	3	4
Vor der Party	*wasche*	*ich*	*mich.*

Vor der Party / **wa**sche |ich mich.

Auf der Party / |unter**hal**te |ich mich.

a Was macht ihr **vor**, **auf** und **nach** der Party? Schreibt Sätze.

b Lest euch die Sätze mehrmals gegenseitig vor. Markiert die Gliederungspausen / und die Vokale am Anfang |.

c Rhythmuskette: Lest reihum im Rhythmus vor. Achtet auf die Gliederungspausen zwischen den Wortgruppen und auch auf die Wortgruppen- und Satzakzente.

8 *Partyzeit* im Rhythmus (B)

▶ 28 **a** Hört die Sätze (① und ②) aus Ü1b noch einmal und sprecht nach. Achtet auf die Satzakzente und auf die Vokale am Silben- und Wortanfang (|).

▶ 27 **b** Hört den Text *Partyzeit* im Rhythmus (Ü1a) noch einmal und sprecht im Rhythmus mit.

c Sprecht den Rhythmustext zu viert oder in Gruppen (ABCD).

9 *Unsere Partyzeit* im Rhythmus

ALLE **He**, es geht **los**! **Par**tyzeit!!!

A **Wasch** dich, **kämm** dich, zieh dich **an**!
Be**eil** dich! **Schnell**! Die **Par**ty fängt an!

B Ja, **mach** ich!
Ich **wa**sche mich, **käm**me mich und zieh mich **an**!

C Du **wäschst** dich, du **kämmst** dich, du ziehst dich **an**.

B Ich be**ei**le mich! Ja, die **Par**ty fängt an!

A Be**eilt** euch doch! **He**, die **Par**ty fängt an!

BC Wir be**ei**len uns! **Ja**! Die **Par**ty fängt an!

A **Ich** zieh mir ____________ an! – BC **Du** ziehst dir ____________ an.
B **Ich** zieh mir ____________ an! – AC **Er** zieht sich ____________ an.
C **Ich** zieh mir ____________ an! – AB **Sie** zieht sich ____________ an.
A **Ich** zieh mir ____________ an! – BC **Er** zieht sich ____________ an.
B **Ich** zieh mir ____________ an! – AC **Sie** zieht sich ____________ an.
C **Ich** setz mir ____________ auf! – BC **Sie** setzt sich ____________ auf.
A **Ich** setz mir ____________ auf! – BC **Du** setzt dir ____________ auf.

A Ist das nicht **cool**? He, wie ge**fällt's** dir?

B Ja, man, so **cool**! Und es ge**fällt** mir!

ALLE **Par**ty!!!!

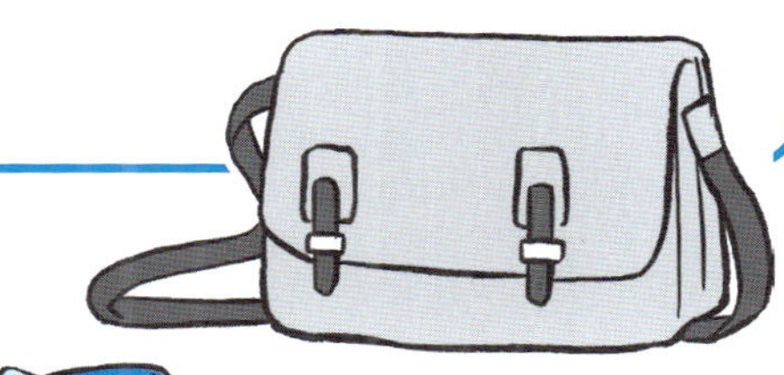

a Schreibt gemeinsam einen Text *Unsere Partyzeit* im Rhythmus. Ergänzt Kleidungsstücke.

b Führt den Rhythmustext vor. Achtet auf die Wortakzente in den Verben mit und ohne Präfix, auf die Wortgruppen- und Satzakzente und auf den Vokalneueinsatz/Knacklaut.

10 Ich lade euch zur Party ein!

Verschickt Partyeinladungen!

27

- Hört den Text *Partyzeit* im Rhythmus (Ü1a) noch einmal.
  Achtet besonders auf die letzten sechs Zeilen der Partyeinladung.

Achtet auf die Aussprache:
Wortakzente, Wortgruppen- und Satzakzente, lange und kurze Vokale, Vokalneueinsatz/Knacklaut.

Wählt eine Person. Sie beobachtet eure Aussprache und macht Notizen.

Arbeitet zu zweit:

- Bereitet Einladungen zu einer Party vor (z. B. Geburtstagsparty, Gartenparty, Mottoparty). Macht Notizen: Wann und wo findet die Party statt? Was macht ihr dort? Was zieht ihr an?
- Sprecht eine kreative Einladung (Rhythmustext, Gedicht, …) als Sprachnachricht für einen Freund/eine Freundin aus der Lerngruppe. Verwendet dazu die Notizen.
  Fragt, ob er/sie zur Party kommen will.
- Der Freund/die Freundin antwortet euch mit einer Sprachnachricht.

Präsentation:

- Vergleicht: Wer hat die meisten Einladungen bekommen? Wer kommt zu wem als Gast?
- Präsentiert eure Sprachnachrichten.
  Lest auch euren Einladungstext (Rhythmustext, Gedicht, …) vor.
- Sprecht danach über die Aussprache: Was war gut? Was ist noch schwierig?
  Die Beobachtungsperson ergänzt. Gebt euch dann gegenseitig Aussprachetipps.
- Zum Schluss wählt eine Jury die schönste Einladung mit der besten Aussprache.

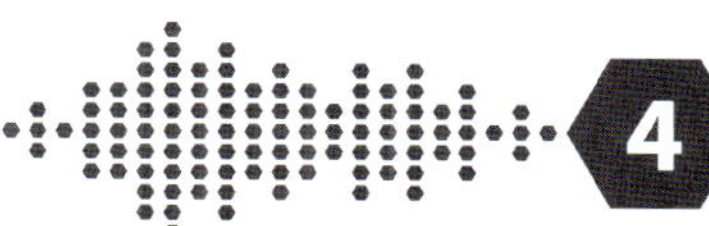

Arbeitsblatt 1

1 *Vor der Übung:* Die L beschreiben (ggf. in ihrer Erstsprache), was die Kinder auf dem Bild machen, wie sie aussehen und was sie anhaben. Dann erzählen die L, was sie unter einer Party verstehen (z. B. *Party ist für mich …*) und wann/wo sie zuletzt auf einer Party waren. Zeigen Sie durch Gesten (Klatschen, Nicken), dass ***Pa̧rty*** auf der ersten Silbe betont wird.

Weisen Sie die L auf die Rhythmusschrift im Text hin. Alle betonten Silben sind größer geschrieben. Erklären Sie am Beispiel (→ Lerntipp zu Ü1, S. 39), dass in Wortgruppen und Sätzen ein Wort/eine Silbe stark betont ist und in längeren Sätzen mehrere Wörter betont werden. Besonders deutlich betont wird das bedeutungstragende Wort (das neue, wichtigste Wort) bzw. dessen Wortakzentsilbe.

b Fragen Sie die L vor dem ersten Hören, welches Wort im Satz *Wir machen* ***Par****ty.* betont werden muss. Betont wird das Wort mit der neuen/wichtigen Information (das bedeutungstragende Wort). Es trägt den Satzakzent und muss besonders stark, laut und deutlich und mit hoher Sprechspannung realisiert werden. Weisen Sie vor dem zweiten Hören darauf hin, dass vor Wörtern mit Vokal am Anfang eine kurze Atempause realisiert wird (→ Knacklaut/Vokalneueinsatz).

Achtung! Der erste Vokal oder Diphthong in gesprochenen Wortgruppen oder Sätzen (→ der Vokal oder Diphthong im absoluten Anlaut) hat keinen so deutlichen Knacklaut und wird deshalb hier nicht markiert, z. B. *Ihr* in *Ihr be|****eilt*** *|****euch****.*

c/d Die Sätze können von den L leise mitgesprochen werden. Auch andere begleitende Gesten sind möglich, z. B. mit dem Kopf nicken, ein Lineal als Taktstock benutzen.

Arbeitsblatt 2

2 **b–d** Die Konjugations-Übung kann auch an der Tafel gemacht werden: Die L schreiben die Sätze mit konjugierten Verben und sprechen jeden Satz einzeln und im Chor. ***Tipps:*** Betonte Silben wie in der Übung größer schreiben, bei Verben mit trennbaren Präfixen auf den Vokalneueinsatz (mit Knacklaut) und die kurze Atempause vor dem Vokal achten: *Ich ziehe mich |a̧n.* Bitten Sie die L, sich gegenseitig Feedback zur Aussprache zu geben.

e Die L üben mit anderen reflexiven Verben weiter. Jeder Satz kann im Chor und im Rhythmus mit- oder nachgesummt oder wiederholt werden.

3 **a** Sprechen Sie die Sätze aus Ü2a *Vor der Party* mehrmals mit deutlichem Vokalneueinsatz | (→ mit Knacklaut) und mit begleitenden Gesten vor.

d *Vergleich mit anderen Sprachen:* Vergleichen Sie mit den L gemeinsam, ob andere Sprachen auch einen Knacklaut haben. In den meisten Sprachen (z. B. im Finnischen, Portugiesischen, Spanischen, Vietnamesischen) gibt es keinen Vokalneueinsatz am Anfang von Wörtern und Silben. In manchen Sprachen – z. B. im Arabischen – kommt der Knacklaut nach Vokalen vor. Weitere Beispiele in Dahmen/Hirschfeld/Meißner/Reinke (2021–2025).

Lösungen

2 b/c Ich wasche mich. Du wäschst dich. Er wäscht sich. Wir waschen |uns. Ihr wascht |euch. Sie waschen sich.

Ich be|eile mich. Du be|eilst dich. Sie be|eilt sich. Wir be|eilen |uns. Ihr be|eilt |euch. Sie be|eilen sich. Ich freue mich. Du freust dich. Er freut sich. Wir freuen |uns. Ihr freut |euch. Sie freuen sich.

Ich ziehe mich |an. Du ziehst dich |an. Sie zieht sich |an. Wir ziehen |uns |an. Ihr zieht |euch |an. Sie ziehen sich |an.

3 b Am Silben- und Wortanfang ist eine kleine Pause bzw. ein Knacklaut vor Vokalen.

Arbeitsblatt 3

4 *Hinweis:* Die Präpositionen in den Sätzen sind nicht betont, auch wenn sie mit einem Vokalneueinsatz (mit Knacklaut) gesprochen werden. Dazu konzentriert man sich ausschließlich auf die Satzakzente am Ende der Sätze und begleitet die betonte Silbe mit Gesten/dem gesamten Körper (klopfen, klatschen, stampfen, …).

e Die L sollen hier eigene Sätze bilden und sagen, worauf sie sich wirklich freuen und worüber sie sich wirklich ärgern.

f *Variante:* Die L sprechen reihum jeweils einen Satz, die anderen L wiederholen ihn im Chor und im gleichen Rhythmus, z. B. Ben: *Ich* ***freu****e mich auf den leckeren* ***Ku****chen.* Alle: *Ben* ***freut*** *sich auf den leckeren* ***Ku****chen.*

5 *Vor der Übung:* Erklären Sie den L, dass bei Verben in der 1. Person Singular das *-e* am Ende (Schwa-Laut) in der Umgangssprache bzw. beim schnellen Sprechen häufig ausfällt (*ich* ***wasch*** *mich, ich zieh mich* ***an****, …*).

a *Variante Kettenspiel:* Es muss immer alles wiederholt werden, was vorher gesagt wurde, z. B. *Ich zieh mir die* ***Shorts*** *an. Und* ***du****? – Ich zieh mir die* ***Shorts*** *an. Ich zieh mir das* ***Hemd*** *an. Und* ***du****? – Ich …* So üben die L zusätzlich den Endmelodieverlauf in Fragen (*Und* ***du****?* ↗) und Aussagen (*Ich zieh mir das* ***Hemd*** *an.* ↘).

c Vor dem Spiel wiederholen Sie mit den L die Bildung und Funktion des Imperativs (auch für Aufforderungen).

Variante 1: Die Sätze werden im Rhythmus gesummt, die genannten Kleidungsstücke werden erraten: z. B. *hm-hm-hm-hm-****HM****-hm.* → *Ich zieh mir das* ***Kleid*** *an.* **Achtung!** Viele Sätze haben das gleiche Rhythmusmuster.

Variante 2: Die L sprechen im Dialog: A: *Zieh dir das* ***Kleid*** *an.* – B: *Ich zieh mir das* ***Kleid*** *an.* So üben sie die reflexiven Verben mit Pronomen im Dativ intensiv. Die Antwortsätze (B) werden in vorher vereinbarten Emotionen gesprochen (z. B. freundlich, unfreundlich, verärgert, …).

Lösungen

4 a/c Ich freue mich / |auf die tolle Party. Ich freue mich / |auf die coole Musik. Ich freue mich / |auf meine netten Freunde. Ich freue mich / |auf das leckere |Essen. Ich freue mich / |auf |alles.

Ich |ärgere mich / |über die langweilige Party. Ich |ärgere mich / |über die laute Musik. Ich |ärgere mich / |über den Streit. Ich |ärgere mich / |über das schlechte |Essen. Ich |ärgere mich / |über |alles.

Arbeitsblatt 4

6 c Die Reaktionen im Chor werden auch pantomimisch unterstützt (z. B. mit dem Körper und der Stimme zeigen, dass man fröhlich ist, sich ausruht, …).

7 b Notieren Sie beim Vorlesen der Sätze Auffälligkeiten (Aussprache, Grammatik, Wortschatz) und korrigieren Sie dann gezielt. Erklären Sie den L, dass das konjugierte Verb in Aussagen immer Zweitstellung hat. In den Sätzen *Vor der Party … Auf der Party …* und *Nach der Party …* folgt das Subjekt immer dem Verb, z. B. *Vor der Party wasche ich mich.* Bei reflexiven Verben steht das Reflexivpronomen hinter dem Subjekt, z. B. *Nach der Party ruhe ich mich aus.*

Variante: Die Sätze können auch im Perfekt gebildet werden (wenn den L bekannt): *Ich habe mich auf den leckeren **Ku**chen gefreut.* Die Aufgabe heißt dann: *Erzählt, was ihr vor der Party, auf der Party und nach der Party gemacht habt.*

b/c Unterstützen Sie die Lerngruppen mit konkreten Tipps bei den Ausspracheübungen.

Lösungen

6 a Ich ver|abschiede mich von meinen Freunden. Ich bedanke mich für die |Einladung. Ich ziehe mich |aus. Ich ruhe mich |aus. Ich |er|innere mich |an die schöne Party. Ich schlafe mich |aus. Ich freue mich |auf die nächste Party.

Arbeitsblatt 5

8 c Der Rhythmustext kann entweder in Gruppen oder zu viert gesprochen werden (ABCD).

9 Die L können in Kleingruppen arbeiten. Geben Sie Hilfestellungen: Nomen für Kleidungsstücke an die Tafel schreiben, Wörterlisten austeilen. Anschließend wird der Rhythmustext vorgeführt. Der Text kann auf ein Poster geschrieben und im Unterrichtsraum ausgehängt werden.

Hinweis: Die Zeilen des Textes können, müssen sich aber nicht reimen. Sie können auch das Wetter beachten: Frühling, Sommer, Herbst, Winter, Regenwetter, sonniges Wetter, … und Nomen für passende Kleidungsstücke dafür sammeln.

Variante: Die L können auch einen Text *Unsere Schule* im Rhythmus schreiben. Die Aufgabe heißt: Bereitet euch auf die Schule vor. Packt eure Sachen ein. Zieht euch an. Beachtet die Jahreszeit und das Wetter.

Arbeitsblatt 6

10 *Handlungsorientierte Aufgabe:* Verweisen Sie auf den Text *Partyzeit* im Rhythmus und ermuntern Sie die L, ihre gesprochene Partyeinladung kreativ zu gestalten. Sprechen Sie über Anlässe und Abläufe von Partys. Weisen Sie die L darauf hin, dass sie beim Sprechen immer auch auf die Aussprache achten sollen: hier besonders auf Wortakzente, Wortgruppen- und Satzakzente, Satzgliederung, Vokalneueinsatz.

Bestimmen Sie vor der Übung mit den L gemeinsam eine/n Beobachter/in für jedes Team, der/die die Abweichungen in der Aussprache der L während der gesamten Übung protokolliert und den L Feedback zur Aussprache gibt (vgl. Beobachtungsprotokoll auf S. 12).

Unterstützen Sie die L bei der Fokussierung auf die Aussprache. Geben Sie selbst Tipps für die Verbesserung der Aussprache und ermuntern Sie die L, verschiedene AusspracheIernstrategien auszuprobieren.

Das kann man auch noch üben:

- Satzakzent in Sätzen mit Verben + präpositionalem Objekt, z. B. *Ich ärgere mich über den **Streit**. Ich freue mich auf die Mu**sik**.*
- vokalisches R [ɐ] in Reflexivpronomen im Dativ, z. B. *Ich ziehe mi**r** das Kleid an. Du ziehst di**r** das Kleid an.*
- Ich-Laut [ç] in Reflexivpronomen im Akkusativ, z. B. *Ich verabschiede mi**ch**. Du verabschiedest di**ch**.*

Phonetische Schwerpunkte

Wortgruppenakzent (Artikel + Adjektivattribut + Nomen) und Kontrastakzentuierung

- **Regeln:**
  - Betont wird i. d. R. bei sachlich-neutraler Sprechweise nicht der Artikel oder das Adjektivattribut, sondern das Nomen, z. B. *das kleine **Mädchen***.
  - Die betonte Silbe des Nomens wird lauter, höher/tiefer, deutlicher und langsamer als alle anderen Silben gesprochen.
  - Lange/gespannte Akzentvokale werden länger und mit hoher Artikulationsspannung gesprochen, z. B. *das Mädchen* → [ɛː]. Kurze/ungespannte Akzentvokale werden kurz mit geringer Artikulationsspannung gesprochen, z. B. *der Junge* → [ʊ].
  - Bei der Kontrastakzentuierung kann jedes Wort betont werden, das einen Kontrast ausdrückt, z. B. *das **klei**ne Mädchen (nicht das **gro**ße Mädchen)*, wobei die betonten Silben noch deutlicher hervorgehoben werden.
- **Bewusstmachung:**
  - betonte Silben fett und groß schreiben, Akzentvokal markieren (z. B. *das kleine **Mädchen***)
  - Wortgruppe deutlich vorsprechen.
- **(Kontrollierbare) Hörübungen durchführen:**
  - zum Erkennen des Wortgruppenakzents durch Markieren des betonten Wortes (z. B. *das kleine **Mädchen***), der Wortakzentsilbe (z. B. *das kleine **Mäd**chen*) oder des Akzentvokals (z. B. *das kleine Mädchen*).
- **Wortgruppenakzente trainieren:**
  - durch Nachsprechen und Imitieren der Wortgruppen mit gestischer bzw. ganzkörperlicher Unterstützung, z. B. auf der betonten Silbe klopfen/klatschen/stampfen
  - durch emotionales und nachdrückliches Sprechen, d. h. die betonte Silbe besonders laut und deutlich, nachdrücklich und emotional (z. B. bewundernd oder begeistert) aussprechen.

Phonetik

- Wortgruppenakzent (Artikel + Adjektivattribut + Nomen) und Kontrastakzentuierung
- Akzentvokale: lang/gespannt – kurz/ungespannt
- reduzierte und assimilierte Endungen *-e* und *-en*

zusammen mit

... Grammatik

- Genus und Numerus
- Adjektivdeklination im Nominativ und im Dativ

... Wortschatz

- Kleidung und Aussehen
- Körperteile

Akzentvokale: lang/gespannt – kurz/ungespannt

- **Bewusstmachung:**
  - Regeln zu Laut-Buchstaben-Beziehungen mit entsprechender Markierung in der Schrift für lange/gespannte und kurze/ungespannte Vokale, z. B. Doppelvokal ist lang/gespannt *(die Haare)*; Vokal vor Doppelkonsonant ist kurz/ungespannt *(ein kleiner Koffer)*.
  - Aussprachebesonderheiten der Vokale erklären und in der Schrift markieren, d. h.
    - lange/gespannte Vokale werden länger und mit hoher Artikulationsspannung gesprochen, z. B. *das **Ohr*** → [oː]
    - kurze/ungespannte Vokale werden kurz und mit geringer Artikulationsspannung gesprochen, z. B. *der Kopf* → [ɔ].
- **(Kontrollierbare) Hörübungen durchführen:**
  - zum Differenzieren, Identifizieren und Markieren der Vokallänge (lang mit _ vs. kurz mit .).
- **Aussprache der Akzentvokale trainieren:**
  - durch Nachsprechen und Imitieren mit Übertreibung der Vokallänge (lang vs. kurz)
  - mit gestischer bzw. ganzkörperlicher Unterstützung, z. B. bei langen Vokalen einen großen Schritt nach vorn machen, bei kurzen Vokalen einen kurzen Schritt machen oder hüpfen.

Reduzierte und assimilierte Endungen *-e* und *-en*

- **Regeln zur Aussprache:**
  - *-e* = [ə] → *die braun**e** Tasch**e***
  - *-en* = [ən] → *mit der braun**en** Tasche*
  - *-en* = [n̩] → *mit dem kurz**en** Mantel*
  - *-en* = [m̩] → *mit dem gelb**en** Hemd*
  - *-en* = [ŋ̍] → *mit dem schick**en** Kleid.*
- **Bewusstmachung der schwachen Endsilben:**
  - in der Schrift z. B. Endung klein und farblich unscheinbar (grau) schreiben (z. B. *die braune Tasche*)
  - schwache Endungen besonders schwach im Verhältnis zu allen anderen Silben vorsprechen, Sprechenergie auf die betonten Silben konzentrieren.
- **(Kontrollierbare) Hörübungen durchführen:**
  - zum Erkennen und Identifizieren des reduzierten oder elidierten Schwa-Lautes.
- **Aussprache der schwachen Endungen trainieren:**
  - Wortakzentsilben besonders laut und deutlich sprechen und mit energischer Gestik begleiten, sodass die Endungen *-e* und *-en* automatisch schwach und leise gesprochen werden.

1 *Modelcasting* im Rhythmus (A)

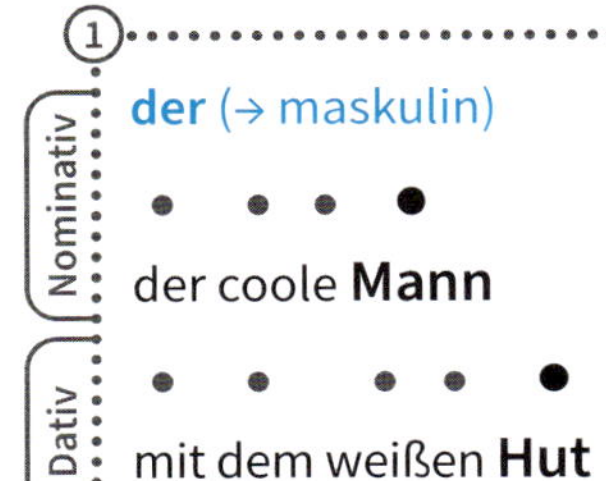

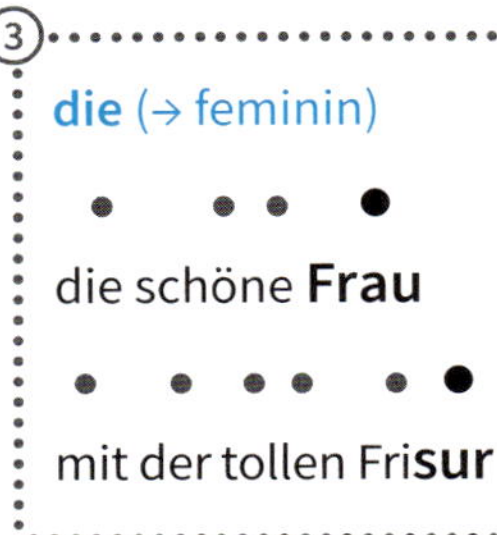

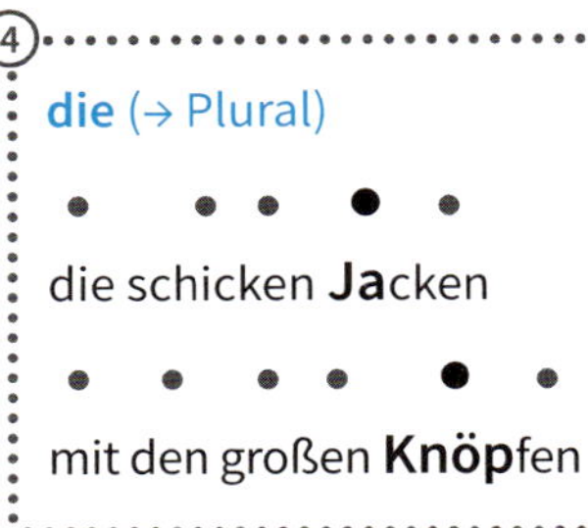

Hallo! **Mo**delcasting!
Oh **man**, du siehst **gut** aus. Ein **tol**ler **Stil**:
Die langen **Haa**re, das coole Pro**fil**,
die blaue **Ja**cke, der rote **Schal**,
das bunte **Kleid**. Phänome**nal**!

Oh **wow**, du siehst **toll** aus! **Ganz** coole **Po**se!
Das hellbraune **Hemd**, die blaugraue **Ho**se,
die hübschen **Schuh**e, der herrliche **Hut**,
der lange **Man**tel. Das **passt** alles **gut**.

Und **er**? Er ist **un**glaublich ele**gant**
mit dem silbernen **Ring** an der **lin**ken **Hand**,
mit der schicken Fri**sur**
und mit dem grauen Ja**ckett**
mit den goldenen **Knöpf**en.
Wirklich sehr **nett**.

Und **du**? Dich finde ich **auch** toll!
Das herrliche **Kleid** mit dem bunten **Mus**ter,
die roten **Schuh**e,
die moderne **Ket**te,
das …

Achtung! Es geht **los**!

⑤ *-e/-en*

[ə] [ən]
Das schöne **Mäd**chen …
[ən] [ən]
mit den langen **Haa**ren.
[ən] [ə]
mit der blauen **Ja**cke.
[ən]
mit der tollen Fri**sur**.

⑥ *-e/-~~e~~n*

[ə] [ən]
Das nette **Mäd**chen …
[n̩]
mit dem roten **Schal**.
[m̩]
mit dem gelben **Hemd**.
[ŋ̍]
mit dem schicken **Kleid**.

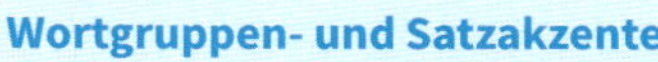

Wortgruppen- und Satzakzente

Wichtige/bedeutungstragende Wörter sind betont

- in Wortgruppen, z. B. *das herrliche **Kleid*** → Wortgruppenakzent
- in Sätzen, z. B. *Dich finde ich **auch** toll.* → Satzakzent
- in längeren Sätzen mit mehreren Wortgruppen, z. B. *Du siehst **gut** aus / mit dem herrlichen **Kleid**.*
  Du siehst **gut** aus mit dem herrlichen **Kleid**. (→ Rhythmus)

▶ 32 **a** Hört den Text *Modelcasting* im Rhythmus mehrmals. Lest und summt mit.

▶ 33 **b** Hört die Wortgruppen ①②③④ im Nominativ und Dativ. Achtet auf die Wortgruppenakzente.

c Hört noch einmal. Summt und klopft mit.

▶ 34 **d** Hört die Wortgruppen ⑤⑥. Achtet auf die Endungen *-e* und *-en*.

e Hört noch einmal. Summt und klopft mit.

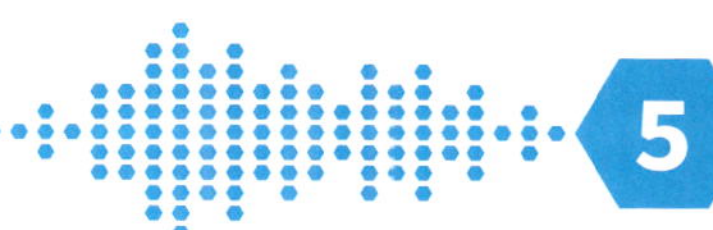

2 Adjektive mit Nomen

▶ 33 **a** Hört noch einmal die Wortgruppen ①②③④ aus Ü1b und achtet auf die Wortgruppenakzente.

b Schreibt die Wortgruppen aus dem Text *Modelcasting* im Rhythmus (Ü1a) in die richtige Spalte: *der, das, die* oder *die* (Plural).

c Markiert jeweils den Wortgruppenakzent, z. B. *der rote* ***Schal***

d Lest spaltenweise von links nach rechts vor. Vergleicht die Lösung.

▶ 35 **e** Hört alle Wortgruppen und sprecht nach. Achtet auf die betonten Nomen (→ Wortgruppenakzente).

Wortgruppenakzent

Betone das Nomen, wenn du sachlich-neutral sprichst, z. B. *der lange* ***Mantel***.

Betone das Adjektiv, wenn es besonders wichtig ist, z. B. *der* ***lange*** *Mantel*.

3 Mädchen und Jungen

a Schreibt Nomen und Adjektive im Nominativ auf:
- zu Personen, z. B. *das kleine Mädchen*
- zu ihrer Kleidung, z. B. *der schicke Rock*
- zu ihren Accessoires, z. B. *der schöne Ring*.

Markiert die betonten Vokale in den Nomen (lang mit _ und kurz mit .).

b Rhythmuskette: Sprecht reihum die Wortgruppen aus Adjektiv und Nomen aus Ü3a im Nominativ. Zeigt dabei auf Mädchen und Jungen und auf Gegenstände.

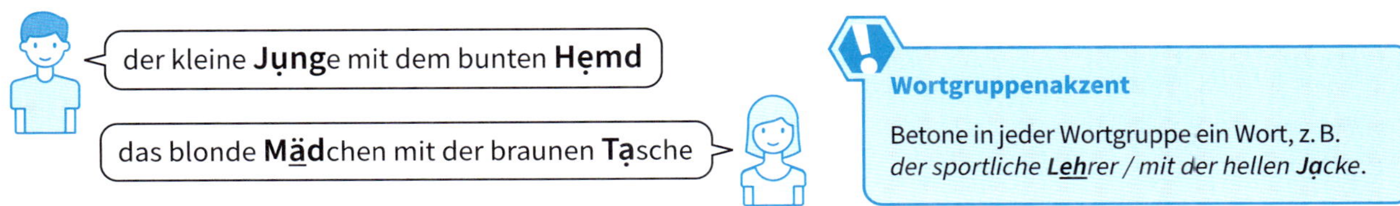

Wortgruppenakzent

Betone in jeder Wortgruppe ein Wort, z. B.
der sportliche ***Lehrer*** */ mit der hellen* ***Jacke***.

c Schreibt Nomen und Adjektive zu Kleidung oder Accessoires im Nominativ und im Dativ an die Tafel. Markiert die betonten Vokale (lang mit _ und kurz mit .).

d Rhythmuskette: Sprecht reihum Wortgruppen im Nominativ und Dativ. Bewegt euch dazu im Rhythmus.

4 Kontraste

Ⓐ	Ⓑ
das **klei**ne Mädchen mit der **schwar**zen Bluse	das **gro**ße Mädchen mit der **wei**ßen Bluse
der große Junge mit der kurzen Hose	der kleine Junge mit der langen Hose
der junge Mann mit dem langen Mantel	der alte Mann mit dem kurzen Mantel
das kleine Mädchen mit dem schmutzigen Kleid	das große Mädchen mit dem sauberen Kleid
die lustige Schülerin mit den kurzen Haaren	die traurige Schülerin mit den langen Haaren
die freundliche Nachbarin mit der modernen Brille	die unfreundliche Nachbarin mit der altmodischen Brille
die alte Frau mit dem großen Koffer	die junge Frau mit dem kleinen Koffer
der sportliche Lehrer mit der hellen Jacke	der unsportliche Lehrer mit der dunklen Jacke
das kleine Kind mit dem alten Fahrrad	das große Kind mit dem neuen Fahrrad

▶ 36 **a** Hört die Wortgruppen zeilenweise Ⓐ und Ⓑ im Kontrast.
Markiert die betonten Silben in den betonten Wörtern (→ Wortgruppenakzente).

b Hört noch einmal. Streicht das *e* in den Endungen *-en* durch, wenn ihr es nicht hört.

c Hört noch einmal, vergleicht die Lösung und sprecht im Rhythmus nach.

5 Im Gegenteil!

der **jung**e Mann mit dem **lang**en Mantel

der **al**te Mann mit dem **kur**zen Mantel

Kontrastakzent in Wortgruppen

Betone Wörter, die einen Kontrast ausdrücken, z. B. *der **a**lte Mann mit dem **kur**zen Mantel* (nicht: *der **ju**nge Mann mit dem **lang**en Mantel*).

a Hört die Wortgruppen aus Ü4a Ⓐ und sagt reihum nachdrücklich das Gegenteil Ⓑ.

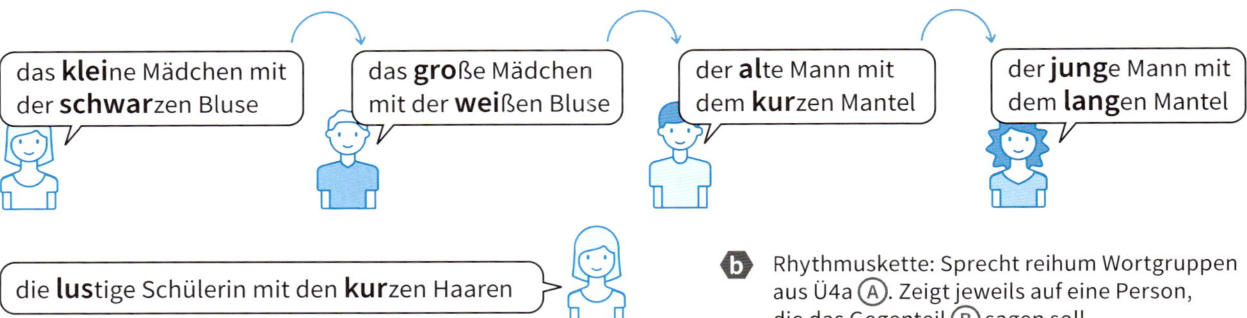

b Rhythmuskette: Sprecht reihum Wortgruppen aus Ü4a Ⓐ. Zeigt jeweils auf eine Person, die das Gegenteil Ⓑ sagen soll.

6 Die Regel (1)

Wortgruppenakzent

Adjektive, die in Wortgruppen einen Kontrast ausdrücken, …

◯ sind nie betont. ◯ sind meistens betont.

a Hört die Wortgruppen Ⓐ und Ⓑ aus Ü4 noch einmal. Achtet auf die Wortgruppenakzente.

b Ergänzt die Regel: Kreuzt an. Vergleicht mit den Wortgruppen aus Ü4.

c Vergleicht mit anderen Sprachen: Welche Wörter betont ihr in Wortgruppen aus zwei oder mehr Wörtern? Wie betont ihr sie?

7 Die Regel (2)

e in der Endung -*en*

In der **Endung** -*en* wird das e …

nach Vokalen und Diphthongen	◯ gesprochen.	◯ nicht gesprochen.
nach *l, m, n, ng, r*	◯ gesprochen.	◯ nicht gesprochen.
nach *d, t, p, b, g, k, f, s/ß, ch, sch*	◯ gesprochen.	◯ nicht gesprochen.

a Hört die Wortgruppen (A) und (B) aus Ü4 noch einmal. Achtet auf die Endungen.
b Ergänzt die Regel: Kreuzt an.
c Vergleicht mit anderen Sprachen: Gibt es auch unbetonte Endungen? Welche? Wie sprecht ihr sie aus?

8 Sport im Rhythmus!

Die rechte Hand – die linke Hand, der rechte Arm – der linke Arm,
das rechte Bein – das linke Bein, der rechte Fuß – der linke Fuß,
die Augen, die Ohren, der Mund,
der runde Kopf, der runde Bauch
und einen Rücken habe ich auch.

Ich winke mit der rechten Hand. – Ich winke mit der linken Hand.
Ich kreise mit dem rechten Arm. – Ich kreise mit dem linken Arm.
Ich kreise mit dem rechten Bein. – Ich kreise mit dem linken Bein.
Ich wippe mit dem rechten Fuß. – Ich wippe mit dem linken Fuß.
Ich mach das linke Auge auf. – Ich mach das rechte Auge auf.

Wir machen die Augen zu.
So! Wir haben Ruh!
Wir nicken mit dem runden Kopf.
Wir hüpfen mit dem runden Bauch.
Und mit den Beinen hüpfen wir auch.

a Hört die Wortgruppen und Sätze. Achtet auf die Endungen -*e* und -*en*. Streicht *e* durch, wenn ihr es nicht hört.
b Hört mehrmals. Vergleicht die Lösung und sprecht im Rhythmus mit. Zeigt dabei auf die Körperteile. Bewegt euch auch dazu.
c Sport zu zweit! Sprecht abwechselnd: A: *Die rechte Hand.* – B: *Die linke Hand.* und A: *Ich winke mit der rechten Hand.* – B: *Ich winke mit der linken Hand.* Sprecht die eingerückten Zeilen gemeinsam.

9 So cool!

Du bist so cool ...

mit *dem* hübsch*en* Kopf,
mit ______ rot___ Mund,
mit ______ blond___ Zopf,
mit ______ winzig___ Ohren,
mit ______ klein___ Nase,
mit ______ niedlich___ Füßen,
mit ______ hübsch___ Kleid,
mit ______ schick___ Jacke,
mit ______ lang___ Kette,
mit ______ lustig___ Hut.
Ja, ja, ja! Das find ich gut!

a Ergänzt die Artikel und die Endungen der Adjektive *(-e, -em, -en)*.
Streicht in den Endungen das *e* durch, wenn ihr es nicht sprecht.
Vergleicht mit der Regel (2) aus Ü7.

39 **b** Hört zweimal: Vergleicht zuerst die Lösung und sprecht dann zeilenweise nach.

c Rhythmuskette: Sprecht die Zeilen reihum begeistert. Achtet auf die Endungen.

10 *Modelcasting* im Rhythmus (B)

33 **a** Hört die Wortgruppen ①②③④ aus Ü1b im Nominativ und Dativ noch einmal und sprecht nach.
Achtet auf die Wortgruppenakzente.

34 **b** Hört die Wortgruppen ⑤⑥ aus Ü1d noch einmal und sprecht nach.
Achtet auf die Endungen *-e* und *-en*.

32 **c** Hört den Rhythmustext (Ü1a) noch einmal und sprecht im Rhythmus begeistert mit.

d Bildet zwei Gruppen und sprecht den Rhythmustext abwechselnd Strophe für Strophe begeistert.

11 *Unser Modelcasting* im Rhythmus

Hallo! **Mo**delcasting!

Oh **man**, du siehst **gut** aus. Ein **tol**ler **Stil**:

das bunte Hemd, ______________________,

______________________, ______________________,

______________________, ______________________,

Phänome**nal**!

Oh **wow**, du siehst **toll** aus!

______________________, ______________________,

______________________, ______________________,

______________________, ______________________,

Das **passt** alles **gut**.

Und **er/sie**? Er/Sie ist **un**glaublich ele**gant**!

______________________, ______________________,

______________________, ______________________,

______________________, ______________________,

Wirklich sehr **nett**.

Und **du**? Dich finde ich **auch** toll!

______________________, ______________________,

______________________, ______________________,

______________________, ______________________,

Cool!

a Schreibt gemeinsam einen Text *Unser Modelcasting* im Rhythmus. Ergänzt Adjektive und Nomen. Benutzt auch die Wortgruppen aus den anderen Übungen.

b Führt den Rhythmustext vor. Bringt dazu auch passende Kleidungsstücke mit und zeigt sie. Achtet auf die Wortgruppen- und Satzakzente und die Endungen mit *-e* und *-en*.

12 So sieht mein Model aus!

Spielt Modelcasting!

Achtet auf die Aussprache:
Wortgruppen- und Satzakzente, lange und kurze Vokale, reduzierte und assimilierte Endungen mit *-e* und *-en*.

Wählt eine Person. Sie beobachtet eure Aussprache und macht Notizen.

Arbeitet in mehreren Gruppen:

- Jede Gruppe zieht eine Anziehpuppe wie ein Model für eine Modenschau/ein Casting an.
- Sprecht: Welche Kleidung hat euer Model an? Wie sieht es aus? Was passt gut zusammen?

Präsentation:

- Präsentiert eure Models: Sprecht über die Kleidung.
- Sprecht danach über die Aussprache: Was war gut? Was ist noch schwierig? Die Beobachtungsperson ergänzt. Gebt euch dann gegenseitig Aussprachetipps.
- Zum Schluss wählt eine Jury das schönste Model und die schönste Präsentation mit einer gut verständlichen Aussprache.

Arbeitsblatt 1

1 *Vor der Übung:* Die L beantworten (ggf. in ihrer Erstsprache) Fragen zur Illu, z. B. ob sie die Kleidungsstücke schön finden oder nicht oder ob die Kleidungsstücke zum Partyanlass passen. Zeigen Sie Fotos von Models oder ein Kurzvideo (z. B. aus dem Internet, 2–3 Min.) von einem Modelcasting – die L nennen Adjektive für die Personen und die Kleidung (an der Tafel sammeln), z. B. *schön, hübsch, attraktiv, bunt, modern, toll, …* Sie erzählen, ob und warum ihnen so ein Casting gefällt oder nicht. Die L können ggf. auch über eine im Fernsehen gesehene Casting-Sendung berichten.

Weisen Sie die L auf die Rhythmusschrift im Text hin. Alle betonten Silben sind größer geschrieben. Erklären Sie am Beispiel (→ Lerntipp zu Ü1, S. 48), dass in Wortgruppen und Sätzen ein Wort/eine Silbe stark betont ist und in längeren Sätzen mehrere Wörter betont werden. Besonders deutlich betont wird das bedeutungstragende Wort bzw. dessen Wortakzentsilbe.

a/c/e Ermuntern Sie die L zum Mitsummen, Mitklopfen, Mitbewegen im Rhythmus.

d/e Machen Sie die L darauf aufmerksam, dass die Endungen sehr schwach gesprochen werden müssen, dass das *e* oft ausfällt bzw. sich sogar die gesamte Silbe durch Assimilation verändert (vgl. Ü1: Wortgruppen ⑤ und ⑥).

Arbeitsblatt 2

2 a Sprechen und summen Sie die Wortgruppe (Beispiel) aus der ersten Tabellenzeile vor – die L summen sie nach. Zur Vorbereitung können die L auch das zu der Wortgruppe passende Rhythmusmuster (wie in Ü1) an die Tafel oder ins Heft zeichnen.

b/c Die Wortgruppen sollten mehrmals gehört, gesummt, geklopft/geklatscht und nachgesprochen werden.

e *Variante:* Es wird reihum je eine Wortgruppe nachgesprochen.

3 a–d Die Wortgruppen im Nominativ bzw. im Nominativ und Dativ können von den L vorher aufgeschrieben und dann gesprochen werden. Es können auch Nomen für Gegenstände aus dem Unterrichtsraum aufgeschrieben und gesprochen werden.

Variante: Die L summen zuerst ihre Wortgruppe und sprechen sie dann, z. B. so *Hm-hm-hm-**HM**-hm – der kleine **Jun**ge*.

Lösungen

2 b/c der: der rote Schal, der herrliche Hut, der lange Mantel / mit dem silbernen Ring; **das:** das coole Profil, das bunte Kleid, das hellbraune Hemd, das herrliche Kleid / mit dem grauen Jackett, mit dem bunten Muster; **die:** die blaue Jacke, die blaugraue Hose, die moderne Kette / an der linken Hand, mit der schicken Frisur; **die *(Plural)*:** die langen Haare, die hübschen Schuhe, die roten Schuhe / mit den goldenen Knöpfen

Arbeitsblatt 3

4 a Demonstrieren Sie die Silben vorher an der Tafel (z. B. *Mäd-chen*) und durch Klatschen (*Klatsch-klatsch*). Alternativ dürfen die L auch das gesamte betonte Wort markieren.

b Wiederholen sie ggf. noch einmal Ü1b.

5 a *Variante:* Die Wortgruppe mit dem Gegenteil wird jeweils im Chor wiederholt.

Nach der Übung: Schreiben Sie Adjektive und Nomen an die Tafel – die L bilden damit Wortgruppen (im Nominativ + Dativ) und schreiben sie ins Heft. Sie sprechen reihum je eine Wortgruppe und alle wiederholen im Chor.

6 c *Vergleich mit anderen Sprachen:* Im Englischen und Russischen werden Adjektive in Wortgruppen auch betont, wenn sie einen Kontrast ausdrücken. Im Spanischen ist die Akzentposition in Wortgruppen z. B. nicht flexibel, bei Kontrastbetonung verändert sich der Satz syntaktisch. Weitere Beispiele in Dahmen/Hirschfeld/Meißner/Reinke (2021–2025).

Lösungen

4 a/b das kleine Mädchen mit der schwarzen Bluse – das große Mädchen mit der weißen Bluse; der große Junge mit der kurzen Hose – der kleine Junge mit der langen Hose; der junge Mann mit dem langen Mantel – der alte Mann mit dem kurzen Mantel; das kleine Mädchen mit dem schmutzigen Kleid – das große Mädchen mit dem sauberen Kleid; die lustige Schülerin mit den kurzen Haaren – die traurige Schülerin mit den langen Haaren; die freundliche Nachbarin mit der modernen Brille – die unfreundliche Nachbarin mit der altmodischen Brille; die alte Frau mit dem großen Koffer – die junge Frau mit dem kleinen Koffer; der sportliche Lehrer mit der hellen Jacke – der unsportliche Lehrer mit der dunklen Jacke; das kleine Kind mit dem alten Fahrrad – das große Kind mit dem neuen Fahrrad

6 a Adjektive, die in Wortgruppen einen Kontrast ausdrücken, sind meistens betont.

Arbeitsblatt 4

7 *Nach der Übung:* Die L können als Hausaufgabe Beispiele zu den Regeln aufschreiben.

c *Vergleich mit anderen Sprachen:* Die L oder Sie selbst können Wörter mit Endungen aus anderen Sprachen an die Tafel schreiben und laut aussprechen. Die L überprüfen die korrekte Aussprache der Endungen, ob alle Buchstaben lautlich realisiert sind und wie es klingt. Die Endung *-en* ist spezifisch für das Deutsche. Im Russischen werden unbetonte Vokale oft reduziert ausgesprochen (→ Vokale verändern ihre Qualität). Im Spanischen gibt es keinen Reduktionsvokal, dafür werden Konsonanten in unbetonten Silben z. T. weggelassen. Im Türkischen gibt es keine Reduktionsvokale. Weitere Beispiele in Dahmen/Hirschfeld/Meißner/Reinke (2021–2025).

8 a Wiederholen Sie nach dem Hören die Regel Ü7 und lassen Sie alle nicht gesprochenen *e* durchstreichen. Demonstrieren Sie, dass von *-en* nach <d, t, f, v, w, r, s/ß, ch, sch> nur ein [n̩] *(mach**en**)*, nach <b, p> ein [m̩] *(hab**en**)* und nach <g, k> ein [ŋ̍] *(die Aug**en**)* übrig bleibt. **Achtung:** In der Diminutivendung *-chen* (z. B. *das Mäd**chen***) bleibt das [ə] i. d. R. erhalten. Wenn man sehr deutlich und langsam spricht, wird das *e* in der Endung *-en* manchmal aber auch realisiert.

c *Variante:* Der Text wird in zwei Gruppen gesprochen – zwei Zeilen pro Gruppe.

Nach der Übung: Erweitern Sie das Rhythmusstück, z. B. so: *das rechte Auge – das linke Auge, das rechte Ohr – das linke Ohr, …*

Lösungen

7 b In der Endung *-en* wird das *e* nach Vokalen und Diphthongen gesprochen, nach *l, m, n, ng, r* gesprochen, nach *d, t, p, b, g, k, f, s/ß, ch, sch* nicht gesprochen.

8 a Die rechte Hand – die linke Hand, der rechte Arm – der linke Arm, das rechte Bein – das linke Bein, der rechte Fuß – der linke Fuß, die Augen, die Ohren, der Mund, der runde Kopf, der runde Bauch und einen Rücken habe ich auch. Ich winke mit der rechten Hand. – Ich winke mit der linken Hand. Ich kreise mit dem rechten Arm. – Ich kreise mit dem linken Arm. Ich kreise mit dem rechten Bein. – Ich kreise mit dem linken Bein. Ich wippe mit dem rechten Fuß. – Ich wippe mit dem linken Fuß. Ich mach das linke Auge auf. – Ich mach das rechte Auge auf. Wir machen die Augen zu. So! Wir haben Ruh! Wir nicken mit dem runden Kopf. Wir hüpfen mit dem runden Bauch. Und mit den Beinen hüpfen wir auch.

Arbeitsblatt 5

9 a Wiederholen Sie ggf. vorher Ü1 und Ü2 und weisen Sie auf die Adjektivendungen im Nominativ und im Dativ hin. Die L sollten die Sätze mit den Adjektiven mehrmals leise oder laut sprechen, um die Aussprache der Endungen zu überprüfen.

c Begeisterte Sprechweise: Achten Sie auch auf eine passende Mimik und Gestik.

Nach der Übung: Wählen Sie (bzw. die L) eine Person aus (Foto einer bekannten Person aus den Medien etc.), die beschrieben und bewundert wird. Dann arbeiten sie alternativ so:

Variante 1: Jede reihum rhythmisch gesprochene Wortgruppe im Dativ wird im Chor im Rhythmus wiederholt, z. B. *… mit den grünen **So**cken, mit dem coolen **Ring**, …*

Variante 2: Die L schreiben allein oder als Gruppe einen neuen Text (wie im Muster) für eine Person aus der Lerngruppe und tragen ihn vor.

10 d Teilen Sie vorher die Textteile den Gruppen zu (z. B. Gruppe A: alle mit langen Haaren und Gruppe B: alle mit kurzen Haaren). Dann sprechen die Gruppen A und B abwechselnd je eine „Strophe". Überlegen Sie mit den L gemeinsam, wie man begeistert spricht (vgl. Ü9c).

Lösungen

9 a Du bist so cool … mit dem hübschen Kopf, mit dem roten Mund, mit dem blonden Zopf, mit den winzigen Ohren, mit der kleinen Nase, mit den niedlichen Füßen, mit dem hübschen Kleid, mit der schicken Jacke, mit der langen Kette, mit dem lustigen Hut. Ja, ja, ja! Das finde ich gut!

Arbeitsblatt 6

11 Die L arbeiten in Kleingruppen. Geben Sie Hilfestellungen: Wortgruppen an die Tafel schreiben, Wörterlisten austeilen. Anschließend wird der Rhythmustext vorgeführt. Der Text kann auf ein Poster geschrieben und im Unterrichtsraum ausgehängt werden. *Hinweis:* Die Zeilen des Textes können, müssen sich aber nicht reimen.

12 *Handlungsorientierte Aufgabe:* Die L können (als Hausaufgabe) Kleidungsstücke für die Anziehpuppe anfertigen (digital oder manuell gestalten/zeichnen, ausschneiden, …). Auch die Anziehpuppe kann von den L selbst angefertigt werden. Während die L in Kleingruppen arbeiten, können sie ihre Entscheidungen auch zusätzlich begründen, z. B. so: *Mein Model hat eine lange **Blu**se an, weil lange Blusen mo**dern** und **cool** sind.* Weisen Sie die L darauf hin, dass sie beim Sprechen immer auch auf die Aussprache achten sollen: hier besonders auf Wortgruppenakzente, Vokallänge, Endungen mit *-e* und *-en*.

Bestimmen Sie vor der Ü mit den L gemeinsam eine/n Beobachter/in für jede Gruppe, der/die die Abweichungen in der Aussprache der L während der gesamten Ü protokolliert und den L Feedback zur Aussprache gibt (vgl. Beobachtungsprotokoll auf S. 12).

Unterstützen Sie die L bei der Fokussierung auf die Aussprache. Geben Sie selbst Tipps für die Verbesserung der Aussprache und ermuntern Sie die L, verschiedene Aussprachelernstrategien auszuprobieren.

Das kann man auch noch üben:

- lange/gespannte und kurze/ungespannte Vokale in Adjektiven und Nomen, z. B. *(das) Mädchen, groß, (der) Junge, blond*
- Reime, z. B. *(die) **Hand** – (die) **Wand**, (das) **Bein** – **fein**, (der) **Fuß** – (der) **Gruß***
- **progressive Assimilation:** stimmlose Aussprache von aufeinanderfolgenden Konsonanten (d. h. Übertragung der Stimmlosigkeit eines Konsonanten auf den nachfolgenden Konsonanten), z. B. *mit‿der Jacke, mit‿dem Mantel.*

Phonetische Schwerpunkte

Wortakzent in trennbaren und untrennbaren Verben

- **Wortakzentregeln:**
  - In trennbaren Verben liegt der Wortakzent auf dem trennbaren Präfix, z. B. ***ein**steigen, **aus**ruhen*.
  - In untrennbaren Verben liegt der Wortakzent auf dem Wortstamm, z. B. *ver**kau**fen, ge**hö**ren*.
  - Betonte Silben (→ Wortakzent) werden lauter, höher/tiefer, deutlicher und langsamer realisiert als unbetonte Silben.
  - Lange/gespannte Akzentvokale (→ Vokal in der betonten Silbe) werden länger und mit hoher Artikulationsspannung gesprochen, z. B. ***zu**hören* → [uː]. Kurze/ungespannte Vokale werden kurz und mit geringer Artikulationsspannung gesprochen, z. B. ***fẹrn**sehen* → [ɛ].
- **Bewusstmachung:**
  - betonte Silben fett und groß schreiben, Akzentvokal markieren (lang mit _, kurz mit .), z. B. *gehören, fẹrnsehen*
  - Verben mit deutlichem Wortakzent vorsprechen.
- **(Kontrollierbare) Hörübungen durchführen:**
  - zum Erkennen und Markieren des Wortakzents in den Verben.
- **Wortakzente trainieren:**
  - durch Nachsprechen und Imitieren der Verben mit Übertreibung der betonten Silben
  - mit gestischer bzw. ganzkörperlicher Unterstützung, z. B. auf den betonten Silben klopfen/klatschen/stampfen.

Phonetik

- Wortakzent in trennbaren und untrennbaren Verben
- Akzentvokale: lang/gespannt – kurz/ungespannt
- Satzakzent in Aussagen

zusammen mit

... Grammatik

- trennbare und untrennbare Verben im Präsens
- Verben mit Reflexivpronomen
- Verbstellung im Satz/Satzklammer

... Wortschatz

- Tätigkeiten
- Tagesablauf

Akzentvokale: lang/gespannt – kurz/ungespannt

- **Bewusstmachung:**
  - Regeln zu Laut-Buchstaben-Beziehungen für lange/gespannte Vokale (z. B. *s**te**hen* → Vokal + <h>) und für kurze/ungespannte Vokale (z. B. *kọmmen* → Vokal – Doppelkonsonant)
  - Aussprachebesonderheiten der Vokale erklären, d. h.
    - lange/gespannte Vokale werden länger und mit hoher Artikulationsspannung gesprochen, z. B. *gehen* → [eː]
    - kurze/ungespannte Vokale werden kurz und mit geringer Artikulationsspannung gesprochen, z. B. *sprẹchen* → [ɛ].
  - Markieren der Vokallänge in der Schrift (lange Vokale mit _, kurze Vokale mit .).
- **(Kontrollierbare) Hörübungen durchführen:**
  - zum Differenzieren, Identifizieren und Markieren der Vokallänge (lang mit _ vs. kurz mit .).
- **Aussprache der Akzentvokale trainieren:**
  - durch Nachsprechen und Imitieren mit Übertreibung der Vokallänge (lang vs. kurz)
  - mit gestischer bzw. ganzkörperlicher Unterstützung, z. B. bei langen Vokalen die Arme nach oben strecken, bei kurzen Vokalen in die Hocke gehen.

Satzakzent in Aussagen

- **Regeln:**
  - Der Satzakzent liegt meist auf dem wichtigsten und bedeutungstragenden Wort bzw. auf dessen Wortakzentsilbe, z. B. *Ich stehe um **sie**ben auf. Ich stehe um **neun** auf.*
  - Die gesamte Sprechenergie liegt auf dem Satzakzent, alle anderen Silben werden viel schwächer realisiert.
- **(Kontrollierbare) Hörübungen durchführen:**
  - zum Erkennen und Markieren des Satzakzents.
- **Satzakzentuierung trainieren:**
  - durch schrittweisen Aufbau immer längerer Sätze mit nur einer betonten Silbe, z. B. ***auf**wachen. Ich wache **auf**. Ich wache um **sie**ben auf.*
  - durch besonders nachdrückliches Sprechen, sodass die Satzakzentsilbe noch deutlicher hervortritt
  - durch gestische und ganzkörperliche Unterstützung, z. B. bei jeder Satzakzentsilbe eine Geste mit der Hand machen oder klopfen/klatschen/stampfen.

1 *Mein Tag* im Rhythmus (A)

So ist mein **Tag**. Hör mal **zu**.
Das ist mein **Tag**. Hör mal **zu**:

Aufwachen, **auf**stehen,
anziehen, **fern**sehen,
frühstücken, **raus**gehen
und an der **Am**pel stehen.
Dann kommt die **Bahn**. Ich steig **ein**.
Ich setz mich **hin**. Ich schlaf **ein**.
Ich wach **auf**. Ich steig **aus**.
Ich geh **rein**. Ich geh **raus**.
Ich fahr **wie**der nach **Haus**.

Einkaufen, **heim**gehen,
ausruhen, **fern**sehen.

So ist mein **Tag**. Hör mal **zu**.
Das ist mein **Tag**. Und jetzt **du**!

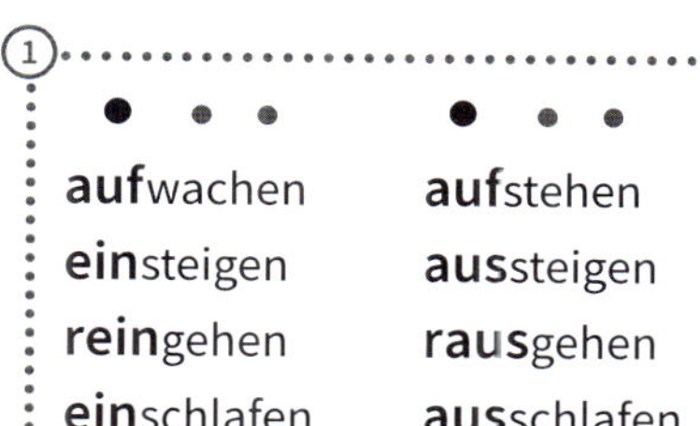

①

● • •	● • •
aufwachen	**auf**stehen
einsteigen	**aus**steigen
reingehen	**raus**gehen
einschlafen	**aus**schlafen

②

• • ●	• • ●
Ich wach **auf**.	Du wachst **auf**.
Ich steh **auf**.	Du stehst **auf**.
Ich seh **fern**.	Du siehst **fern**.
Ich geh **heim**.	Du gehst **heim**.
Ich steig **ein**.	Du steigst **ein**.
Ich steig **aus**.	Du steigst **aus**.
Ich schlaf **ein**.	Du schläfst **ein**.
Ich schlaf **aus**.	Du schläfst **aus**.

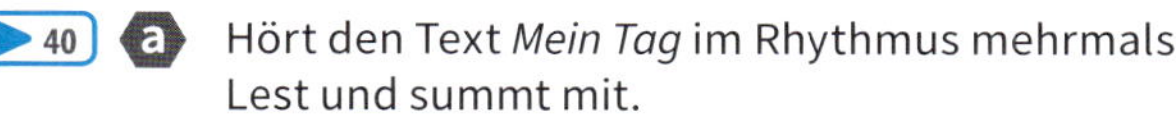

▶ 40 **a** Hört den Text *Mein Tag* im Rhythmus mehrmals.
Lest und summt mit.

▶ 41 **b** Hört die trennbaren Verben ①.
Achtet auf die Wortakzente.

c Hört noch einmal. Summt und klopft mit.
Klopft die betonte Silbe stark, die unbetonten Silben schwach.

▶ 42 **d** Hört die Sätze mit den trennbaren Verben ②.
Achtet auf die Satzakzente.

e Hört noch einmal. Summt und klopft mit.
Klopft die betonte Silbe stark, die unbetonten Silben schwach.

▶ 41 42 **f** Stellt euch in eine Reihe. Hört die Verben und die Sätze ① ② noch einmal. Bei jedem Wortakzent oder Satzakzent macht ihr einen Schritt nach vorn. Summt den Rhythmus oder sprecht leise mit.

Wortgruppen- und Satzakzente

Wichtige/bedeutungstragende Wörter sind betont

- in Wortgruppen, z. B. *an der **Am**pel stehen*
  → Wortgruppenakzent
- in Sätzen, z. B. *Das ist mein __Tag__.*
  → Satzakzent
- in längeren Sätzen mit mehreren Wortgruppen, z. B. *Ich fahr **wie**der / nach __Haus__.*
  Ich fahr **wie**der nach **Haus**. (→ Rhythmus)

2 Verben mit und ohne Präfix

● •

1. stehen	3. sehen	5. schlafen	7. laufen	9. fahren	11. sprechen
2. machen	4. gehen	6. kaufen	8. packen	10. hören	12. kommen

▶ 43 **a** Hört die Verben ohne Präfix. Markiert die betonten Vokale (lang mit _ und kurz mit .).

b Hört noch zweimal und vergleicht die Lösung. Sprecht und klopft erst mit. Sprecht dann nach.

Verben ohne Präfix	Verben mit Präfix	
● • 1. stehen	aufstehen	● • •
2. sehen		
3. kommen		
4. gehen		
5. schlafen		
6. packen		
7. kaufen		
8. fahren		

Endung *-en*

Sprich nach [f] das -*e* nicht, z. B. ***schlafen***.

▶ 44 **c** Hört die Verbpaare (Verben ohne Präfix und mit Präfix). Ergänzt die Verben in der 2. Spalte.

d Hört noch einmal. Markiert die betonten Vokale (lang mit _ und kurz mit .).

e Malt die Rhythmusmuster in der 3. Spalte. Was fällt euch auf?

f Hört noch zweimal und vergleicht die Lösung. Sprecht und klatscht erst mit. Sprecht dann nach.

g Schreibt die Verben ohne Präfix auf Kärtchen.
Zieht zu zweit ein Kärtchen. A sagt das Verb ohne Präfix.
B nennt ein passendes Verb mit Präfix.

Die **Satzmelodie am Satzende** steigt ↗ oft in Sätzen mit ? und fällt ↘ meist in Sätzen mit !, z. B. ***Steh**en?* ↗ – *Nein,* → / ***auf**stehen!* ↘!

Mach eine kurze **Pause** nach jedem Komma.

3 Trennbar und untrennbar

1.	einkaufen ☒	verkaufen ○	5. einschlafen ○	verschlafen ○
2.	mitkommen ○	bekommen ○	6. hinfahren ○	erfahren ○
3.	aufstehen ○	verstehen ○	7. zuhören ○	gehören ○
4.	anziehen ○	erziehen ○	8. feststellen ○	bestellen ○

▶ 45 **a** Welches Verb hört ihr? Kreuzt an.

▶ 46 **b** Hört die Verbpaare. Markiert die betonten Vokale (lang mit _ und kurz mit .).

c Hört die Verbpaare noch einmal und vergleicht die Lösung. Sprecht nach und klopft dabei die betonte Silbe.

d Rhythmuskette: Sprecht die Verben erst einzeln, dann als Paare reihum im Rhythmus.

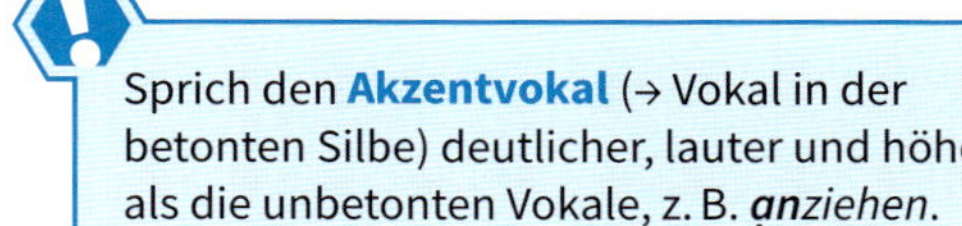

4 Die Regel (1)

Wortakzent in trennbaren und untrennbaren Verben

Die Präfixe *be-, ge-, er-, ver-, ent-* sind immer …	◯ betont. ◯ unbetont.
Die Präfixe *auf-, an-, aus-, raus-, rein-, fern-, hin-, zu-* sind immer …	◯ betont. ◯ unbetont.
Der Wortakzent liegt auf dem Wortstamm …	◯ in trennbaren Verben. ◯ in untrennbaren Verben.

▶ 46 **a** Hört die Verbpaare aus Ü3b noch einmal. Achtet auf die Wortakzente.

b Ergänzt die Regel: Kreuzt an.

c Vergleicht mit anderen Sprachen: Gibt es auch Präfixe? Werden sie betont?

d Welche trennbaren und untrennbaren Präfixe kennt ihr noch? Schreibt sie ins Heft. Schreibt Verben dazu.

e Lest die Verben vor. Achtet auf die Wortakzente.

kaufen, einkaufen, verkaufen, …

f Spiel: Zieht Kärtchen (aus Ü2g: Verben ohne Präfix). Lest vor und nennt Verben mit Präfix. Achtet auf die Wortakzente. Wer nennt die meisten Präfixverben?

5 Was machst du?

Ich wach **auf**. ↘ Ich steh **auf**. ↘ Was machst **du**? ↗
Ich steh **auf**. ↘ Ich geh **los**. ↘ Was machst **du**? ↗
Ich komm **mit**. ↘ Ich komm **an**. ↘ Was machst **du**? ↗
Ich geh **rein**. ↘ Ich kauf **ein**. ↘ Was machst **du**? ↗
Ich steig **ein**. ↘ Ich fahr **heim**. ↘ Was machst **du**? ↗
Ich seh **fern**. ↘ Ich schlaf **ein**. ↘ Was machst **du**? ↗

Satzakzent
Betone das letzte Wort im Satz, z. B. *Ich wach **auf***. Sprich es lauter und deutlicher.

a Hört die Sätze. Achtet auf die Satzakzente und auf die Satzmelodie: ↘ und ↗. Summt und klopft mit.

b Hört noch zweimal. Sprecht erst im Rhythmus mit und dann nach.

anfangen – aufhören	fortfahren – heimfahren	losgehen – ankommen
reingehen – rausgehen	einsteigen – aussteigen	zuschauen – zuhören
ankommen – weggehen	einschlafen – aufwachen	

c Sprecht mit den Verbpaaren reihum noch mehr Sätze wie in Ü 5a/b. Achtet auf die Satzakzente und auf die Satzmelodie ↗ und ↘.

Ich fang **an**. ↘ Ich hör **auf**. ↘ Was machst **du**? ↗

Wir fangen **an**. ↘ Wir hören **auf**. ↘ Was macht **ihr**? ↗

Wir gehen **rein**. ↘ Wir gehen **raus**. ↘ Was macht **ihr**? ↗

d Sprecht die Sätze aus Ü5abc in der 1. Person Plural in Gruppen (A und B).

6 Die Regel (2)

Position 1	Position 2	Position 3	Position 4
1. Ich	wache	um sieben Uhr	*auf*.
2. Ich	______	in die Bahn	ein.
3. Ich	steige	aus der Bahn	______.
4. Ich	kaufe	im Supermarkt	______.
5. Ich	______	mit dem Fahrrad	los.
6. Ich	______	um acht Uhr	an.

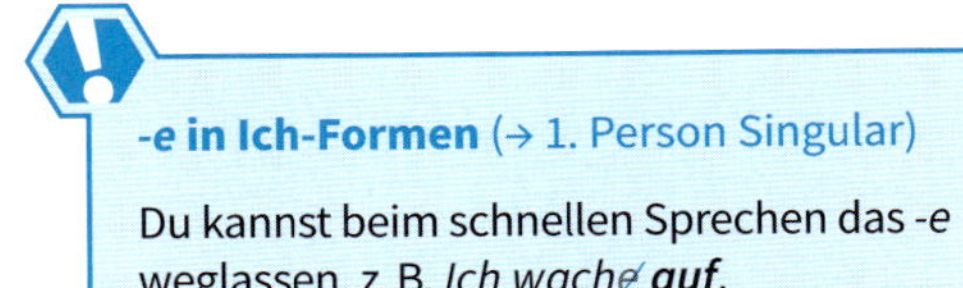

-e in Ich-Formen (→ 1. Person Singular)

Du kannst beim schnellen Sprechen das -*e* weglassen, z. B. *Ich wache* ***auf***.

a Ergänzt die Sätze: Verb oder trennbares Präfix.
b Lest die Sätze vor und vergleicht die Lösung.

In Aussagen mit trennbaren Verben …

ist das Verb (Verbstamm) auf Position	◯ 1	◯ 2	◯ 3	◯ 4.
ist das Präfix auf Position	◯ 1	◯ 2	◯ 3	◯ 4.
liegt der Satzakzent meistens auf dem	◯ Subjekt	◯ Verbstamm		◯ Präfix.

c Ergänzt die Regel: Kreuzt an.
d Lest die Sätze aus Ü6a reihum vor. Vergleicht mit der Regel.

7 Was machst du am Samstag?

Wann? Ich stehe um **neun** Uhr auf. ↘ Und **du**? ↗ Ich sehe **nach**mittags fern. ↘ Und **du**? ↗

Wen? Ich rufe meine **O**ma an. ↘ Und **du**? ↗ Ich hole meine **Freun**din ab. ↘ Und **du**? ↗

Was? Ich ziehe meine **Lieb**lingsjeans an. ↘ Und **du**? ↗ Ich räume mein **Zim**mer auf. ↘ Und **du**? ↗

▶ 48 a Hört die Sätze mit den Ergänzungen: Uhrzeit *(Wann?)*, Person *(Wen?)*, Gegenstand *(Was?)*.
Achtet auf die Wortgruppen- und Satzakzente und auf die Satzmelodie ↗ und ↘.
b Hört noch zweimal. Sprecht erst mit und dann nach.
c Rhythmuskette: Sprecht die Sätze reihum und werft einen Ball. Beginnt immer wieder von vorn.

Wann? *nachmittags*

Wen? *meinen Freund*

Wann? um zehn Uhr ◆ nachmittags ◆ abends ◆ nachts ◆ morgens
Wen? meinen Onkel ◆ meine Schwester ◆ meine Lehrerin ◆ meinen Freund ◆ dich
Was? meinen Schrank ◆ mein Regal ◆ meine Sportsachen ◆ meine Badesachen ◆ meine Sportschuhe

d Spiel: Schreibt die Ergänzungen (zu *Wann? Wen? Was?*) auf Kärtchen. Eine Person zieht ein Kärtchen und liest laut vor.
Wer sagt zuerst einen richtigen Satz wie in Ü7a? Achtet auf die Satzakzente und die Satzmelodie.

einkaufen ◆ fortfahren ◆ losgehen ◆ abholen ◆ anrufen ◆ fernsehen ◆ ankommen ◆ anfangen

e Schreibt Sätze mit den Verben + Ergänzungen (aus Ü7d) auf Kärtchen.
Zieht Kärtchen und sprecht reihum im Rhythmus.
Achtet auf die Wortgruppen- und Satzakzente und die Satzmelodie.

Ich sehe abends fern.
Ich hole meine Schwester ab.

8 Morgens, vormittags, mittags, nachmittags, abends

Morgens um sieben wache ich auf. ↘
Morgens um acht Uhr stehe ich ________ . ↘
Morgens um neun ziehe ich mich ________ . ↘

an ◆ **auf** ◆ auf

Vormittags sehe ich am liebsten ________ . ↘
Vormittags lege ich mich ________ . ↘
Vormittags gehe ich nicht ________ . ↘

hin ◆ raus ◆ fern

Mittags gehe ich auch nicht ________ . ↘
Mittags schalt ich das Radio ________ . ↘
Mittags pack ich mein Essen ________ . ↘

ein ◆ aus ◆ raus

Nachmittags gehe ich endlich ________ . ↘
Nachmittags hol ich dich ________ . ↘
Nachmittags kaufen wir ________ . ↘

ab ◆ raus ◆ ein

Abends gehen wir wieder ________ . ↘
Abends ziehen wir uns ________ . ↘
Abends schlafen wir ________ . ↘

aus ◆ heim ◆ ein

Mach am Ende einer Wortgruppe eine kurze Pause, z. B. *Morgens um **sie**ben / wache ich **auf**. //*

Inversion

Das Verb steht auf Position 2. Das Subjekt steht nach dem Verb, z. B. *Morgens um **sie**ben / wache ich **auf**.*

a Lest die Sätze. Ergänzt die Präfixe.

▶ 49 **b** Hört die Sätze, vergleicht die Lösung und sprecht leise mit.

c Hört noch einmal. Markiert die **Satz**akzente.

d Hört noch einmal, vergleicht die Lösung und sprecht reihum nach. Achtet auf die Satzakzente und auf die Satzmelodie – sie fällt in allen Sätzen (↘).

e Rhythmuskette: Sprecht die Sätze reihum. Beginnt immer wieder von vorn.

9 *Mein Tag* im Rhythmus (B)

▶ 41 **a** Hört die trennbaren Verben (1) aus Ü1b noch einmal und sprecht nach. Achtet auf die Wortakzente.

▶ 42 **b** Hört die Sätze mit den trennbaren Verben (2) aus Ü1d noch einmal und sprecht nach. Achtet auf die Satzakzente.

(3) **So** ist mein **Tag**. Hör mal **zu**.
Das ist mein **Tag**. Hör mal **zu**:

Aufwachen, **auf**stehen,
anziehen, **fern**sehen,
frühstücken, **raus**gehen
und an der **Am**pel stehen.

(4) **Dann** kommt die **Bahn**. Ich steig **ein**.
Ich setz mich **hin**. Ich schlaf **ein**.
Ich wach **auf**. Ich steig **aus**.
Ich geh **rein**. Ich geh **raus**.
Ich fahr **wie**der nach **Haus**.

▶ 50 **c** Hört den ersten Teil aus *Mein Tag* im Rhythmus (3) (Ü1a) noch einmal und sprecht im Rhythmus mit.

d Sprecht weiter: Jeder spricht reihum im Rhythmus ein trennbares Verb.

▶ 51 **e** Hört den zweiten Teil aus *Mein Tag* im Rhythmus (4) (Ü1a) noch einmal und sprecht im Rhythmus mit.

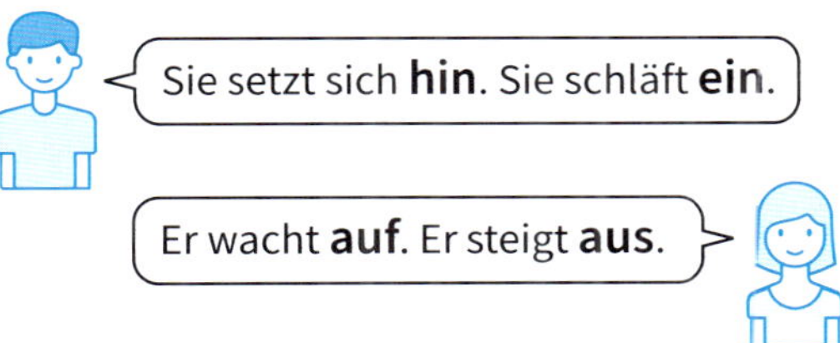

f Rhythmuskette: Sprecht die Sätze reihum in der 3. Person Singular.

10 *Unser Wochenende* im Rhythmus

So, so, **so**!
So ist mein **Wo**chenende.
So ist mein **Wo**chenende.
So, so, **so**!

Ich zieh mich **an**.
Ich geh **raus**.

Ich ______________________.
Ich ______________________.
Ich ______________________.
Ich ______________________.

Ich ______________________.
Ich ______________________.
Ich ______________________.
Ich ______________________.

Ich ______________________.
Ich ______________________.

Ich ______________________.
Ich ______________________.

Das ist mein **Wo**chenende.
Das ist mein **Wo**chenende.
So, so, **so**!
Ich bin so **froh**!

a Schreibt gemeinsam einen Text *Mein Wochenende* im Rhythmus über euer Wochenende.

Verwendet viele trennbare Verben. Ihr könnt den Rhythmustext auch in der 1. Person Plural schreiben, z. B. *Wir ziehen uns an. Wir gehen aus.*

b Führt den Rhythmustext vor. Achtet besonders auf die Wortakzente in trennbaren und untrennbaren Verben und auf die Satzakzente.

11 Mein Plan für zwei Ferientage

Plant zwei Ferientage!

Achtet auf die Aussprache: Wortakzente, Satzakzente, lange und kurze Vokale.

Wählt eine Person. Sie beobachtet eure Aussprache und macht Notizen.

Das mache ich heute:
7.00 Uhr: Aufstehen.
7.10 Uhr: Waschen. Zähne putzen. Anziehen.
7.20 Uhr: Frühstücken.
8.30 Uhr: Rausgehen.
10.00 Uhr: …

Arbeitet zuerst einzeln:

- Schreibt einen Tagesplan für zwei Ferientage. Verwendet viele trennbare Verben.
- Schickt den Tagesplan als Sprachnachricht an eine Freundin oder einen Freund aus der Lerngruppe. Fragt: Was möchte er/sie davon mitmachen?
- Er/Sie antwortet euch auch mit einer Sprachnachricht.

Präsentation:

- Vergleicht: Wer hat die meisten Tagespläne bekommen?
- Präsentiert eure Tagespläne (Sprachnachrichten).
- Sprecht danach über die Aussprache: Was war gut? Was ist noch schwierig? Die Beobachtungsperson ergänzt. Gebt euch dann gegenseitig Aussprachetipps.
- Zum Schluss stimmt ihr über den schönsten Tagesplan ab.

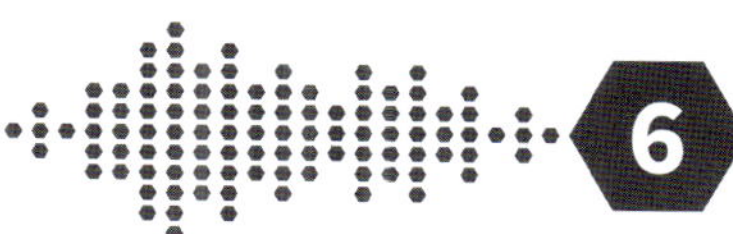

Arbeitsblatt 1

1 *Vor der Übung:* Die L beschreiben (ggf. in ihrer Erstsprache), was sie auf den Illus sehen und was der Junge auf den Bildern macht. Sie stellen Vermutungen zum Thema der Einheit an und beschreiben anschließend ihren heutigen Tagesablauf.

Weisen Sie die L auf die Rhythmusschrift im Text hin. Alle betonten Silben sind größer geschrieben. Erklären Sie am Beispiel (→ Lerntipp zu Ü1, S. 57), dass in Wortgruppen und Sätzen ein Wort/eine Silbe stark betont ist und in längeren Sätzen mehrere Wörter betont werden. Besonders deutlich betont wird das bedeutungstragende Wort bzw. dessen Wortakzentsilbe.

b Fragen Sie die L nach dem ersten Hören, welche Silbe in den Verben am stärksten betont bzw. am deutlichsten gesprochen wird. Demonstrieren Sie durch Gesten (Klatschen, Klopfen, Stampfen), dass die betonte Silbe deutlicher, lauter und stärker gegenüber den anderen Silben hervorgehoben wird.

f Durch das Einbeziehen der Körperbewegung (Schritt nach vorn bei betonten Silben) wird die korrekte Aussprache unterstützt. Die L können mitsummen oder leise bzw. laut mitsprechen. Jedes Verb, jeder Satz kann auch von einzelnen L gesummt oder gesprochen werden.

Arbeitsblatt 2

2 **c/f** Sie können die Verben mit dem Rhythmusmuster auch an die Tafel schreiben (betonte Vokale/Akzentvokale groß oder fett, z. B. *fErnsehen, fernsehen*) und die L bitten, die Verben einzeln und im Chor zu sprechen. Weisen Sie die L darauf hin, dass in der Endung *-en* der Schwa-Laut nach Frikativen (außer *r*) und Plosiven nicht gesprochen wird und die gesamte Sprechenergie auf die betonte Silbe fällt.

e/f Die L sollten erkennen, dass die Rhythmusmuster ●• (einfache Verben) und ●•• (Präfixverben) häufig im Deutschen vorkommen. Die L können den Rhythmusmustern weitere bekannte Verben zuordnen, diese sprechen und den Rhythmus klopfen oder klatschen.

g *Variante:* Auf die Kärtchen werden die Verbpaare geschrieben, z. B. *stehen – aufstehen*. A spricht das Verbpaar (z. B. ***steh**en – **auf**stehen*), B spricht einen Fragesatz (z. B. ***Steh**en?*), alle anderen L rufen im Chor das Gegenteil (z. B. *Nein, **auf**stehen!*). Die L sollten die Rhythmusmuster auch summen, klatschen oder klopfen und auf den Unterschied zwischen betonten und unbetonten Silben achten. Die L können auch weitere Verben auf Kärtchen schreiben und wie in Ü2f üben.

3 *Nach der Übung:* Bitten Sie die L, die Verben mit kontrastiver (d. h. besonders deutlicher) Betonung zu sprechen, z. B. A: *Er**zieh**en?* ↗ – *Nein, **an**ziehen!* ↘ Dabei achten sie auch auf den steigenden Melodieverlauf ↗ in Fragen und den fallenden Melodieverlauf ↘ in Aussagen.

Lösungen

2 a 1. stehen 2. machen 3. sehen 4. gehen 5. schlafen 6. kaufen 7. laufen 8. packen 9. fahren 10. hören 11. sprechen 12. kommen

2 d/e 1. stehen – aufstehen 2. sehen – aussehen 3. kommen – mitkommen 4. gehen – weggehen 5. schlafen – ausschlafen 6. packen – einpacken 7. kaufen – einkaufen 8. fahren – hinfahren (Rhythmusmuster ●••)

3 a 1. einkaufen 2. mitkommen 3. verstehen 4. anziehen 5. einschlafen 6. erfahren 7. zuhören 8. bestellen

3 b 1. einkaufen – verkaufen 2. mitkommen – bekommen 3. aufstehen – verstehen 4. anziehen – erziehen 5. einschlafen – verschlafen 6. hinfahren – erfahren 7. zuhören – gehören 8. feststellen – bestellen

Arbeitsblatt 3

4 **c** *Vergleich mit anderen Sprachen:* Die L können Verben mit Präfixen in anderen ihnen bekannten Sprachen an die Tafel schreiben und sie aussprechen. Gemeinsam wird beurteilt, ob die Präfixe betont sind oder nicht. Im Ukrainischen werden Präfixe nicht betont, sie werden vom Wortstamm auch nicht getrennt. Im Portugiesischen besteht die Tendenz zur Akzentuierung auf der vorletzten Silbe, sodass davon auszugehen ist, dass Präfixe nicht betont werden. Weitere Beispiele in Dahmen/Hirschfeld/Meißner/Reinke (2021–2025).

d Bereiten Sie ein Arbeitsblatt mit einer Tabelle vor, in die Präfixe und Verben eingetragen werden. Die L können auch die entsprechenden Rhythmuspunkte dazu malen.

5 **a/b** Zeigen Sie die Melodieverläufe in Aussagen und Fragen so: terminal ↘ mit Ellenbogen nach unten, steigend ↗ mit Handfläche nach oben. Achten Sie darauf, dass die L hier immer die trennbaren Präfixe betonen (in kurzen Aussagen bei sachlicher Sprechweise üblich). Die unbetonten Silben werden leiser, schwächer und ungespannter realisiert.

c Es lassen sich weitere Verbpaare ergänzen, z. B. *zuhören – mitsingen, einpacken – auspacken, aufstehen – fernsehen*. Auch können grundsätzlich Antonyme verwendet werden.

Variante 1: Die Übung wird zu zweit mit allen Verbpaaren so durchgeführt: B nennt die Verben immer in umgekehrter Reihenfolge, z. B. A: *Ich geh **rein**. Ich geh **raus**. Was machst **du**?* – B: *Ich geh **raus**. Ich geh **rein**. Was machst **du**?*

Variante 2: Reihum spricht jede/r L zwei Sätze, die anderen kommentieren begeistert im Chor, z. B. A: *Ich geh **rein**. Ich geh **raus**.* – Chor (begeistert): *Sie geht **rein**. Sie geht **raus**.*

Für leistungsstärkere L: Sammeln Sie mit den L Wörter und Wortgruppen, durch die kurze Aussagen mit trennbaren Verben ergänzt werden können, z. B. *Ich steh um halb sieben auf. Ich steig in den Bus ein.*

Lösungen

4 b Die Präfixe *be-, ge-, er-, ver-, ent-* sind immer unbetont. Die Präfixe *auf-, an-, aus-, raus-, rein-, fern-, hin-, zu-* sind immer betont. Der Wortakzent liegt auf dem Wortstamm in untrennbaren Verben.

4 d Weitere trennbare und untrennbare Präfixe (Auswahl):
trennbar: *ab-, bei, entgegen-, fest-, fort-, gleich-, her-, los-, mit-, miss-, nach-, vor-, weg-, weiter-, zurück-, …*
untrennbar: *emp-, zer-, …*

Arbeitsblatt 4

6 d Sie selbst oder die L können nach dem gleichen Prinzip weitere Sätze ergänzen.

Variante: Schreiben Sie je vier Satzteile (→ Positionen 1 – 4) auf einzelne von 1 bis 4 nummerierte Kärtchen. Die L ziehen reihum Kärtchen. Sie gehen durch den Raum und bilden zu viert einen passenden Satz. Sie üben gemeinsam die Aussprache und präsentieren den Satz vor der Lerngruppe.

7 c Achten Sie darauf, dass der Ball immer gleichzeitig mit der Realisierung der betonten Silbe geworfen wird. (Machen Sie es zuerst vor.) So wird die authentische Sprechweise mit dem typischen Staccato-Rhythmus gut unterstützt.

Lösungen

6 a 1. Ich wache um sieben Uhr auf. 2. Ich steige in die Bahn ein. 3. Ich steige aus der Bahn aus. 4. Ich kaufe im Supermarkt ein. 5. Ich fahre mit dem Fahrrad los. 6. Ich komme um acht Uhr an.

6 c In Aussagen mit trennbaren Verben ist das Verb (Verbstamm) auf Position 2, ist das Präfix auf Position 4, liegt der Satzakzent meistens auf dem Präfix.

Arbeitsblatt 5

8 b–d Machen Sie die L auf die Inversion aufmerksam (→ Wortstellung in Sätzen mit Inversion). Weisen Sie die L darauf hin, dass nach *Morgens, morgens um sieben, vormittags, …* jeweils eine ganz kurze Pause gemacht wird. Der Satz besteht also aus zwei Wortgruppen (→ Rhythmusgruppen). Das Verb hat Position 2. Die Satzmelodie fällt erst am Satzende in die Lösungstiefe, z. B. *Morgens um **sie**ben → / wache ich **auf**.* ↘

9 a–f Die L sollten die betonten Silben klatschen, klopfen oder stampfen.

f Die L können die Sätze auch konjugieren, um die Konjugation der Verben umfassender zu üben, z. B. *Ich geh **rein**. Er geht **rein**. – Ich geh **raus**. Sie geht **raus**. – Du wachst **auf**. Ihr wacht **auf**.* Legen Sie vorher fest, welche Verbformen in welcher Reihenfolge gesprochen werden.

Die L können alle Tätigkeiten auch pantomimisch darstellen.

Lösungen

8 a/c Morgens um sieben wache ich **auf**. ↘ Morgens um acht Uhr stehe ich **auf**. ↘ Morgens um neun ziehe ich mich **an**. ↘ Vormittags sehe ich am liebsten **fern**. ↘ Vormittags lege ich mich **hin**. ↘ Vormittags gehe ich nicht **raus**. ↘ Mittags gehe ich **auch** nicht raus. ↘ Mittags schalte ich das **Ra**dio ein. ↘ Mittags pack ich mein **Es**sen aus. ↘ Nachmittags gehe ich endlich **raus**. ↘ Nachmittags hol ich dich **ab**. ↘ Nachmittags kaufen wir **ein**. ↘ Abends gehen wir wieder **heim**. ↘ Abends ziehen wir uns **aus**. ↘ Abends schlafen wir **ein**. ↘

Arbeitsblatt 6

10 *Vor der Übung:* Sammeln Sie mit den L Wörter, mit denen sie über ihr Wochenende berichten. Die L können ein Bild mit Stationen des eigenen Tagesablaufs gestalten. Die L arbeiten in Kleingruppen. Geben Sie Hilfestellungen: Wortgruppen an die Tafel schreiben, Wörterlisten austeilen. Anschließend wird der Rhythmustext vorgeführt. Der Text kann auf ein Poster geschrieben und im Unterrichtsraum ausgehängt werden.

Hinweis: Die Zeilen des Textes können, müssen sich aber nicht reimen.

Variante: Die L können einen Rhythmustext über jeden beliebigen Wochentag (z. B. Montag als Wochenbeginn) oder über den ersten Ferientag schreiben.

11 *Handlungsorientierte Aufgabe:* Die L sollten bei der Formulierung ihrer Tagespläne viele trennbare Verben benutzen und die Wortstellung in Aussage- und Fragesätzen berücksichtigen. Weisen Sie die L darauf hin, dass sie beim Sprechen auch auf die Aussprache achten sollen: hier besonders auf Wortakzente, Satzakzente, Vokallänge.

Bestimmen Sie vor der Ü mit den L gemeinsam eine/n Beobachter/in, der/die die Abweichungen in der Aussprache der L während der gesamten Ü protokolliert und den L Feedback zur Aussprache gibt (vgl. Beobachtungsprotokoll auf S. 12).

Unterstützen Sie die L bei der Fokussierung auf die Aussprache. Geben Sie selbst Tipps für die Verbesserung der Aussprache und ermuntern Sie die L, verschiedene Ausspracheleernstrategien auszuprobieren.

Das kann man auch noch üben:

- Gliederung von langen Sätzen in Rhythmusgruppen mit Wortgruppenakzenten, z. B. *Ich **kau**fe / am **lieb**sten / **vor**mittags ein.*
- Satzgliederung und Gliederungspausen in Aussagen mit und ohne Inversion, z. B. *Ich **ru**fe / meine **O**ma / am **Mon**tag an. – Am **Mon**tag / **ru**fe ich / meine **O**ma an.*
- Schwa-Elision und Assimilation in der Endsilbe *-en* in Verben, z. B. *lau**fen**, spre**chen**, ausstei**gen***
- Vokalwechsel in Verben, z. B. *hin**fah**ren – (er) **fährt** hin, anfangen – (er) **fängt** an.*

Phonetische Schwerpunkte

Wortakzent in Nomen für Zahlen und Ordinalzahlen

- **Wortakzentregeln:**
  - Betont wird i. d. R. bei sachlich-neutraler Sprechweise die erste Silbe in mehrsilbigen Zahlen, z. B. ***sie**ben, **drei**zehn, **drei**undzwanzig; der **Zwölf**te, der **Zwei**undzwanzigste.*
  - Zahlen ab *einundzwanzig* können – je nach Intention – unterschiedlich betont werden: a) ***ein**undzwanzig* (v. a. beim Zählen) oder b) *einund**zwan**zig.*
  - Die betonte Silbe wird generell lauter, höher/tiefer, deutlicher und langsamer als unbetonte Silben realisiert.
  - Bei nachdrücklicher Akzentuierung und Kontrastakzentuierung werden die betonten Silben noch deutlicher hervorgehoben, z. B. *Das kostet zweiund**dreißig** Euro. (nicht zweiund**zwan**zig Euro).*
  - Lange/gespannte Vokale werden länger und mit hoher Artikulationsspannung gesprochen, z. B. *zehn* → [eː]. Kurze/ungespannte Vokale werden kurz mit geringer Artikulationsspannung gesprochen, z. B. *elf* → [ɛ].
- **Bewusstmachung:**
  - betonte Silben fett oder groß schreiben, Länge des Akzentvokals markieren (lang mit _ und kurz mit .), z. B. ***sie**ben*
  - Zahlen deutlich vorsprechen.
- **(Kontrollierbare) Hörübungen durchführen:**
  - zum Erkennen und Markieren der Wortakzente in den Zahlen.
- **Wortakzente trainieren:**
  - Nachsprechen mit gestischer bzw. ganzkörperlicher Unterstützung, z. B. zählen und dabei auf Gegenstände oder Personen zeigen (→ Abzählreime) oder auf der betonten Silbe klopfen/klatschen/stampfen.

Phonetik

- Wortakzent in Nomen für Zahlen und Ordinalzahlen
- Wortgruppen- und Satzakzent beim Zählen und in Datumsangaben
- Akzentvokale: lang/gespannt – kurz/ungespannt
- feste Konsonantenfolgen [ks], [ts]

zusammen mit

... Grammatik

- Zahlen, Ordinalzahlen
- Nomen und Adverbien für Tage, Monate und Jahreszeiten
- Wortstellung im Satz

... Wortschatz

- Datum
- Geburtstag
- Jahreszeiten

Wortgruppen- und Satzakzent beim Zählen und in Datumsangaben

- **Regeln:**
  - Betont wird beim sachlich-neutralen Zählen i. d. R. die zuletzt genannte Zahl, z. B. *fünf, sechs, sieben, **acht**.*
  - In Datumsangaben am stärksten betont wird das Wort (bzw. dessen Wortakzentsilbe), das die neue Information trägt bzw. das für die Kommunikation besonders wichtig ist (das bedeutungstragende Wort), z. B. *der **zwei**te **Drit**te./Heute ist der **zwei**te **Drit**te.* (→ sachlich-neutral); *Heute ist der zweite **Mai**. (nicht der zweite **März**)/Heute ist der **zwei**te Mai. (nicht der **drit**te Mai).*
  - Wortgruppenakzentsilben werden stärker hervorgehoben und lauter, höher/tiefer, deutlicher und langsamer als alle anderen Silben gesprochen.
  - Satzakzentsilben werden gegenüber anderen Wortgruppenakzentsilben noch stärker hervorgehoben.
- **Bewusstmachung:**
  - betonte Silben (→ Wortakzent im Wort, das den Wortgruppen- oder Satzakzent trägt) fett und groß schreiben, Akzentvokal markieren (z. B. *der zweite **Drit**te*)
  - Wortgruppen oder Sätze deutlich vorsprechen.
- **(Kontrollierbare) Hörübungen durchführen:**
  - Wortgruppen- und Satzakzente in Datumsangaben erkennen und die betonte(n) Silbe(n) unterstreichen.
- **Wortgruppen- und Satzakzentuierung trainieren:**
  - durch Nachsprechen und Imitieren der Wortgruppen und Sätze mit gestischer bzw. ganzkörperlicher Unterstützung, z. B. auf der betonten Silbe klopfen/klatschen/stampfen (besonders beim Zählen) und bei Datumsangaben deutlich rhythmisierend sprechen
  - betonte Silben (Wortgruppen- und Satzakzentsilben) besonders laut und deutlich sprechen (übertreiben).

Akzentvokale: lang/gespannt – kurz/ungespannt

- **Bewusstmachung:**
  - Regeln zu Laut-Buchstaben-Beziehungen vermitteln für lange/gespannte Vokale (z. B. *der Vierte* → <ie>) und kurze/ungespannte Vokale (z. B. *der Dritte* → Vokal + Doppelkonsonant)
  - Aussprachebesonderheiten der Vokale erklären, d. h.
    - lange/gespannte Vokale werden länger und mit hoher Artikulationsspannung gesprochen, z. B. *zehn* → [eː]
    - kurze/ungespannte Vokale werden kurz mit geringer Artikulationsspannung gesprochen, z. B. *elf* → [ɛ].
  - Markieren der Vokallänge in der Schrift (lange Vokale mit _, kurze Vokale mit .).

- **(Kontrollierbare) Hörübungen durchführen:**
  - zum Differenzieren, Identifizieren und Markieren der Vokallänge (lang mit _ vs. kurz mit .).

- **Aussprache der Akzentvokale trainieren:**
  - durch Nachsprechen und Imitieren mit Übertreibung der Vokallänge (lang vs. kurz)
  - mit gestischer bzw. ganzkörperlicher Unterstützung, z. B. bei langen Vokalen einen großen Schritt nach vorn machen, bei kurzen Vokalen mit dem Fuß aufstampfen.

Feste Konsonantenfolgen [ks], [ts]

- **Regeln für die Laut-Buchstaben-Beziehungen:**
  - [ts] → <z, zz, tz, ts>; [ks] → <x, ks, gs, chs>.

- **Artikulation der Konsonantenfolgen bewusstmachen und trainieren:**
  - am besten zuerst im Auslaut:
    - [ts] → bewusst ein deutliches [t] und dann nach kleiner Pause ein [s] sprechen, erst langsam, dann immer schneller sprechen oder mit der Zunge [t] ansteuern und dann zum [s] hinübergleiten, z. B. *nicht – nicht…s*
    - [ks] → bewusst ein deutliches [k] und dann nach kleiner Pause ein [s] sprechen, erst langsam, dann immer schneller sprechen oder mit dem Zungenrücken [k] ansteuern und dann zum [s] hinübergleiten, z. B. *Montag – montag…s.*

- **(Kontrollierbare) Hörübungen durchführen:**
  - zum Differenzieren von Minimalpaaren
    - [ts] – [s]/[z], z. B. *kurz – (der) Kurs, (die) Zeit – seit*
      [ts] – [t], z. B. *nichts – nicht*
    - [ks] – [s], z. B. *(der) Text – (der) Test*
      [ks] – [k], z. B. *montags – (der) Montag.*
  - Diktatübung mit Lückentexten zum Trainieren der Laut-Buchstaben-Beziehungen, z. B. *Monta__ nich__ essen. Mitta__ Pi__a mit _wiebeln.*

1 *Jahreszeiten* im Rhythmus (A)

①

	● • ● •		● •
2.3.	Heute ist der z**wei**te **Drit**te.	Heut ist der z**wei**te **Mär**z. ●	
2.6.	Heute ist der z**wei**te **Se**chste.	Heut ist der z**wei**te **Ju**ni. ●•	
6.9.	Heute ist der **se**chste **Neun**te.	Heut ist der **se**chste Sep**tem**ber. •●•	
6.10.	Heute ist der **se**chste **Zehn**te.	Heut ist der **se**chste Ok**to**ber. •●•	
6.12.	Heute ist der **se**chste **Zwölf**te.	Heut ist der **se**chste De**zem**ber. •●•	

Eins, zwei, drei, vier **Jah**reszeiten. Eins, zwei, drei, vier **Jah**reszeiten.

Der **Früh**ling: Die **Son**ne scheint. Das **Gras** ist grün.
Der **Som**mer: Es ist so **heiß**. Die **Blu**men blühen.
Der **Herbst**: Es ist so **bunt** und **schön** im **Wald**.
Der **Win**ter: Es **schneit** und es ist **bit**terkalt.

Eins, zwei, drei, vier **Jah**reszeiten. Eins, zwei, drei, vier **Jah**reszeiten.

Der **Früh**ling: Eins, zwei, **drei**,
März, April und **Mai**.
Der **Som**mer: Juni, Juli und Au**gust**!
Ich hab jetzt zum **Ba**den Lust.
Der **Herbst**: September, Oktober, No**vem**ber. Oh **ja**!
Jetzt ist schon **bald** der **Win**ter da.
Der **Win**ter: Dezember, Januar, **Fe**bruar. **Klar**!
So geht es **wei**ter Jahr für **Jahr**!

Eins, zwei, drei, vier **Jah**reszeiten. Eins, zwei, drei, vier **Jah**reszeiten.

Wann hast du Ge**burts**tag? Am zwölften Sep**tem**ber?
Am siebzehnten **Mai**? Am sechsten De**zem**ber?
Am sechsundzwanzigsten **Ja**nuar?
Oder am dreizehnten **Fe**bruar? Am …

 **a** Hört den Text *Jahreszeiten* im Rhythmus mehrmals. Lest und summt mit.

 **b** Hört die Sätze mit den Datumsangaben ① zweimal. Achtet zuerst auf den Rhythmus und dann auf [ts] → *z* und [ks] → *chs*.

c Hört noch einmal. Summt und klopft mit.

d Stellt euch in einer Reihe auf. Hört die Sätze noch einmal und sprecht leise mit. Macht bei jeder betonten Silbe einen Schritt nach vorn.

Wortgruppen- und Satzakzente

Wichtige/bedeutungstragende Wörter sind betont
- in Wortgruppen, z. B. *der **Früh**ling* → Wortgruppenakzent
- in Sätzen, z. B. *Die **Son**ne scheint.* → Satzakzent
- in längeren Sätzen mit mehreren Wortgruppen, z. B. *Es **schneit** / und es ist **bit**terkalt.*
  Es **schneit** und es ist **bit**terkalt. (→ Rhythmus)

2 Jahreszeiten und Monate im Rhythmus

Der Frühling: Eins, zwei, drei, März, ____________ und ____________.

Der Sommer: Du hast es gewusst! ____________, ____________ und ____________.

Der Herbst: Ja! ____________, ____________, ____________. Aha!?

Der Winter: Na klar! ____________, ____________, ____________.

Im Frühling ist es warm. Im Sommer ist es heiß.

Im Herbst ist es schon kühl. Im Winter gibt es Eis.

a Schreibt die Monatsnamen zu den Jahreszeiten auf.

54 **b** Hört die Sätze und vergleicht die Lösung.

c Hört noch einmal. Markiert in den Jahreszeiten und Monatsnamen den betonten Vokal (lang mit _ und kurz mit .).

d Hört noch einmal, vergleicht die Lösung und sprecht nach.

e Lernt den Text auswendig. Tragt ihn vor.

Sprich die **Vokale**
- in offenen Silben lang, z. B. *(der) Frühling (→ Früh-ling)*
- in geschlossenen Silben kurz, z. B. *(der) September (→ Sep-tem-ber).*

3 Zahlenreime

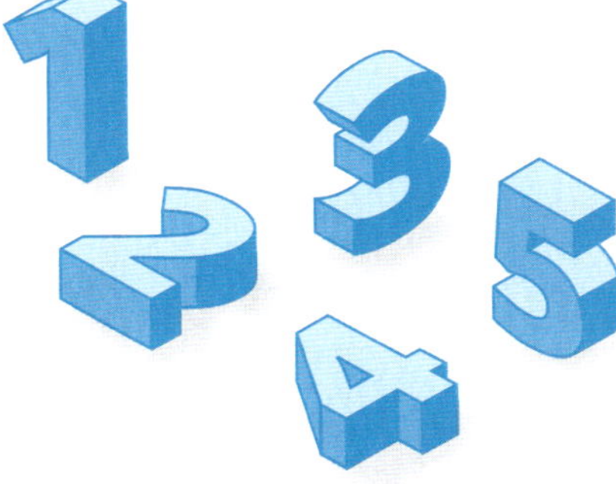

Eins, zwei, drei, vier.

So zählen wir.

Fünf, ____________, ____________, ____________.

So wird's gemacht.

____________, ____________ und ____________.

Jetzt kommt die ____________.

Nun zähle heiter immer so weiter!

____________, ____________, ____________,

____________, ____________, ____________,

____________, ____________. Juhu!!!

Jetzt zählst du!

Wortgruppenakzent

Sprich die letzte Zahl deutlicher, höher und lauter, z. B. *fünf, sechs, sieben, acht.*

a Hört die Zahlenreime mehrmals. Schreibt zuerst die Zahlen bis 20 als Zahlwörter auf. Markiert dann in den Zahlwörtern jeweils den betonten Vokal (lang mit _ und kurz mit .).

b Hört noch einmal, vergleicht die Lösung und sprecht mit. Bewegt euch dazu im Rhythmus.

c Rhythmuskette: Zählt reihum im Rhythmus bis 31. Beginnt immer wieder von vorn.

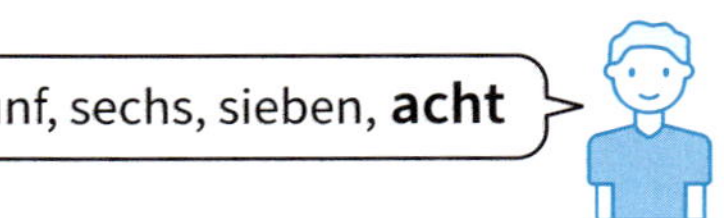

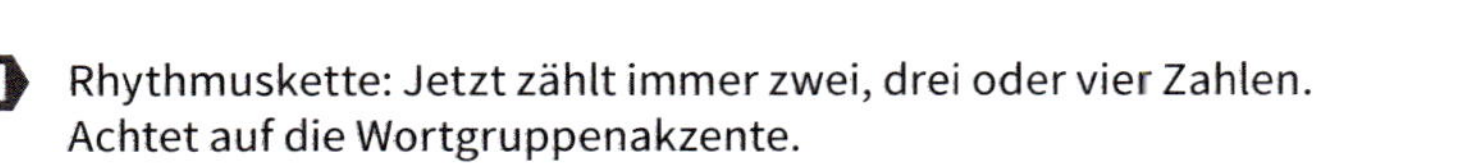

d Rhythmuskette: Jetzt zählt immer zwei, drei oder vier Zahlen. Achtet auf die Wortgruppenakzente.

4 *Wann lernst du?* im Rhythmus

A Wann lernst du? Wann lernst du? Am ersten März? Am zweiten März?
Am dritten, vierten, fünften März? Oder vielleicht am sechsten März?

B Ja, genau, dann lerne ich. Das ist kein Scherz!

A Wann lernst du? Wann lernst du? Am achten April? Am neunten April?
Am zehnten, elften, zwölften April? Oder vielleicht am dreizehnten April?

B Nein, ich lerne nicht, weil ich nicht will!

A Wann lernst du? Wann lernst du? Am vierzehnten Mai? Am fünfzehnten Mai?
Am sechzehnten, siebzehnten, achtzehnten Mai?
Oder vielleicht am neunzehnten Mai?

B Eins, zwei, drei! Am neunzehnten Mai bin ich dabei.

A Wann lernst du? Wann lernst du? Am zwanzigsten August?
Am einundzwanzigsten August?
Am zweiundzwanzigsten August? Am dreiundzwanzigsten August?
Oder vielleicht am vierundzwanzigsten August?

B Nein, nein, nein! Denn im August hab ich keine Lust!

AB Schade!

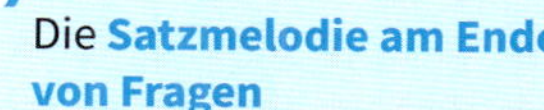

Die Satzmelodie am Ende von Fragen
- fällt ↘ meist in W-Fragen, z. B. *Wann **lernst** du?* ↘
- steigt ↗ in Nachfragen, z. B. *Am ersten **März**?* ↗

a Hört den Text *Wann lernst du?* im Rhythmus und markiert in jeder Zahl den betonten Vokal (lang mit _ und kurz mit .).

b Hört noch einmal, vergleicht die Lösung und sprecht im Rhythmus mit.

c Sprecht den Rhythmustext zu zweit (AB).

Lange und kurze Vokale
Sprich in *vier* ein langes [iː],
in *vierzehn* und *vierzig* ein kurzes [ɪ].

5 *Geburtstag* im Rhythmus

A Wann hast du Geburtstag? Und was wünschst du dir?
B Am zweiten Mai hab ich Geburtstag. Eine Pizza wünsche ich mir.

A Wann hast du Geburtstag? Und was wünschst du dir?
B Am zwölften März hab ich Geburtstag. Eine Geburtstagstorte wünsche ich mir.

A Wann hast du Geburtstag? Und was wünschst du dir?
B Am sechsten März hab ich Geburtstag. Glückskekse wünsche ich mir.

A Wann hast du Geburtstag? Und was wünschst du dir?
B Am zwanzigsten März hab ich Geburtstag. Ein Xylophon wünsche ich mir.

A Wann hast du Geburtstag? Und was wünschst du dir?
B Im Dezember hab ich Geburtstag. Eine Mütze wünsche ich mir.

a Hört den Text *Geburtstag* im Rhythmus. Achtet besonders auf [ts] und [ks].

b Schreibt alle Zahlen und Monatsnamen mit [ts] und [ks] aus einem Kalender ins Heft. Lest reihum vor.

▶ 57 **c** Hört den Text noch einmal und sprecht im Rhythmus mit.

d Sprecht den Rhythmustext zu zweit (B können verschiedene Personen sprechen). Achtet auf die Konsonantenfolgen [ts] und [ks].

6 Kalender im Rhythmus

JANUAR 2	Heute ist der zweite Erste.	Heut ist der zweite Januar.
FEBRUAR 2	Heute ist der zweite Zweite.	Heut ist der zweite Februar.
MÄRZ 2	Heute ist der zweite Dritte.	Heut ist der zweite März.
APRIL 2	Heute ist der zweite Vierte.	Heut ist der zweite April.
MAI 2	Heute ist der zweite Fünfte.	Heut ist der zweite Mai.
JUNI 2	Heute ist der zweite Sechste.	Heut ist der zweite Juni.
JULI 6	Heute ist der sechste Siebente.	Heut ist der sechste Juli.
AUGUST 6	Heute ist der sechste Achte.	Heut ist der sechste August.
SEPTEMBER 6	Heute ist der sechste Neunte.	Heut ist der sechste September.
OKTOBER 6	Heute ist der sechste Zehnte.	Heut ist der sechste Oktober.
NOVEMBER 6	Heute ist der sechste Elfte.	Heut ist der sechste November.
DEZEMBER 6	Heute ist der sechste Zwölfte.	Heut ist der sechste Dezember.

▶ 58
a Hört die Sätze und sprecht leise mit. Achtet besonders auf [ts] und [ks].
b Hört noch einmal und sprecht nach. Bewegt euch dazu im Rhythmus. Klopft den Takt mit einem Lineal oder Stift.
c Rhythmuskette: Sprecht die Sätze reihum. Bewegt euch dazu im Rhythmus.

7 Die Regel

Feste Konsonantenfolgen [ts] und [ks]

Hier sprechen wir [ts]: z, ___, ___, ___.
Hier sprechen wir [ks]: x, ___, ___, ___.

▶ 57
a Lest und hört den Rhythmustext aus Ü5 noch einmal.
b Ergänzt die Regel: Schreibt die Buchstaben auf.
c Schreibt Beispielwörter zu den Lauten und Buchstaben ins Heft oder an die Tafel.
d Vergleicht mit anderen Sprachen: Gibt es auch [ts] und [ks]? Gibt es ein *z*? Wie spricht man es aus?

8 Moritz hat Geburtstag

[ks] chs ◆ chs ◆ gs ◆ gs ◆ gs ◆ gs ◆ gs ◆ ks ◆ x ◆ x
[ts] Z ◆ Z ◆ z ◆ z ◆ z ◆ z ◆ z ◆ z ◆ z ◆ z ◆ z ◆ z ◆ z ◆ zz ◆ ts ◆ ts ◆ ts ◆ ts ◆ ts ◆ tz ◆ tz

1. sechs Gebur___ta___karten
2. ___wei Gebur___ta___torten
3. ___wölf Gebur___ta___ker___en
4. ___wan___ig Gebur___ta___gäste
5. se___und___wan___ig Gebur___ta___geschenke
6. Ke___e backen und Wi___e er___ählen
7. Pi___a mit Pil___en und ___wiebeln essen
8. Mi___getränke mit Milch und ___ucker mi___en
9. Lu___ia und Mori___ tan___en

▶ 59
a Hört die Wortgruppen und ergänzt die Buchstaben für [ks] und [ts].
b Hört noch einmal, vergleicht die Lösung und sprecht nach.
c Sprecht reihum Sätze, zuerst im Präsens, dann im Präteritum, z. B. *Moritz bekommt zum Geburtstag sechs Geburtstagskarten./ Moritz bekam zum Geburtstag sechs Geburtstagskarten.*

9 Monate im Rhythmus

a Rhythmuskette: Wählt einen Monat und sprecht reihum im Rhythmus das Datum.
Wenn ein [ts] oder ein [ks] enthalten ist, müssen erst alle das Datum wiederholen, bevor es weitergeht.

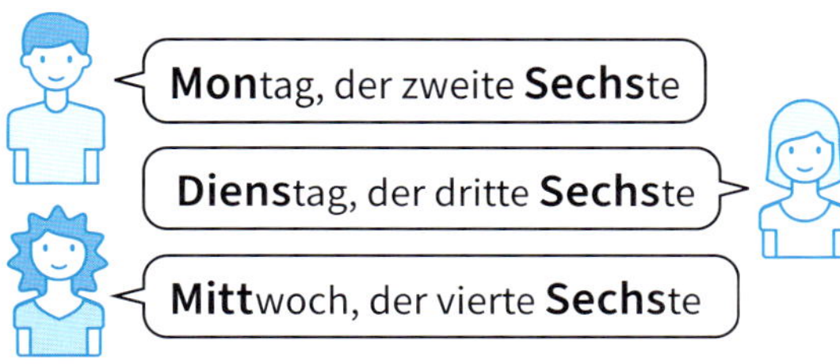

b Rhythmuskette: Beginnt mit dem heutigen Datum und sprecht reihum. Achtet auf die Wortgruppenakzente.

Wortgruppenakzent

sachlich-neutral: Das letzte Wort ist (oft) betont, z. B. *der erste <u>Ers</u>te; Montag, der zweite <u>Sechs</u>te.*
Kontrastbetonung: Auch andere Wörter sind betont, z. B. *der <u>ers</u>te Erste; Montag, der <u>zwei</u>te Sechste.*
Sprich die anderen Wörter schwach und leise.

10 *Jahreszeiten* im Rhythmus (B)

53 **a** Hört noch einmal die Sätze ① aus Ü1b und sprecht nach.
Achtet auf die Wortgruppenakzente und auf [ts] → *z* und [ks] → *chs*.

52 **b** Hört den Text *Jahreszeiten* im Rhythmus (Ü1a) noch einmal und sprecht im Rhythmus mit.

c Sprecht reihum je eine Zeile. Sprecht die Zeile *Eins, zwei, drei, vier Jahreszeiten. …* im Chor.

d Sprecht den Rhythmustext in verschiedenen Emotionen: fröhlich, begeistert, gelangweilt, …

11 *Unsere Jahreszeiten* im Rhythmus

Eins, zwei, drei, vier **Jah**reszeiten. Eins, zwei, drei, vier **Jah**reszeiten.

Der **Früh**ling: ____________________
Der **Som**mer: ____________________
Der **Herbst**: ____________________
Der **Win**ter: ____________________

Eins, zwei, drei, vier **Jah**reszeiten. Eins, zwei, drei, vier **Jah**reszeiten.

Der **Früh**ling: ____________________
Der **Som**mer: ____________________
Der **Herbst**: ____________________
Der **Win**ter: ____________________

Eins, zwei, drei, vier **Jah**reszeiten. Eins, zwei, drei, vier **Jah**reszeiten.

a Schreibt gemeinsam einen Text *Unsere Jahreszeiten* im Rhythmus.
Benutzt die Reimsätze aus der Tabelle unten oder denkt euch selbst Sätze aus.
Schreibt sie in die Tabelle. Diese Sätze müssen sich nicht reimen.

b Führt den Rhythmustext vor. Achtet besonders auf die Wortakzente in den Nomen und auf die festen Konsonantenfolgen [ts] und [ks].

Frühling	Die Bäume blühen. Das Gras ist grün. ____ ____	Die Luft ist frisch und klar. Das ist so wunderbar. ____ ____	Wenn der Frühling beginnt, freut sich jedes Kind. ____ ____
Sommer	Es ist sehr heiß. Wir essen Eis. ____ ____	Wir spielen am Strand. Wir liegen im Sand. ____ ____	Wir laufen barfuß durchs Gras. Der Sommer macht Spaß. ____ ____
Herbst	Es gibt Sonne und Wind. Der Herbst beginnt. ____ ____	Jedes Blatt fällt. So bunt ist die Welt. ____ ____	Reife Äpfel mag ich gern. Der Winter ist nun nicht mehr fern. ____ ____
Winter	Wir laufen durch den Schnee. Es gibt heißen Tee. ____ ____	Im Winter ist es kalt. Es liegt Schnee im Wald. ____ ____	Es schneit, es schneit! Die Erde trägt ein weißes Kleid. ____ ____

12 Was wünschst du dir zum Geburtstag?

Fragt nach dem Geburtstag und nach Geburtstagswünschen!

Achtet auf die Aussprache: Wortakzente, Wortgruppen- und Satzakzente, lange und kurze Vokale, Konsonantenfolgen [ts] und [ks].

Wählt eine Person. Sie beobachtet eure Aussprache und macht Notizen.

Ich habe am sechzehnten März Geburtstag.
Ich wünsche mir :
eine Kerze
zehn Kekse
sechs …

Arbeitet zuerst einzeln:

- Fragt Freundinnen/Freunde aus der Lerngruppe: Wann haben sie Geburtstag und was wünschen sie sich. Die Freundinnen/Freunde nennen Geburtstagswünsche mit [ts] und [ks].
- Tragt die Geburtstage und die Geburtstagswünsche in euren Kalender ein.

Präsentation:

- Berichtet vor der Lerngruppe: Wann haben die Freundinnen/Freunde Geburtstag? Was wünschen sie sich?
- Vergleicht: Kommen manche Geburtstagswünsche mehrmals vor?
- Sprecht danach über die Aussprache: Was war gut? Was ist noch schwierig? Die Beobachtungsperson ergänzt. Gebt euch dann gegenseitig Aussprachetipps.
- Zum Schluss wählt ihr den schönsten Geburtstagswunsch.

Arbeitsblatt 1

1 *Vor der Übung:* Die L beschreiben (ggf. in ihrer Erstsprache), was sie auf der Illu sehen. Zeigen Sie Bilder von den Jahreszeiten und sammeln Sie Wortschatz an der Tafel (z. B. Nomen: *Frühling, Sommer, …; Januar, Februar, …*; Adjektive: *grün, bunt, warm, kalt*). Die L erzählen ggf. über Jahreszeiten in ihrer Heimat. Sie sagen, welche Jahreszeit sie am liebsten mögen und warum. In einem Kalender können die L die Monate und Zahlen in ihnen bekannten Sprachen benennen.

Weisen Sie die L auf die Rhythmusschrift im Text hin. Alle betonten Silben sind größer geschrieben. Erklären Sie am Beispiel (→ Lerntipp zu Ü1, S. 67), dass in Wortgruppen und Sätzen ein Wort/eine Silbe stark betont ist und in längeren Sätzen mehrere Wörter betont werden. Besonders deutlich betont wird das bedeutungstragende Wort bzw. dessen Wortakzentsilbe.

a/c Ermuntern Sie die L zum Mitsummen, Mitklopfen, Mitbewegen im Rhythmus.

Arbeitsblatt 2

2 a *Vorbereitung der Übung:* Die L können den Rhythmustext (Ü1a) nochmals hören.

c Erklären Sie, dass eine offene Silbe immer auf einen Vokal endet (*Früh-ling*) und dass eine geschlossene Silbe auf einen oder mehrere Konsonanten endet (*Sep-tem-ber*). Oft (aber nicht immer) erkennt man daran, ob der Vokal lang (offene Silbe: *Früh-ling*) oder kurz (geschlossene Silbe: *Sep-tem-ber*) gesprochen wird.

d Die L sprechen im Chor oder reihum (zeilenweise) nach.

e Der Text kann als Hausaufgabe auswendig gelernt und dann einzeln oder in Gruppen vorgetragen werden.

3 b/c Bei jeder Zahl bzw. bei deren betonter Silbe sollten die L eine Zeigegeste machen.

d Die L zählen in Zweier-, Dreier- oder Viererschritten, sie achten auf den Rhythmus und betonen so: *eins-**zwei**, drei-**vier*** oder *eins-zwei-**drei**, vier-fünf-**sechs**, …* Der Wortgruppenakzent liegt also immer auf der letzten Zahl. Machen Sie es zuerst vor.

Lösungen

2 a/c Der Frühling: Eins, zwei, drei: März, April und Mai. Der Sommer: Du hast es gewusst! Juni, Juli und August. Der Herbst: Ja! September, Oktober, November. Aha!? Der Winter: Na klar! Dezember, Januar, Februar. …

3 a Eins, zwei, drei, vier. So zählen wir. Fünf, sechs, sieben, acht. So wird's gemacht. Neun, zehn und elf. Jetzt kommt die Zwölf. Nun zähle heiter immer so weiter! Dreizehn, vierzehn (In *vierzehn* wird *ie* kurz/ungespannt gesprochen → [ɪ]), fünfzehn, sechzehn, siebzehn, achtzehn, neunzehn, zwanzig. …

Arbeitsblatt 3

4 b Kontrollieren Sie mit den L die Lösung, indem reihum die Sätze vorgelesen werden. Alle L und Sie beurteilen, ob die Akzentvokale angemessen lang oder kurz gesprochen wurden. Nennen Sie jeweils die richtige Lösung und sprechen den Satz noch einmal korrekt vor – die L sprechen ihn nach. Erst dann wird im Chor mitgesprochen.

c Bilden Sie Gruppen mit jeweils drei L – jede Gruppe übt eine Strophe, zum Schluss wird der Rhythmustext von den Gruppen vorgetragen.

5 *Vor der Übung:* Schreiben Sie das Wort *Geburtstag* an die Tafel – die L sagen (ggf. in ihrer Erstsprache), wann sie Geburtstag haben und was für ein Geschenk sie sich wünschen bzw. bekommen haben. Zeigen/Demonstrieren Sie, dass in *Geburtstagstorte* ein [ts] und ein [ks] enthalten sind.

b–d Achten Sie besonders darauf, wie die L die festen Konsonantenfolgen [ts] und [ks] aussprechen. Notieren Sie Abweichungen in einem Beobachtungsprotokoll (vgl. Beobachtungsprotokoll auf S. 12) und üben Sie ggf. gemeinsam die Aussprache.

c Die L können in Gruppen oder einzeln mitsprechen.

Nach der Übung: Lassen Sie den Rhythmustext auswendig lernen und vortragen.

Thematisieren Sie noch einmal den Wortakzent. Demonstrieren Sie, dass man Zahlen und Ordinalzahlen ab 21 verschieden betonen kann: beim Zählen immer auf der ersten Silbe (z. B. ***ein**undzwanzig, **zwei**undzwanzig, …*), bei Kontrastbetonung auch anders (z. B. A: *Was kostet das? Zweiund**drei**ßig Euro?* – B: *Nein, das kostet zweiund**zwan**zig Euro.* / A: *Hast du am einund**zwan**zigsten Mai Geburtstag?* – B: *Nein, am einund**drei**ßigsten Mai.*).

Lösungen

4 a … Am ersten März? Am zweiten März? Am dritten, vierten, fünften März? Oder vielleicht am sechsten März? … Am achten April? Am neunten April? Am zehnten, elften, zwölften April? Oder vielleicht am dreizehnten April? … Am vierzehnten Mai? (In *vierzehn* wird *ie* kurz/ungespannt gesprochen → [ɪ].) Am fünfzehnten Mai? Am sechzehnten, siebzehnten, achtzehnten Mai? Oder vielleicht am neunzehnten Mai? … Am neunzehnten Mai bin ich dabei. … Am zwanzigsten August? Am einundzwanzigsten August? Am zweiundzwanzigsten August? Am dreiundzwanzigsten August? Oder vielleicht am vierundzwanzigsten August? …

Arbeitsblatt 4

6 b Die L können sich auch in einer Reihe aufstellen, die Sätze sprechen und bei jeder betonten Silbe einen Schritt nach vorn machen. Sie können den Takt auch mit einem Lineal oder Stift klopfen.

a–c Achten Sie bitte wieder darauf, wie die L [ts] und [ks] aussprechen. Notieren Sie ggf., ob es gegenüber Ü5 bereits Verbesserungen gibt.

Arbeitsblatt 5

7 c Sammeln Sie mit den L Beispielwörter zu den Laut-Buchstaben-Beziehungen. Üben Sie anschließend die Aussprache von [ts] und [ks].

d *Vergleich mit anderen Sprachen:* Geben Sie ggf. Beispiele aus dem Englischen vor, z. B. *cats, thanks*. Zeigen Sie, dass der Buchstabe <z> im Anlaut in einigen Sprachen (z. B. im Englischen, Türkischen, Zulu) wie ein stimmhaftes *S* → [z] ausgesprochen wird, z. B. *zoo* im Englischen als [zuː], im Deutschen aber als [tsoː]. In anderen Sprachen wird <z> als [s] (→ stimmloses S) realisiert (z. B. im Spanischen). Weitere Beispiele in Dahmen/Hirschfeld/Meißner/Reinke (2021–2025).

8 a Weisen Sie die L auf die Regel für [ts] und [ks] hin (Ü7).

b/c Achten Sie besonders auf die korrekte Aussprache von [ts] und [ks].

Nach der Übung: Sammeln Sie noch mehr Komposita mit *Geburtstag*.

9 a/b *Variante 1:* Wenn im Datum [ts] oder [ks] enthalten ist, muss die ganze Gruppe aufstehen und wiederholen.

Variante 2: Während des Sprechens machen die anderen L vorher vereinbarte Geräusche: *ts-ts-ts* oder *ks-ks-ks* und üben so gleichzeitig die Aussprache.

Variante 3: Es wird auch der Monat mit angegeben: *Montag, der erste Dezember – Dienstag, der **zwei**te Dezember, …*

Lösungen

7 b [ts]: z, zz, ts, tz; [ks]: x, ks, chs, gs

8 a 1. sechs Geburtstagskarten 2. zwei Geburtstagstorten 3. zwölf Geburtstagskerzen 4. zwanzig Geburtstagsgäste 5. sechsundzwanzig Geburtstagsgeschenke 6. Kekse backen und Witze erzählen 7. Pizza mit Pilzen und Zwiebeln essen 8. Mixgetränke mit Milch und Zucker mixen 9. Luzia und Moritz tanzen

Arbeitsblatt 6

10 b/d Teilen Sie die Textteile einzelnen L oder kleinen Gruppen zu. Überlegen Sie mit den L gemeinsam, wie man den Text emotional (fröhlich, gelangweilt) spricht.

11 Die L arbeiten in Kleingruppen. Geben Sie Hilfestellungen: Wortgruppen an die Tafel schreiben, Wörterlisten austeilen. Die L können Reime aus der Tabelle wählen oder sie fügen (mit Ihrer Hilfe) eigene Zeilen in den Text ein, z. B. *Der **Früh**ling: Der Frühling ist **schön**. Man kann draußen **spie**len. Der **Som**mer: Wir fahren in den **Ur**laub. Wir **freu**en uns drauf.* Wichtig ist, dass rhythmisch gesprochen wird. Es sollten immer zwei rhythmische Gruppen (Satzteile oder Sätze) eingefügt werden wie in der Tabelle. Diese können, müssen sich aber nicht reimen. Anschließend wird der Rhythmustext vorgeführt. Der Text kann auf ein Poster geschrieben und im Unterrichtsraum ausgehängt werden.

Variante: Die L können auch einen Geburtstagsrap schreiben. Dazu tragen sie in einen Jahreskalender (→ Poster) alle Geburtstage ein und sprechen im Rhythmus, z. B. so:
A: *Wann hast du Ge**burts**tag? Am **zwei**ten Mai? Am **drit**ten Mai? Am **vier**ten, **fünf**ten, **sechs**ten Mai? Oder vielleicht am **sie**benten Mai?*
B: *Am **ach**ten Mai hab ich Ge**burts**tag. Dann kommt **ihr** zu **mir**.* A: *Am **ach**ten Mai hast du Ge**burts**tag. Wir gratu**lie**ren dir.*

Arbeitsblatt 7

12 *Handlungsorientierte Aufgabe:* Die Ü sollte als Umfrage in der Lerngruppe durchgeführt werden. Weisen Sie die L darauf hin, dass sie beim Sprechen immer auch auf die Aussprache achten sollen: hier besonders auf Wortakzente, Wortgruppen- und Satzakzente, lange und kurze Vokale, Konsonantenfolgen [ts] und [ks].

Bestimmen Sie vor der Ü mit den L gemeinsam eine/n Beobachter/in für jeden L/jedes Team, der/die die Abweichungen in der Aussprache der L während der gesamten Ü protokolliert und den L Feedback zur Aussprache gibt (vgl. Beobachtungsprotokoll auf S. 12).

Unterstützen Sie die L bei der Fokussierung auf die Aussprache. Geben Sie selbst Tipps für die Verbesserung der Aussprache und ermuntern Sie die L, verschiedene Aussprachelernstrategien auszuprobieren.

Das kann man auch noch üben:

- Konsonantenfolgen in Zahlen, Ordinalzahlen und Komposita , u. a. mit Zungenbrechern, z. B. *zweiu**ndz**wanzig Geburt**stagst**ortenker**z**en, ein Her**bstsp**aziergang mit **zw**ölf Geburt**stagsg**ästen, …*
- progressive Assimilation (→ Übertragung der Stimmlosigkeit vom vorangehenden Konsonanten auf den nachfolgenden), z. B. *(die) Geburtsta**gsg**äste, (die) Geburtsta**gsg**eschenke.*

Phonetische Schwerpunkte

Ö- und Ü-Laute [øː]–[œ], [yː]–[Y]

- **Regeln:**
  - Vokalwechsel von gerundeten hinteren Vokalen (O- und U-Laute) zu gerundeten vorderen Vokalen (Ö- und Ü-Laute) bei der Adjektivkomparation, z. B. *klug → klüger, am klügsten, groß → größer, am größten*
  - Artikulationsmerkmale der Ö-, Ü-, O-, U-, E- und I-Laute:
    - lange/gespannte und kurze/ungespannte Ö- und Ü-Laute, z. B. *schön – können, süß – hübsch*
    - hintere gerundete O- und U-Laute und vordere gerundete Ö- und Ü-Laute, z. B. *schon – schön, (der) Bruder – (die) Brüder*
    - vordere ungerundete E- und I-Laute und vordere gerundete Ö- und Ü-Laute, z. B. *lesen –lösen, spielen – spülen*.
- **(Kontrollierbare) Hörübungen durchführen:**
  - zur Differenzierung und Identifizierung der Ö-, O- und E-Laute sowie der Ü-, U- und I-Laute mithilfe von Minimalpaaren.
- **Aussprache der Ö- und Ü-Laute trainieren:**
  - durch Artikulationsübungen zu den Ö- und Ü-Lauten mithilfe eines Spiegels zur Beobachtung der Lippenbewegungen
  - Ableitung der Ö-Laute von den E-Lauten, z. B. *kennen → können*, d. h. *kennen* sprechen und dabei die Lippen runden
  - Ableitung der Ü-Laute von den I-Lauten, z. B. *sie → süß*, d. h. *sie* sprechen und dabei die Lippen runden
  - durch gestische bzw. ganzkörperliche Unterstützung der Artikulation langer und kurzer Ö- und Ü-Laute, z. B. eine Handbewegung nach rechts für einen langen Vokal machen, eine Faust für einen kurzen Vokal machen.

Phonetik

- Ö- und Ü-Laute [øː]–[œ], [yː]–[Y]
- R-Laute: vokalisch [ɐ] und konsonantisch [ʁ]
- assimilierte Endung *-en*
- Satzakzent in Aussagen

zusammen mit

... Grammatik

- Adjektivkomparation
- Konjugation schwacher und starker Verben

... Wortschatz

- Vergleich von Fähigkeiten und Fertigkeiten
- Freizeitaktivitäten

R-Laute: vokalisch [ɐ] und konsonantisch [ʁ]

- **Regeln:**
  - Konsonantisches R [ʁ] und vokalisches R [ɐ] treten bei der Adjektivkomparation auf, z. B. [ɐ] für *-er → schöner*, [ʁ] für *r* am Silbenanfang → *eine schöne-re Frau*, [ʁ][ɐ] → *ein schönerer Mann.*
- **Konsonantische und vokalische R-Laute identifizieren und differenzieren:**
  - in der Schrift (→ Position des *R/r* in der Silbe erklären): **konsonantisches R [ʁ]** spricht man am Anfang von Wörtern und Silben, nach kurzem Vokal und für *rr* (z. B. *rufen, hören, springen, gern, korrekt*); **vokalisches R [ɐ]** spricht man nach langem Vokal und für *er-/-er* (z. B. *sehr, erkennen, besser*).
  - in der gesprochenen Sprache mithilfe kontrollierbarer Hörübungen üben.
- **Aussprache der R-Laute trainieren:**
  - Ableitung des konsonantischen R [ʁ] vom Ach-Laut [x] (beide Laute werden fast an der gleichen Artikulationsstelle gebildet), indem z. B. die Wortgruppe *auch‿rot* ohne Pause zwischen den Wörtern gesprochen wird
  - Demonstrieren, dass das vokalische R [ɐ] wie ein ganz kurzes unbetontes A klingt, z. B. *weiter*.

Assimilierte Endung *-en*

- **Bewusstmachung:**
  - Die Endung *-en* in *-(st)en* wird wird als [n̩] realisiert in den Adjektiven im Superlativ, z. B. *am rundesten, am spitzesten*.
- **Aussprache der assimilierten Endung trainieren:**
  - durch Nachsprechen und Imitieren
  - durch Bewusstmachung, dass beim Sprechen die gesamte Sprechenergie auf der Wortakzentsilbe liegt (diese wird lauter, deutlicher, gespannter, höher/tiefer im Vergleich zu unbetonten Silben gesprochen), sodass die Endungen automatisch schwach realisiert werden
  - durch Verdeutlichung der schwachen Endsilben durch deren Kleinschreibung und farbliche Markierung in Hellgrau, z. B. *am rundesten*.
- **(Kontrollierbare) Hörübungen durchführen:**
  - zum Identifizieren der assimilierten Endsilben.

1 *Gut-besser-am besten* im Rhythmus (A)

① **Ö-Laute [øː]–[œ]**

groß – größer – am größten
hoch – höher – am höchsten

Ü-Laute [yː]–[ʏ]

klug – klüger – am klügsten
hübsch – hübscher – am hübschesten

②

		-er [ɐ]		*-(st)en* [n̩]
gut	–	besser	–	am besten
lieb	–	lieber	–	am liebsten
lang	–	länger	–	am längsten
laut	–	lauter	–	am lautesten
weit	–	weiter	–	am weitesten

A **Ich** kann **al**les und ich **kann** es **gut**.
Ich mache **al**les und ich **ma**che es **gut**.

B **Ich** kann das **al**les viel **bes**ser als du!
Ich bin auch viel **hüb**scher und **klü**ger als du!

A Ich kann schneller **lau**fen. Ich kann höher **spring**en.
Ich kann besser **rech**nen. Ich kann schöner **sing**en.

B Ich kann cooler **tan**zen und mich schneller **dreh**en.
Ich kann besser **hö**ren und viel weiter **seh**en.

C Ich kann länger **tau**chen und viel lauter **la**chen.
Ich kann wirklich **al**les viel **bes**ser **ma**chen.

A Nein, nein, **nein**! Das **kann** nicht **sein**!
Ich laufe am **schnell**sten. Schau doch mal **her**!

B Ich springe am **höch**sten. Und ich kann noch **mehr**.

C Ich tauche am **läng**sten. Ist das nicht per**fekt**?

A Ich rechne am **bes**ten. Alles kor**rekt**.

B Ich **dreh** mich am **toll**sten und **schnell**sten im **Kreis**.

C Und ich esse das **größ**te und **lecker**ste **Eis**.

A **Nie**mand ist **bes**ser und **klü**ger als **ich**!
Ich mag mich so **gern**!
Aber am **lieb**sten hab ich **dich**!

ALLE **Wir** können **al**les zu**sam**men machen.
Laufen und **spring**en und **an**dere Sachen. Ge**nau**!

 60 **a** Hört den Text *Gut-besser-am besten* im Rhythmus mehrmals.
Lest und summt mit.

 61 **b** Hört die Adjektive ①.
Achtet auf die Ö- und Ü-Laute.

c Hört noch einmal. Summt und klopft mit.

 62 **d** Hört die Adjektive ②.
Achtet auf die Endungen *-er* und *-en*.

e Hört noch einmal.
Summt und klopft mit.

Wortgruppen- und Satzakzente

Wichtige/bedeutungstragende Wörter sind betont
- in Wortgruppen, z. B. *am **bes**ten* → Wortgruppenakzent
- in Sätzen, z. B. *Ich kann besser **hö**ren.* → Satzakzent
- in längeren Sätzen mit mehreren Wortgruppen,
  z. B. *Ich kann besser **hö**ren / und viel weiter **seh**en.*
  Ich kann besser **hö**ren und viel weiter **seh**en. (→ Rhythmus)

2 Freizeit im Rhythmus

Ich fahre gern Rad und ich fahre schnell.
Du fährst gern Roller und du fährst schneller.
Er fährt gern Skateboard und er fährt am schnellsten.

Sie tanzt gern Tango und sie tanzt cool.
Ihr tanzt gern Samba und ihr tanzt cool____.
Wir tanzen gern Hip-Hop und wir tanzen am cool____.

Ich höre gern Klassik und ich höre es laut.
Du hörst gern Hip-Hop und du hörst es laut____.
Er hört gern Rock und er hört es am laut____.

Sprich das **vokalische R [ɐ]** in der Endung *-er* wie ein ganz kurzes A, z. B. *schneller*.

Sprich in der **Endung *-(st)en*** kein *e*, z. B. *am schnellst~~e~~n*.

 63 **a** Hört die Sätze mehrmals. Ergänzt die Endungen.
64 **b** Hört noch einmal, vergleicht die Lösung und sprecht nach.

Ich sammle Comics und ich hab schon ganz viele.
Du sammelst Comics und du hast schon viel mehr.
Er sammelt Comics und er hat am meist____.

Ich kann singen und ich kann es sehr gut.
Sie kann singen und sie kann es viel bess____.
Wir können singen und wir können es am best____.

Cool, cool____, am cool____.

 65 **c** Hört die Sätze mehrmals.
Ergänzt die Endungen (wie in Ü2a).

 66 **d** Hört noch einmal, vergleicht die Lösung und sprecht nach.
67 **e** Hört alle Sätze aus Ü2a und Ü2c und sprecht mit.
Bewegt euch dazu im Rhythmus.
Achtet auf die Endungen.

3 Schneller, schneller!

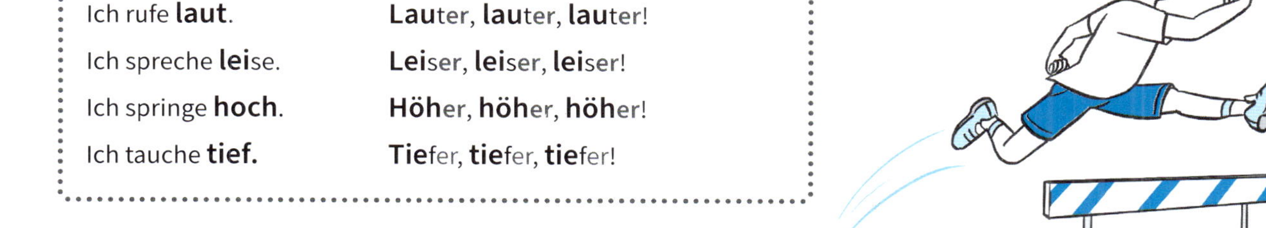

Ⓐ	Ⓑ
Ich laufe **schnell**.	**Schnel**ler, **schnel**ler, **schnel**ler!
Ich rufe **laut**.	**Lau**ter, **lau**ter, **lau**ter!
Ich spreche **lei**se.	**Lei**ser, **lei**ser, **lei**ser!
Ich springe **hoch**.	**Höh**er, **höh**er, **höh**er!
Ich tauche **tief.**	**Tie**fer, **tie**fer, **tie**fer!

▶ 68 **a** Hört die Sätze. Achtet auf die Endung *-er* [ɐ] in den Adjektiven.
▶ 69 **b** Hört noch einmal und sprecht reihum nach. Achtet besonders auf das vokalische R [ɐ] in *-er*.

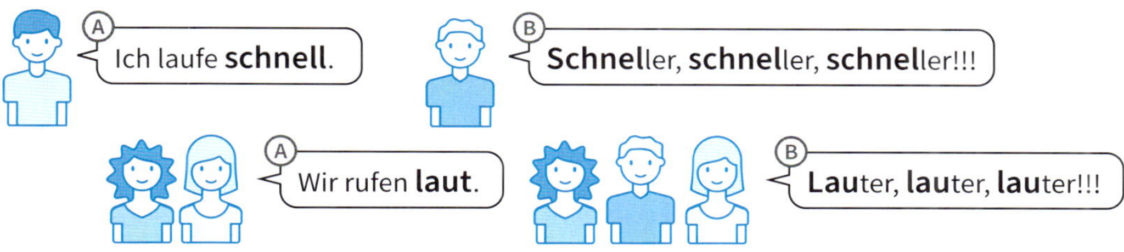

c Sprecht zu zweit oder in Gruppen (Ⓐ und Ⓑ).

4 Vergleiche

Deine Schwester ist klug. Meine Schwester ist klüger. Ich habe eine klügere Schwester.
Dein Rad fährt schnell. Mein Rad fährt schneller. Ich habe ein schnelleres Rad.
Dein Handy ist toll. Mein Handy ist toller. Ich habe ein tolleres Handy.
Deine Uhr ist cool. Meine Uhr ist cooler. Ich habe eine coolere Uhr.
Deine Haare sind lang. Meine Haare sind länger. Ich habe längere Haare.
Dein Bruder ist groß. Mein Bruder ist größer. Ich hab einen größeren Bruder.

Adjektivkomparation und Vokalwechsel bei Adjektiven mit *a*, *o* und *u*

lang – länger – am längsten
groß – größer – am größten
klug – klüger – am klügsten
Bei kurzem *o* findet kein Vokalwechsel statt, z. B. *toll – toller – am tollsten.*

▶ 70 **a** Hört die Sätze mehrmals und achtet auf die R-Laute (vokalisches R [ɐ] und konsonantisches R [ʁ]).
Achtet auf die Adjektive im Komparativ und Superlativ.
▶ 71 **b** Hört noch einmal und sprecht nach. Achtet auf das vokalische R und auf das konsonantische R.

Ⓐ Dein Rad fährt schnell. Mein Rad fährt schneller. Ich habe ein schnelleres Rad.

Ⓑ Dein Handy ist toll. Mein Handy ist toller. Ich habe ein tolleres Handy.

Satzakzent in Aussagen

Betone das wichtige Wort im Satz (hier: das Adjektiv). Sprich es deutlicher und lauter, z. B.
*Dein Rad fährt **schnell**. Mein Rad fährt **schnell**er. Ich habe ein **schnell**eres Rad.*

c Sprecht zu zweit (Ⓐ und Ⓑ) begeistert. Achtet auf die R-Laute.

5 Die Regel (1)

r und -er

-er am Ende von Wörtern wie in *länger* spricht man …

- ◯ wie einen Vokal (→ vokalisches R [ɐ]).
- ◯ wie einen Konsonanten (→ konsonantisches R [ʁ]).

r am Anfang von Silben wie in *länge-re* spricht man …

- ◯ wie einen Vokal (→ vokalisches R [ɐ]).
- ◯ wie einen Konsonanten (→ konsonantisches R [ʁ]).

- a Hört und lest noch einmal die Sätze aus Ü3 und Ü4.
- b Ergänzt die Regel: Kreuzt an.
- c Schreibt noch mehr Beispielwörter mit [ɐ] und [ʁ] ins Heft, z. B. *die lautere Musik*.
- d Lest die Wörter vor. Achtet auf die R-Laute.
- e Vergleicht mit anderen Sprachen: Welche R-Laute gibt es? Wie sprecht ihr sie aus?

6 Ö und Ü in Adjektiven

		Komparativ		Superlativ
1. schön	–	schöner	–	am schönsten
2. groß	–	________	–	________
3. hoch	–	________	–	________
4. süß	–	________	–	________
5. klug	–	________	–	________
6. jung	–	________	–	________
7. hübsch	–	________	–	________
8. gesund	–	________	–	________

- a Ergänzt Komparativ und Superlativ.

- b Hört die Adjektive, vergleicht die Lösung und sprecht leise mit.
- c Hört noch einmal. Markiert die betonten U- und O-Laute und die betonten Ö- und Ü-Laute (lang mit _ und kurz mit .).
- d Hört noch einmal, vergleicht die Lösung und sprecht nach. Achtet auf die Ö- und Ü-Laute.
- e Übt zu zweit: Gebt euch gegenseitig Tipps für die Aussprache.

7 Schöner, größer, süßer, klüger!

A Ö-ö-ö! Schön – schöner – am schönsten!
B Was findest du schön?
Was findest du schöner?
A Ö-ö-ö! Was ist am schönsten?
B Ü! Frühling?
A Ü! Bücher?
B Ü! Glück!
A Glück ist am schönsten!

B O-ö-ö! Groß – größer – am größten!
A Wer ist groß?
Wer ist größer?
B Ö-ö-ö! Wer ist am größten?
A Ich?
B Du?
A Er?
B Er ist am größten!

A Ü-ü-ü! Süß – süßer – am süßesten!
B Was ist süß?
Was ist süßer?
A Ü-ü-ü! Was ist am süßesten?
B Ö! Vögel?
A Ü! Nüsse?
B Ü! Nüsse?
A Vögel? Nüsse? Nein, nein, nein!
Zucker ist am süßesten.

B U-ü-ü! Klug – klüger – am klügsten!
A Wer ist klug?
Wer ist klüger?
B Ü-ü-ü! Wer ist am klügsten?
A Ich oder du? Hör mal zu!
B Am klügsten … bist du!

73
- **a** Hört die Sätze und lest mit. Achtet auf die Ö- und Ü-Laute.
- **b** Hört mehrmals und sprecht mit.
- **c** Sprecht in Gruppen (AB).

In sachlichen W-Fragen fällt die **Satzmelodie** in die Lösungstiefe ↘, z. B. *Was findet ihr am schönsten?* ↘

8 Die Regel (2)

E- und I-Laute und Ö- und Ü-Laute

E- und I-Laute in *lesen* und *Kissen* spricht man so: ○  ○ 

Ö- und Ü-Laute in *lösen* und *küssen* spricht man so: ○  ○ 

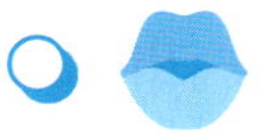

72
- **a** Lest und hört noch einmal die Wörter aus Ü6b.
- **b** Ergänzt die Regel: Kreuzt an.
- **c** Schreibt Beispielwörter für lange und kurze Ö-Laute und für lange und kurze Ü-Laute ins Heft. Lest vor.

72
73
- **d** Hört und sprecht noch einmal alle Wörter mit Ö- und Ü-Lauten aus Ü6 und Ü7. Übt die Aussprache der Ö- und Ü-Laute.
- **e** Vergleicht mit anderen Sprachen: Gibt es auch Ö-und Ü-Laute? Wie sprecht ihr sie aus?

9 *Gut-besser-am besten* im Rhythmus (B)

▶ 61 **a** Hört die Adjektive ① aus Ü1b noch einmal und sprecht nach.
Achtet auf die Ö- und Ü-Laute.

▶ 62 **b** Hört die Adjektive ② aus Ü1d noch einmal und sprecht nach.
Achtet auf *-er* und *-en*.

▶ 60 **c** Hört den Text *Gut-besser-am besten* im Rhythmus (Ü1a) noch einmal und sprecht im Rhythmus mit.

d Sprecht den Rhythmustext zu dritt oder in Gruppen (ABC) zeilenweise reihum.

✱

10 *Ich kann alles besser* im Rhythmus

A **Ich** kann **al**les und ich **kann** es **gut**.
Ich mache **al**les und ich **ma**che es **gut**.

B **Ich** kann das **al**les viel **bes**ser als du!
Ich bin ______________________________ als du!
Ich kann ______________________. Ich kann ______________________.
Ich kann ______________________. Ich kann ______________________.
Ich kann ______________________. Ich kann ______________________.
Ich kann ______________________ und ______________________.
Ich kann ______________________ und ______________________.
Ich kann wirklich **al**les viel **bes**ser **ma**chen.

A Nein, nein, **nein**! Das **kann** nicht **sein**!
Ich ______________________. Schau doch mal **her**!
Ich ______________________. Und ich kann noch **mehr**.
Ich ______________________. Ist das nicht per**fekt**?
Ich ______________________. Alles kor**rekt**.
Ich ______________________.
Und ich ______________________.

Niemand ist **bes**ser und **klü**ger als **ich**!
Ich mag mich so **gern**! Aber am **lieb**sten hab ich **dich**!

a Schreibt gemeinsam einen Text *Ich kann alles besser* im Rhythmus.
Ergänzt Adjektive und Verben.
Sagt, was ihr gut könnt.

b Führt den Rhythmustext zu zweit vor (A und B).
Achtet auf Ö- und Ü-Laute, auf die R-Laute und auf die Endung *-en*.

11 Gemeinsam sind wir stärker!

Macht eine Poster-Session!

Achtet auf die Aussprache: Ö- und Ü-Laute, R-Laute, Endung *-en*.

Wählt eine Person. Sie beobachtet eure Aussprache und macht Notizen.

Arbeitet in Gruppen:

- Malt und schreibt Poster:
  Was macht ihr gern? Was könnt ihr gut?
  Was möchtet ihr noch besser machen?
  Was könnt ihr besser als jemand anders?
  Was könnt ihr alle zusammen gut?

  Verwendet Verben und Adjektive (Adjektivkomparation).

Präsentation:

- Präsentiert eure Poster vor der Lerngruppe.
- Sprecht danach über die Aussprache: Was war gut? Was ist noch schwierig?
  Die Beobachtungsperson ergänzt. Gebt euch dann gegenseitig Aussprachetipps.
- Zum Schluss wählt eine Jury das schönste Poster und die beste Präsentation.

Arbeitsblatt 1

1 *Vor der Übung:* Zeigen Sie drei verschieden große Gegenstände (z. B. Knöpfe) – die L sagen auf Deutsch (oder ggf. in ihrer Erstsprache), welcher groß, größer, am größten ist. Schreiben Sie *groß – größer – am größten* und *gut – besser – am besten* an die Tafel und sammeln Sie an der Tafel, welche Gegenstände groß, größer, am größten sind und was die L gut, besser, am besten können. Machen Sie ggf. Vorschläge. Die L sollten dazu auch die Illu beschreiben.

Weisen Sie die L auf die Rhythmusschrift im Text hin. Alle betonten Silben sind größer geschrieben. Erklären Sie am Beispiel (→ Lerntipp zu Ü1, S. 77), dass in Wortgruppen und Sätzen ein Wort/eine Silbe stark betont ist und in längeren Sätzen mehrere Wörter betont werden. Besonders deutlich betont wird das bedeutungstragende Wort bzw. dessen Wortakzentsilbe.

a/c/e Ermuntern Sie die L zum Mitsummen, Mitklopfen, Mitbewegen im Rhythmus.

d Sprechen Sie selbst *bess**er*** und *am best**en*** sehr deutlich aus – so erkennen die L, dass die Endung *-er* wie ein Vokal [ɐ] gesprochen wird (und wie ein ganz kurzes A klingt) und dass *e* in *-(st)en* ausfällt ([stn̩]).

Arbeitsblatt 2

2 a *Vor der Übung:* Lesen Sie die ersten drei Sätze vor. Demonstrieren Sie die Endungen der Adjektive im Komparativ und im Superlativ. Weisen Sie dabei auch auf vokalisches R [ɐ] in *-er (schnell**er**)* sowie assimiliertes/elidiertes *e* in *-(st)en (am schnellsten* → [stn̩]*)* hin. Erklären Sie daran ggf. die Adjektivkomparation: einfaches Adjektiv (Grundform) → *schnell* (keine Endung), Komparativ → *schnell**er***, Superlativ → *am schnell**sten***. Beachten Sie dabei Besonderheiten in Adjektiven auf <-t, -d, -tz, -z, -s, -ss, -sch, -ß>: einfaches Adjektiv (Grundform) → *laut, rund, spitz, …*; Komparativ → *laut**er**, rund**er**, spitz**er**, …*; Superlativ → *am laut**esten**/rund**esten**/spitz**esten***.

Weisen Sie die L darauf hin, dass sie vor *und* eine kurze Pause machen müssen. Bitten Sie die L, in beiden Wortgruppen immer das letzte Wort zu betonen. Der **<u>Satz</u>**akzent liegt auf dem letzten Wort im Satz, z. B. *Ich fahre gern **Rad** / und ich fahre **<u>schnell</u>**. //*

b/d/e Achten Sie darauf, dass die L die Endungen *-er, -(st)en* korrekt aussprechen. Am besten geht es, wenn der Wortakzent besonders nachdrücklich realisiert wird.

c Erklären Sie ggf. die Adjektivkomparation bei unregelmäßigen Adjektiven: *viel – mehr – am meisten, gut – besser – am besten*. Achtung! Die Verbform *sammle* spricht man im Alltag manchmal als *(ich) sammel*.

e Die Sätze sollen besonders emotional imitiert und mit Mimik, Gestik und Bewegung im Rhythmus gesprochen werden.

Lösungen

2 a Ich fahre gern Rad und ich fahre schnell. Du fährst gern Roller und du fährst schneller. Er fährt gern Skateboard und er fährt am schnellsten. Sie tanzt gern Tango und sie tanzt cool. Ihr tanzt gern Samba und ihr tanzt cooler. Wir tanzen gern Hip-Hop und wir tanzen am coolsten. Ich höre gern Klassik und ich höre es laut. Du hörst gern Hip-Hop und du hörst es lauter. Er hört gern Rock und er hört es am lautesten.

2 c Ich sammle Comics und ich hab schon ganz viele. Du sammelst Comics und du hast schon viel mehr. Er sammelt Comics und er hat am meisten. Ich kann singen und ich kann es sehr gut. Sie kann singen und sie kann es viel besser. Wir können singen und wir können es am besten. Cool, cooler, am coolsten.

Arbeitsblatt 3

3 b/c Eine Person spricht jeweils den Satz, z. B. *Ich laufe schnell!* Die anderen L feuern sie im Chor an, z. B. *Schneller, schneller, schneller!* In den Ausrufen *Schneller, schneller, schneller!* etc. kann das Adjektiv auch mehr als nur dreimal sehr emotional wiederholt werden.

c *Variante:* Die Ü wird mit weiteren Adjektiven/Sätzen erweitert, z. B. *Ich springe **<u>wei</u>**ter. Ich singe **<u>höh</u>**er.* A stellt die Tätigkeiten zusätzlich pantomimisch/stimmlich dar.

4 *Nach der Übung:* Die Ü wird mit anderen Adjektiven und Nomen fortgeführt.

Nach der Übung – Variante: Nomen und Adjektive werden auf Kärtchen geschrieben. Die L ziehen je ein Adjektiv- und ein Nomen-Kärtchen, z. B. [Rad]+[toll]. Passen die Wörter, bilden sie einen Satz, z. B. *Dein **Rad** ist **<u>toll</u>**.* Eine weitere Person bildet Sätze mit Komparativ und Superlativ (z. B. *Ich habe ein **<u>toll</u>**eres Rad. Ich habe das **<u>toll</u>**ste Rad.*) und nennt dann ein neues Adjektiv-Nomen-Paar.

Arbeitsblatt 4

5 e *Vergleich mit anderen Sprachen:* Die im Deutschen gebräuchlichen R-Varianten (konsonantisches Reibe-R [ʁ] und vokalisches R [ɐ]) sind in den meisten anderen Sprachen nicht vorhanden. Dort gibt es überwiegend gerolltes R (v. a. Zungenspitzen-R), z. B. im Bulgarischen, Italienischen, Russischen, Vietnamesischen. Weitere Beispiele in Dahmen/Hirschfeld/Meißner/Reinke (2021–2025).

6 a–d Machen Sie die L darauf aufmerksam, dass sich trotz Vokalwechsel (O-Laute → Ö-Laute, U-Laute → Ü-Laute) die Vokallänge (lang vs. kurz) in den Steigerungsstufen bei der Adjektivkomparation nicht ändert.

e *Nach der Übung:* Sie oder einzelne L nennen die Grundform des Adjektivs – die L ergänzen reihum Komparativ und Superlativ.

Lösungen

5 b *-er* am Ende von Wörtern wie in *länger* spricht man wie einen Vokal (vokalisches R [ɐ]). *r* am Anfang von Silben wie in *länge-re* spricht man wie einen Konsonanten (konsonantisches R [ʁ]).

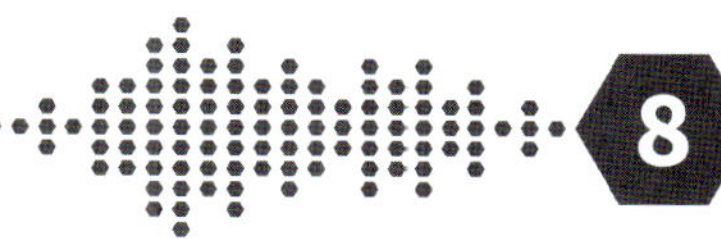

5 c *Beispielwörter:* laut → lautere Musik, hoch → höhere Häuser, dick → dickere Bücher, groß → größere Kinder, lang → längere Pausen, breit → breitere Straßen

6 a/c 1. schön – schöner – am schönsten 2. groß – größer – am größten 3. hoch – höher – am höchsten 4. süß – süßer – am süßesten 5. klug – klüger – am klügsten 6. jung – jünger – am jüngsten 7. hübsch – hübscher – am hübschesten 8. gesund – gesünder – am gesündesten

Arbeitsblatt 5

7 b/c Das Sprechstück *Schöner, größer, süßer, klüger!* kann sowohl im Chor als auch von einzelnen L vorgeführt werden. Ermuntern Sie die L, sich im Rhythmus dazu zu bewegen.

8 a–d Üben Sie mit den L die Aussprache von Ö- und Ü-Lauten vor einem Spiegel: Sie sprechen zuerst *lesen/Kissen*, dann *lösen/küssen*. Dabei beobachten sie die Lippenstellung. Dann sprechen sie *lesen* und *Kissen* nochmals, runden aber jeweils vor Aussprache des Wortes die Lippen. Automatisch ergeben sich die Wörter *lösen* und *küssen*.

c Lassen Sie am besten Beispielwörter zu Ö- und Ü-Lauten aus dem aktuell behandelten Lernstoff heraussuchen. Um die phonetischen Zeichen zu üben (IPA-Zeichen), können Sie auch eine Tabelle mit vier Spalten anlegen: [øː] | [œ] und [yː] | [ʏ]. Leistungsstärkere L könnten die entsprechenden Wörter in einem Ausspracheworterbuch (z. B. im Deutschen Aussprachewörterbuch von Krech, E.-M./Stock, E./Hirschfeld, U./Anders, C. 2010) nachschlagen und die IPA-Zeichen überprüfen. Alternativ können Sie auch mit der Übersicht auf S. 159 arbeiten.

e *Vergleich mit anderen Sprachen:* In einigen Sprachen (z. B. im Französischen, Koreanischen, Türkischen) gibt es Ö-Laute oder Ü-Laute oder sogar beide. In den meisten Sprachen gibt es diese Laute aber nicht, z. B. im Italienischen, Portugiesischen, Zulu. Weitere Beispiele in Dahmen/Hirschfeld/Meißner/Reinke (2021–2025).

Lösungen

8 b E- und I-Laute in *lesen* und *Kissen* spricht man so: Lippen breit. Ö- und Ü-Laute in *lösen* und *küssen* spricht man so: Lippen rund.

Arbeitsblatt 6

9 c/d Teilen Sie vorher die Textteile den Gruppen zu. Es können zwei bis drei Gruppen sprechen (AB oder ABC). Jede Zeile von B kann jedoch auch von verschiedenen L gesprochen werden.

10 Die L arbeiten in Kleingruppen. Geben Sie Hilfestellungen: Wortgruppen an die Tafel schreiben, Wörterlisten (Verben und Adjektive) austeilen. Der Text kann auf ein Poster geschrieben und im Unterrichtsraum ausgehängt werden. *Hinweis:* Die Zeilen des Textes können, müssen sich aber nicht reimen.

Arbeitsblatt 7

11 *Handlungsorientierte Aufgabe:* Die Poster zum Thema „Gemeinsam sind wir stärker" können in Gruppenarbeit (4er Gruppen) angefertigt werden. Die L sollten dafür nach Bildern suchen oder selbst malen und relevanten Wortschatz im Wörterbuch nachschlagen.

Es können Punkte für die beste Posterpräsentation vergeben werden. Das beste Poster wird im Unterrichtsraum ausgehängt. Weisen Sie die L darauf hin, dass sie beim Sprechen immer auch auf die Aussprache achten sollen: hier besonders auf Ö- und Ü-Laute, R-Laute, Endung *-en*.

Bestimmen Sie mit den L vor der Ü gemeinsam eine/n Beobachter/in für jede Gruppe, der/die die Abweichungen in der Aussprache der L während der gesamten Ü protokolliert und den L Feedback zur Aussprache gibt (vgl. Beobachtungsprotokoll auf S. 12).

Unterstützen Sie die L bei der Fokussierung auf die Aussprache. Geben Sie selbst Tipps für die Verbesserung der Aussprache und ermuntern Sie die L, verschiedene Ausspracheleernstrategien auszuprobieren.

Das kann man auch noch üben:

- Satzakzent und Tonhöhenverlauf (Satzmelodie) in koordinierten Hauptsätzen, z. B. *Ich spiele gern Flöte* → *und ich spiele sie leise.* ↘
- lange/gespannte und kurze/ungespannte Vokale in Adjektiven und Verben, z. B. *gut singen, toll tanzen*
- Ang-Laut [ŋ] in Adjektiven, z. B. *lang – länger – am längsten, jung – jünger – am jüngsten*
- Konsonantenfolge [st] in Adjektiven im Superlativ, z. B. *am besten, am meisten*, ggf. in Abgrenzung zu [ʃt], z. B. *stehen.*

Phonetische Schwerpunkte

Satzakzent und Satzmelodie in Aussagen und Ja-/Nein-Fragen

- **Regeln:**
  - Der **Satz**akzent liegt auf dem bedeutungstragenden und besonders wichtigen Wort im Satz, z. B. *Wir wollen zusammen **Fahr**rad fahren (nicht Roller). Wir wollen zu**sam**men Fahrrad fahren (nicht allein).*
  - Die gesamte Sprechenergie liegt auf dem Satzakzent, d. h. die Satzakzentsilbe wird stärker (lauter, deutlicher, höher/tiefer, langsamer) realisiert als alle anderen Silben.
  - Die Satzmelodie steigt ab der Satzakzentsilbe stark ↗ am Ende von Ja-/Nein-Fragen, z. B. *Dürfte ich bitte Frau **Schul**ze sprechen?* ↗
  - Die Satzmelodie fällt stark ↘ bis in die Lösungstiefe (→ die Tiefe, die physiologisch gerade noch erreichbar ist) am Ende von Aussagen, z. B. *Ich hätte gern mit **Dun**ja gesprochen.* ↘
- **(Kontrollierbare) Hörübungen durchführen:**
  - zum Erkennen und Markieren des Satzakzents und des Melodieverlaufs am Satzende.
- **Satzakzente und Satzmelodie trainieren:**
  - bei jeder Satzakzentsilbe klopfen, klatschen oder stampfen
  - zum Äußerungsende eine gleitende Handbewegung nach unten oder nach oben machen.

Phonetik

- Satzakzent und Satzmelodie in Aussagen und Ja-/Nein-Fragen
- höfliche Sprechweise in Aussagen und Fragen
- Ö- und Ü-Laute [øː]–[œ], [yː]–[ʏ]

zusammen mit

... Grammatik

- Modalverben im Konjunktiv
- Imperativ
- Wortstellung in Aussagen und Ja-/Nein-Fragen

... Wortschatz

- Telefonieren
- Wünsche und Verabredungen
- gemeinsame Aktivitäten

Höfliche Sprechweise in Aussagen und Fragen

- **Regeln:**
  - Die höfliche Sprechweise zeichnet sich im Vergleich zur sachlich-neutralen Sprechweise meist durch einen steigenden Endmelodieverlauf und/oder durch starke Melodiebewegungen innerhalb von Sätzen aus.
  - Die höfliche Sprechweise kann besonders an Sätzen im Konjunktiv verdeutlicht werden, z. B. *Ich würde gern mit Frau **Ka**ras sprechen.* ↘ *Könnte ich bitte mit Frau **Ka**ras sprechen?* ↗
- **(Kontrollierbare) Hörübungen durchführen:**
  - zum Differenzieren höflicher und unhöflicher Sprechweise.
- **Höfliche Sprechweise trainieren:**
  - durch besondere Hervorhebung der Satzakzentsilbe und starke Melodiebewegung innerhalb des Satzes und/oder steigenden Endmelodieverlauf
  - durch gestische und ganzkörperliche Unterstützung beim Sprechen, z. B. bei jeder Satzakzentsilbe klopfen, klatschen oder stampfen; zum Äußerungsende eine gleitende Handbewegung nach oben machen oder den Ellenbogen heben, um den steigenden Endmelodieverlauf anzuzeigen
  - Höflichkeit unbedingt auch mimisch und gestisch anzeigen.

Ö- und Ü-Laute [øː]–[œ], [yː]–[ʏ]

- **Bewusstmachung:**
  - Artikulationsmerkmale der gerundeten vorderen Ö- und Ü-Laute abgrenzen von:
    - gerundeten hinteren Vokalen (O- und U-Laute), z. B. *schön – schon, (die) Mütter – (die) Mutter*
    - ungerundeten vorderen Vokalen (E- und I-Laute), z. B. *für – vier, können – kennen.*
  - Regeln zu den Laut-Buchstaben-Beziehungen der Ö- und Ü-Laute vermitteln
  - einen Spiegel zur Beobachtung der Lippenbewegungen verwenden → gerundete Lippen bei O-, Ö-, U-, Ü-Lauten, gespreizte Lippen bei E- und I-Lauten.
- **(Kontrollierbare) Hörübungen durchführen:**
  - mithilfe von Minimalpaaren differenzieren:
    - zwischen ungerundeten und gerundeten vorderen Vokalen, z. B. *vier – für, kennen – können*
    - zwischen gerundeten vorderen und gerundeten hinteren Vokalen, z. B. *schön – schon, Mütter – Mutter.*
- **Aussprache der Ö- und Ü-Laute trainieren:**
  - durch Nachsprechen und Imitieren mithilfe eines Spiegels zur Beobachtung der Lippenrundung
  - durch Gesten bei der Artikulation langer/gespannter vs. kurzer/ungespannter Ö- und Ü-Laute, z. B. Handbewegung nach rechts für einen langen Vokal, Faust für einen kurzen Vokal machen.

1 *Telefonieren* im Rhythmus (A)

①

Ä-Laut [ɛ]
Ich hätte, du hättest,
sie hätte gern …
Wir hätten, ihr hättet,
sie hätten gern.

Ü-Laute [yː] – [ʏ]
Ich würde, du würdest,
er würde gern …
Wir würden, ihr würdet,
sie würden gern.

②

Ü-Laute [yː] – [ʏ]
Dürfte ich, dürftest du,
dürfte er bitte …?
Dürften wir, dürftet ihr,
dürften sie bitte …?

Ö-Laute [øː] – [œ]
Könnte ich, könntest du,
könnte sie bitte …?
Könnten wir, könntet ihr,
könnten sie bitte …?

A: Drei-**zwei**-sechs-**sechs**-vier-**vier**! – Hal**lo**, hal**lo**? Ist jemand **hier**?
B: **Hal**lo, **hal**lo? Wer **ist** denn da? Ist dort Frau **We**ber aus **Al**tona?
C: Guten **Tag**, hier ist **Krau**se. Ist die **An**na zu **Hau**se?

ALLE: **Hal**lo! **Hal**lo, **hal**lo!
C: Ich hätte **gern** mit **An**na gesprochen.
ALLE: **Hal**lo! **Hal**lo, **hal**lo!
C: Ich würde **gern** mit **An**na sprechen.
ALLE: **Hal**lo! **Hal**lo, **hal**lo!

D: Sieben-**sie**ben-fünf-**zwei**-drei-**drei**! – Hal**lo**, hal**lo**? Ist **da** die Poli**zei**?
📞: Hal**lo**, **hal**lo, hier ist leider be**setzt**.
Hörst du den **Piep**ton? **Sprich** bitte **jetzt**!
A: **Hal**lo, **hal**lo! Ich ver**steh** kein **Wort**!
Hier ist Ma**ri**a. Wer **spricht** denn dort?

ALLE: **Hal**lo! **Hal**lo, **hal**lo!
B: Dürfte ich **bit**te mit **Pau**la sprechen?
ALLE: **Hal**lo! **Hal**lo, **hal**lo!
B: Könnte ich **bit**te mit **Pau**la sprechen?
ALLE: **Hal**lo! **Hal**lo, **hal**lo!

📞: Hier ist der **An**schluss Sieben-**sie**ben-drei-**acht**.
Paula ist nicht **da**. **Tschüss**. Gute **Nacht**!
Tuuuuuuuut …!

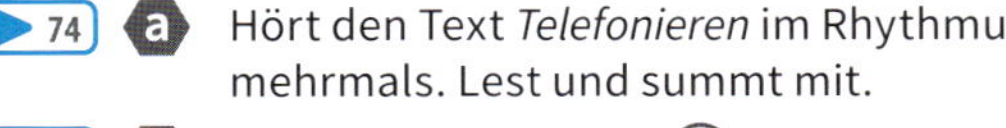

▶ 74 **a** Hört den Text *Telefonieren* im Rhythmus mehrmals. Lest und summt mit.

▶ 75 **b** Hört die Wortgruppen ① zweimal. Achtet zuerst auf die Ä- und Ü-Laute und dann auf die höfliche Sprechweise.

c Hört noch einmal. Summt und klopft mit.

▶ 76 **d** Hört die Wortgruppen ② zweimal. Achtet zuerst auf die Ü- und Ö-Laute und dann auf die höfliche Sprechweise.

▶ 75 76 **e** Hört die Wortgruppen ① und ② noch einmal. Summt und klopft mit.

Wortgruppen- und Satzakzente

Wichtige/bedeutungstragende Wörter sind betont
- in Wortgruppen, z. B. *ich **hätte** gern* → Wortgruppenakzent
- in Sätzen, z. B. *Wer **spricht** denn dort?* → Satzakzent
- in längeren Sätzen mit mehreren Wortgruppen, z. B. *Ich hätte **gern** / mit **An**na gesprochen.*
  Ich hätte **gern** mit **An**na gesprochen. (→ Rhythmus)

2 Verben im Rhythmus

Wir!

Präsens		Präteritum		Konjunktiv
wir **ha**ben	–	wir **hat**ten	–	wir **hät**ten
wir **wer**den	–	wir **wur**den	–	wir **wür**den
wir **dür**fen	–	wir **dur**ften	–	wir **dür**ften
wir **kön**nen	–	wir **kon**nten	–	wir **kön**nten

Ö- und Ü-Laute

Die Lippen sind rund wie bei den O- und U-Lauten, z. B. *(wir) wurden – (wir) würden, (wir) konnten – (wir) könnten.*

a Hört die Verben und sprecht leise im Rhythmus mit.

b Wie unterscheiden sich die Verben im Präsens, Präteritum und Konjunktiv? Markiert in der Tabelle oben farbig und nennt Unterschiede.

c Hört noch einmal, vergleicht die Lösung und sprecht zeilenweise und im Rhythmus nach.

Ich!

Präsens		Präteritum		Konjunktiv
ich habe	–	ich hatte	–	ich hätte
ich werde	–	ich wurde	–	ich würde
ich darf	–	ich durfte	–	ich dürfte
ich kann	–	ich konnte	–	ich könnte

Wir!

Präsens		Präteritum		Konjunktiv
wir haben	–	wir ________	–	wir hätten
wir werden	–	wir wurden	–	wir ________
wir ________	–	wir durften	–	wir dürften
wir können	–	wir konnten	–	wir ________

Du!

Präsens		Präteritum		Konjunktiv
du hast	–	du *hattest*	–	du hättest
du wirst	–	du wurdest	–	du ________
du ________	–	du durftest	–	du dürftest
du kannst	–	du ________	–	du könntest

Ihr!

Präsens		Präteritum		Konjunktiv
ihr ________	–	ihr hattet	–	ihr hättet
ihr werdet	–	ihr ________	–	ihr würdet
ihr dürft	–	ihr durftet	–	ihr ________
ihr ________	–	ihr konntet	–	ihr könntet

Er! Sie! Es!

Präsens		Präteritum		Konjunktiv
sie hat	–	sie hatte	–	sie ________
sie ________	–	sie wurde	–	sie würde
sie darf	–	sie ________	–	sie dürfte
sie kann	–	sie konnte	–	sie ________

Sie alle!

Präsens		Präteritum		Konjunktiv
sie haben	–	sie ________	–	sie hätten
sie werden	–	sie wurden	–	sie ________
sie ________	–	sie durften	–	sie dürften
sie können	–	sie ________	–	sie könnten

d Ergänzt die Verben in der richtigen Form.

79 **e** Hört alle Verben, vergleicht die Lösung und sprecht im Rhythmus nach.

f Rhythmuskette: Sprecht reihum je eine Zeile. Zeigt dabei auf Personen wie bei einem Abzählreim. Beginnt immer wieder von vorn.

3 Verben im Konjunktiv

	hätten	würden	dürften	könnten
ich	Ich *hätte* gern ein Handy.	Ich *würde* gern anrufen.	*Dürfte* ich bitte Anna sprechen?	*Könnte* ich bitte Peter sprechen?
du	Du ________ gern ein Tablet.	Du ________ gern telefonieren.		________ du bitte mit Tanja sprechen?
er, sie, es	Er ________ gern ein Smartphone.	Sie ________ gern sprechen.	________ er bitte Lisa sprechen?	________ sie bitte Amina sprechen?
wir	Wir ________ gern eine Kamera.	Wir ________ gern zuhören.	________ wir bitte Mustafa sprechen?	________ wir bitte Simon sprechen?
ihr	Ihr ________ gern ein Telefon.	Ihr ________ gern zoomen.		________ ihr bitte Viktoria sprechen?
sie *(Plural)*	Sie ________ gern Kopfhörer.	Sie ________ gern nichts machen.	________ sie bitte Sascha sprechen?	________ sie bitte mit Dunja sprechen?

a Ergänzt die Sätze: Schreibt die Verben *hätten, würden, dürften* oder *könnten* in der richtigen Form aus dem Gedächtnis auf.

b Lest reihum spaltenweise vor und vergleicht die Lösung.

c Rhythmuskette: Sprecht erst spaltenweise, dann zeilenweise reihum im Rhythmus.

Verbstellung im Satz

Das **konjugierte Verb** ist
- in Aussagen auf Position 2, z. B. *Ich hätte gern ein Handy.*
- in Ja-/Nein-Fragen auf Position 1, z. B. *Könnte ich bitte Peter sprechen?*

4 Ich hätte gern Irina gesprochen

1. Ich **hät**te, ich **hät**te, ich **hät**te so gern …
2. Ich hätte gern I**ri**na gesprochen.
3. Ich hätte gern mit I**ri**na gesprochen.
4. Ich hätte gern die **Dun**ja gesprochen.
5. Ich hätte gern mit **Dun**ja gesprochen.
6. Ich hätte gern den **Pe**ter gesprochen.
7. Ich hätte gern mit **Pe**ter gesprochen.
8. Ich hätte gern Frau **Krau**se gesprochen.
9. Ich hätte gern mit Frau **Krau**se gesprochen.
10. Ich hätte gern Herrn **Mang** gesprochen.
11. Ich hätte gern mit Herrn **Mang** gesprochen.
12. Ich hätte gern den Di**rek**tor gesprochen.
13. Ich hätte gern mit dem Di**rek**tor gesprochen.
14. Ich **hät**te, ich **hät**te, ich **hät**te so gern …

Betone das vorletzte Wort. Sprich es deutlicher, lauter und tiefer, z. B. *Dürfte ich bitte Anna sprechen?*

Satzakzent in Aussagen

Betone das wichtigste Wort im Satz (hier den Namen), z. B. *Ich hätte gern Irina gesprochen.*

a Hört die Sätze und achtet auf die Sprechweise. Findet ihr die Sätze 2 bis 13 höflich oder nicht höflich? Warum?

b Hört mehrmals und sprecht im Rhythmus mit.

Ich hätte gern I**ri**na gesprochen.

Du hättst gern I**ri**na gesprochen. Ich hätte gern **Ka**rim gesprochen.

Du hättest gern I**ri**na gesprochen. Du hättest gern **Ka**rim gesprochen.

c Rhythmuskette: Sprecht reihum Sätze wie in Ü4a. Setzt auch andere Namen ein. Alle Sätze müssen wiederholt werden. Beginnt immer wieder von vorn.

Ich hätte gern …

5 Höflich oder unhöflich?

	Höflich?	Unhöflich?
1. Hier ist Paula. ↘ Ich hätte gern mit Amina gesprochen. ↘		○
2. Hier ist Tanja. ___ Ich hätte gern mit Anton gesprochen. ___	○	○
3. Guten Tag, Nassar. ___ Ich würde gern mit Frau Gül sprechen. ___	○	○
4. Guten Tag, Krause. ___ Ich würde gern mit Herrn Müller sprechen. ___	○	○
5. Hallo, hier ist Lange. ___ Könnte ich bitte mal die Jala sprechen? ___	○	○
6. Hallo, hier ist Paula. ___ Könnte ich bitte mal mit Frau Lange sprechen? ___	○	○
7. Guten Tag, Löser. ___ Dürfte ich bitte Herrn Wang sprechen? ___	○	○
8. Guten Tag, Duda. ___ Dürfte ich bitte Frau Fröhlich sprechen? ___	○	○

▶ 81
a Hört die Aussagen und Fragen.
Kreuzt an: Höflich oder unhöflich? Warum? Sprecht darüber.

b Hört noch zweimal. Markiert in jedem Satz zuerst den **Satz**akzent (→ das betonte Wort/die betonte Silbe) und markiert dann die Satzmelodie: ↘ oder ↗.

c Lest die Sätze reihum vor und vergleicht die Lösung.

d Lest nun alle Sätze sehr höflich vor.

! Die **Melodie am Satzende**
- fällt in Aussagen ↘, z. B. *Ich würde gern mit Herrn **Mül**ler sprechen.* ↘
- steigt in Ja-/Nein-Fragen ↗, z. B. *Dürfte ich bitte Herrn **Wang** sprechen?* ↗

6 Höflich oder unhöflich sprechen

a Experimentiert: Sprecht alle Sätze aus Ü5 mit Mimik und Gestik sehr höflich oder unhöflich.
Die anderen sagen, ob es höflich oder unhöflich klingt und warum.

b Spiel: Meldet euch reihum mit eurem eigenen Namen und sagt, mit wem ihr sprechen möchtet.
Die anderen raten: Klingt das höflich oder unhöflich?

7 Die Regel

Höfliche Sprechweise

Sätze mit ↗ Melodie am Satzende klingen oft …
○ höflich. ○ unhöflich.

▶ 81
a Hört die Sätze aus Ü5a noch einmal.

b Ergänzt die Regel: Kreuzt an.

c Vergleicht mit anderen Sprachen: Wie begrüßt man sich dort höflich am Telefon?
Was klingt ähnlich, was klingt anders?

8 Das könntest du, würdest du, dürftest du machen.

A Hallo! Hallo, hallo!

B Ja …? Wer ist denn da?

A Hier ist Bingül.
Ich würde, ich würde, ich würde so gern …

B Was würdest du, würdest du, würdest du gern?

A Ich würde so gern mal den Bülent sprechen.

B Der Bülent muss leider, leider noch spülen.

A Oh nein, wie schade. Wir wollen doch spielen.
Das ist schöner als langweilige Bücher zu lesen
oder ganz blöde Rätsel zu lösen.

B Das könntet ihr, könntet ihr, könntet ihr machen.
Das dürftet ihr, dürftet ihr, dürftet ihr machen.
Das würdest du, könntest du, dürftest du machen
und noch ganz viele andere Sachen.
Aber erst spülen und dann dürft ihr spielen!

A Natürlich. Sehr schön! Auf Wiedersehen!

AB Tschüss!

Bei **Aufzählungen** bleibt die **Satzmelodie** vor dem Komma fast gleich →, z. B. *Das **würdest** du,* → / ***könntest** du,* → / ***dürftest** du machen.* ↘ // Sie fällt erst am Satzende.

82 **a** Hört das Gespräch im Rhythmus und sprecht leise mit. Achtet auf die Ö- und Ü-Laute.

83 **b** Hört noch einmal und markiert die Ö- und Ü-Laute: lang _ und kurz .

lesen – lösen ◆ kennen – können
spielen – spülen ◆ Kissen – küssen

84 **c** Hört die Wortpaare mehrmals und sprecht erst mit und dann nach. Übt die Ö- und Ü-Laute.

82 **d** Hört noch einmal das Gespräch aus Ü8a, vergleicht die Lösung und sprecht im Rhythmus mit.

e Sprecht Ü8a zu zweit im Rhythmus (A und B).

Ö- und Ü-Laute

lösen: Sprecht *lesen* mit runden Lippen.

spülen: Sprecht *spielen* mit runden Lippen.

9 Ö- und Ü-Laute unterscheiden

Kissen	○	☒
küssen	○	○
liegen	○	○
lügen	○	○
kennen	○	○
können	○	○
lesen	○	○
lösen	○	○

a Übt zu zweit: Lest euch die Wörter gegenseitig vor.
Kreuzt an: Spricht man den betonten Vokal so oder so  ?

b Hört die Wörter, vergleicht die Lösung und sprecht nach.
Achtet auf Ö- und Ü-Laute.

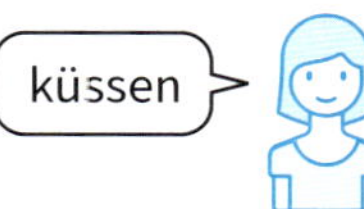

c Flüsterspiel: Schreibt Kärtchen mit Wortpaaren wie in Ü9a. Zeigt ein Kärtchen.
Flüstert reihum je nur ein Wort ohne Ton. Die anderen müssen dieses Wort an den Lippen ablesen.

10 Was hörst du?

1. Hallo, hier ist die Mama. Habt ihr schön *(o/ö)* gesp___lt *(ie/ü)*? Ihr wisst doch: Erst sp___len *(ie/ü)*, dann sp___len *(ie/ü)*.
2. Guten Tag, hier ist M___ller *(e/ö)*. Ist dort die Firma K___ller *(e/ö)*? Handeln Sie mit T___ren *(ie/ü)*?
3. Hallo, hier ist R___der *(e/ö)*. Ich würde Ihnen gern das Paket mit den vielen K___ssen *(i/ü)* schicken.
4. Guten Tag, hier ist H___ffler *(e/ö)*. Könnte ich bitte Mias Br___der *(u/ü)* sprechen?
5. Hallo, hier ist Lisa L___ser *(o/ö)*. L___sen *(e/ö)* Sie bitte mein Problem. L___gen Sie nicht. *(ie/ü)*
6. Hallo, hier ist Sch___ller *(i/ü)*. Ich suche grüne S___ckchen *(ä/ö)* für meine T___chter *(o/ö)*.

a Hört die Sätze und ergänzt die Vokale.
b Hört noch einmal. Markiert in den ergänzten Vokalen die Vokallänge (lang mit _, kurz mit .).
c Lest reihum vor und vergleicht die Lösung.
d Rhythmuskette: Ruft reihum je eine Person mit einem Satz an.
Entscheidet, welche Laute ihr einsetzt.
Die andere Person sagt, was sie verstanden hat. Alles richtig verstanden?

Satzakzent

Betone Wörter mit einer neuen Information im Satz besonders stark und deutlich, z. B. *Hier ist die Mama.*

11 Was wollen wir heute zusammen machen?

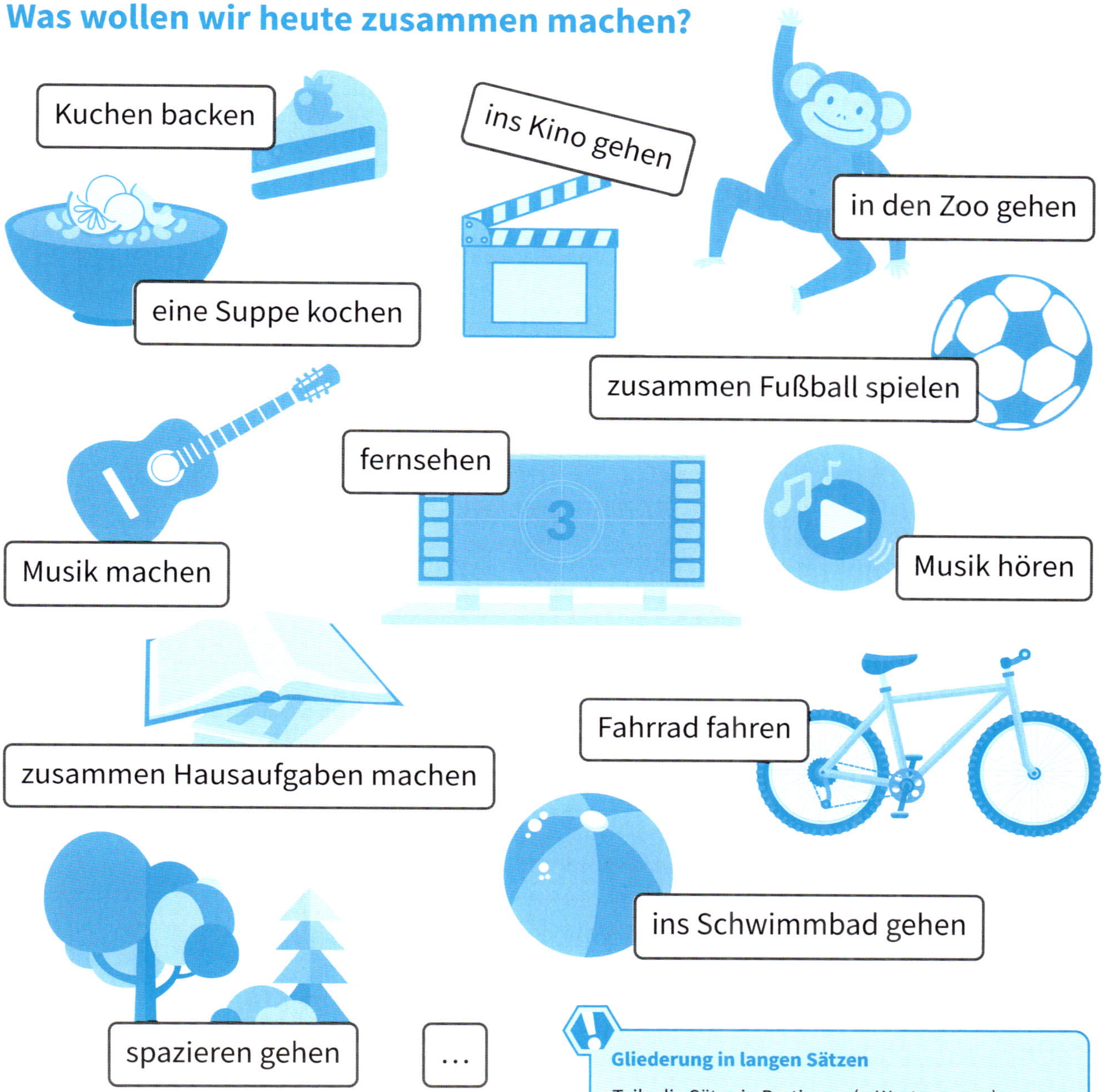

Kuchen backen

ins Kino gehen

in den Zoo gehen

eine Suppe kochen

zusammen Fußball spielen

fernsehen

Musik machen

Musik hören

Fahrrad fahren

zusammen Hausaufgaben machen

ins Schwimmbad gehen

spazieren gehen

...

Ⓐ Hallo **Ta**rek, hier ist **Ol**ga.
Was wollen wir heute **ma**chen?

Ⓑ Hallo **Ol**ga, hier ist **Ta**rek.
Wir könnten **heu**te zusammen **Ku**chen backen.

Gliederung in langen Sätzen

Teile die Sätze in Portionen (→ Wortgruppen).

Mach zwischen den Wortgruppen kurze Pausen /, z. B. *Wir können **heu**te / zusammen **<u>Fuß</u>**ball spielen. //*

Zwischen den Sätzen ist eine lange Pause //.

Wortgruppen- und Satzakzente

Sprich in jeder Wortgruppe die neue Information lauter, höher und deutlicher (→ Wortgruppenakzent).

Sprich den Satzakzent am Satzende am deutlichsten, z. B. *Wir können **heu**te / zusammen **<u>Ku</u>**chen backen. //*

a Rhythmuskette: Ruft reihum im Rhythmus alle Personen aus der Lerngruppe an: A fragt, was ihr zusammen machen wollt. B antwortet mit einer Wortgruppe aus den Beispielen.

b Übt weiter wie in Ü11a. Denkt euch noch weitere Tätigkeiten aus.

12 *Telefonieren* im Rhythmus (B)

▶ 75 **a** Hört noch einmal die Wortgruppen ① aus Ü1b und sprecht nach. Achtet auf die Ä- und Ü-Laute und auf die höfliche Sprechweise.

▶ 76 **b** Hört noch einmal die Wortgruppen ② aus Ü1d und sprecht nach. Achtet auf die Ö- und Ü-Laute und auf die höfliche Sprechweise.

▶ 74 **c** Hört den Text *Telefonieren* im Rhythmus (Ü1a) noch einmal und sprecht im Rhythmus mit.

d Sprecht zu fünft (ABCD + ein Anrufbeantworter).

13 *Wer ist denn da?* im Rhythmus

A Drei-**zwei**-sechs-**sechs**-vier-**vier**! – Hal**lo**, hal**lo**? Ist jemand **hier**?
B **Hal**lo, **hal**lo? Wer **ist** denn da? Ist dort Frau/Herr ________ aus ________?
C Guten **Tag**, hier ist ________. Ist die ________ zu **Hau**se?

ALLE **Hal**lo! **Hal**lo, **hal**lo!
C Ich hätte **gern** mit ________ gesprochen.
ALLE **Hal**lo! **Hal**lo, **hal**lo!
C Ich würde **gern** mit ________ sprechen.
ALLE **Hal**lo! **Hal**lo, **hal**lo! **Hal**lo! **Hal**lo, **hal**lo …

D Sieben-**sie**ben-fünf-**zwei**-drei-**drei**! – Hal**lo**, hal**lo**? Ist **da** ________?
☎ **Hal**lo, **hal**lo, hier ist **lei**der besetzt.
Hörst du den **Piep**ton? **Sprich** bitte **jetzt**!
A **Hal**lo, **hal**lo! Ich ver**steh**e kein **Wort**!
Hier ist ________. Wer **spricht** denn dort?

ALLE **Hal**lo! **Hal**lo, **hal**lo!
B Dürfte ich **bit**te mit ________ sprechen?
ALLE **Hal**lo! **Hal**lo, **hal**lo!
B Könnte ich **bit**te mit ________ sprechen?
ALLE **Hal**lo! **Hal**lo, **hal**lo! **Hal**lo! **Hal**lo, **hal**lo ...

☎ Hier ist der **An**schluss Sieben-**sie**ben-drei-**acht**.
________ ist nicht **da**. **Tschüss**. Gute **Nacht**!
Tuuuuuuuut …!

a Schreibt einen Text *Wer ist denn da?* im Rhythmus. Setzt andere Namen ein.

b Führt den Rhythmustext zu fünft vor. Achtet auf die Wortgruppen- und Satzakzente und die Satzmelodie, die höfliche Sprechweise und auf Ö- und Ü-Laute.

14 Ich rufe dich am Wochenende an!

Ruft euch an!

Arbeitet zu zweit:

- Ruft eine Freundin/einen Freund aus der Lerngruppe an. Sprecht miteinander wie in Ü11: Was wollt ihr am Wochenende zusammen machen? Wo und wann trefft ihr euch? Verwendet Sätze aus Ü4 und Ü5.
- Einigt euch. Schreibt euren gemeinsamen Plan für das Wochenende auf.

Achtet auf die Aussprache: Satzakzente, Satzmelodie, höfliche Sprechweise, Ö- und Ü-Laute.

Wählt eine Person. Sie beobachtet eure Aussprache und macht Notizen.

Präsentation:

- Berichtet vor der Lerngruppe: Mit wem habt ihr euch verabredet? Wo wollt ihr euch treffen? Was wollt ihr zusammen machen?
- Vergleicht: Welche Treffpunkte habt ihr am häufigsten genannt?
- Sprecht danach über die Aussprache: Was war gut? Was ist noch schwierig? Die Beobachtungsperson ergänzt. Gebt euch dann gegenseitig Aussprachetipps.
- Vergleicht: Wer hat die meisten Anrufe/Verabredungen erhalten?

Arbeitsblatt 1

1 *Vor der Übung:* Die L sprechen (ggf. in ihrer Erstsprache) anhand der Illu über Handys, deren Wichtigkeit und Rolle im Alltag. Die L machen vor, wie sie sich am Telefon melden. Sie vergleichen die Begrüßungen am Telefon in verschiedenen Ländern. Schreiben Sie *Hallo!* an die Tafel – die L sagen, wie das in ihrer Erstsprache heißt. Weisen Sie die L auf die Rhythmusschrift im Text hin. Alle betonten Silben sind größer geschrieben. Erklären Sie am Beispiel (→ Lerntipp zu Ü1, S. 87), dass in Wortgruppen und Sätzen ein Wort/eine Silbe stark betont ist und in längeren Sätzen mehrere Wörter betont werden. Besonders deutlich betont wird das bedeutungstragende Wort bzw. dessen Wortakzentsilbe.

a Die L können nach dem Hören reihum einen höflichen Satz (mit dem sie sich am Telefon melden) in ihrer Erstsprache sprechen. Alle stimmen ab, ob dieser Satz höflich klingt und sagen, woran sie das erkannt haben.

a/c/e Ermuntern Sie die L zum Mitsummen, Mitklopfen, Mitbewegen im Rhythmus.

Arbeitsblatt 2

2 b Fragen Sie die L, wodurch sich die Verbformen im Präsens, Präteritum und Konjunktiv unterscheiden und was diese Verben im Konjunktiv gemeinsam haben (Antwort: Ö- und Ü-Laute).

Lösungen
2 b Unterschiede:
Vokalwechsel im Präteritum und Konjunktiv bei
haben – hatten – hätten [aː] → [a] → [ɛ],
werden – wurden – würden [eː] → [ʊ] → [ʏ],
dürfen – durften – dürften [ʏ] → [ʊ] → [ʏ],
können – konnten – könnten [œ] → [ɔ] → [œ]
Konsonanten: *haben – hatten – hätten* <b> → <t>,
dürfen – durften – dürften <rf> → <rft>,
können – konnten – könnten <nn> → <nnt>.

2 d Du: du hast – du hattest – du hättest, du wirst – du wurdest – du würdest, du darfst – du durftest – du dürftest, du kannst – du konntest – du könntest **Sie:** sie hat – sie hatte – sie hätte, sie wird – sie wurde – sie würde, sie darf – sie durfte – sie dürfte, sie kann – sie konnte – sie könnte **Wir:** wir haben – wir hatten – wir hätten, wir werden – wir wurden – wir würden, wir dürfen – wir durften – wir dürften, wir können – wir konnten – wir könnten **Ihr!** ihr habt – ihr hattet – ihr hättet, ihr werdet – ihr wurdet – ihr würdet, ihr dürft – ihr durftet – ihr dürftet, ihr könnt – ihr konntet – ihr könntet **Sie alle:** sie haben – sie hatten – sie hätten, sie werden – sie wurden – sie würden, sie dürfen – sie durften – sie dürften, sie können – sie konnten – sie könnten

Arbeitsblatt 3

3 a Die L sollen die Verben nicht aus Ü1 abschreiben. Die Verben im Konjunktiv können vorher ungeordnet an die Tafel geschrieben werden.

c Ermuntern Sie die L zum Mitklopfen und Mitbewegen.

4 a Machen Sie die L darauf aufmerksam, dass es verschiedene gleichwertige Möglichkeiten gibt, einen Gesprächswunsch auszudrücken, z. B. *Ich hätte gern Irina gesprochen./Ich hätte gern mit Irina gesprochen./Ich hätte gern die Irina gesprochen.* Notieren Sie die Antworten der L zu ihren Eindrücken (höflich – ja/nein), aber bewerten Sie sie nicht, da es nur um eine Sensibilisierung für verschiedene Sprechweisen geht.

c *Variante:* Wer in der Rhythmuskette einen Namen vergisst, ist raus. Jede angesprochene Person kann auch mit Hallo … (+ Name)! reagieren, z. B. Anna: *Ich hätte gern **Ka**rim gesprochen.* Karim: *Hallo **An**na!*

Lösungen
3 a hätten: Ich hätte gern ein Handy. Du hättest gern ein Tablet. Er hätte gern ein Smartphone. Wir hätten gern eine Kamera. Ihr hättet gern ein Telefon. Sie hätten gern Kopfhörer. **würden:** Ich würde gern anrufen. Du würdest gern telefonieren. Sie würde gern sprechen. Wir würden gern zuhören. Ihr würdet gern zoomen. Sie würden gern nichts machen. **dürften:** Dürfte ich bitte Anna sprechen? Dürfte er bitte Lisa sprechen? Dürften wir bitte Mustafa sprechen? Dürften sie bitte Sascha sprechen? **könnten:** Könnte ich bitte Peter sprechen? Könntest du bitte mit Tanja sprechen? Könnte sie bitte Amina sprechen? Könnten wir bitte Simon sprechen? Könntet ihr bitte Viktoria sprechen? Könnten sie bitte mit Dunja sprechen?

Arbeitsblatt 4

5 d Die L sollten die Höflichkeit auch mit der Mimik und mit ihrer Körperhaltung ausdrücken. Ermuntern Sie die L zu experimentieren, bis ihnen die höflichste Sprechweise gelungen ist.

6 b *Ratespiel:* Die sprechenden L sollten mit dem Rücken zu den anderen stehen, weil man ansonsten an der Mimik und Gestik die Höflichkeit vs. Unhöflichkeit erkennen könnte.

7 a Lenken Sie die Aufmerksamkeit der L besonders auf die Sprechweise. Sie oder die L können die Sätze sprechen und anschließend summen. So wird noch besser deutlich, dass innerhalb von Sätzen oft sehr starke Tonhöhenveränderungen (→ Melodiebewegungen) und am Ende eine steigende Satzmelodie realisiert werden. Verweisen Sie auf Ü4a und erklären Sie nach der Diskussion, dass Konjunktiv, starke Melodiebewegungen innerhalb von Sätzen und steigende Endmelodie oft besonders höflich wirken. Demonstrieren Sie dies zusätzlich an weiteren gesprochenen Beispielsätzen.

c *Vergleich mit anderen Sprachen:* Achten Sie besonders auf den Melodieverlauf. Die meisten Sprachen haben kleinere Melodieintervalle als im Deutschen. Außerdem sinkt die Satzmelodie in Äußerungen fast nie bis in die Lösungstiefe (z. B. im Arabischen, Chinesischen, Italienischen). Deswegen wird Deutsch oft als weniger höflich empfunden. Weitere Beispiele in Dahmen/Hirschfeld/Meißner/Reinke (2021–2025).

Lösungen
5 a/b 1. Hier ist **Pau**la. ↘ Ich hätte gern mit A**mi**na gesprochen. ↘ (höflich) 2. Hier ist **Tan**ja. ↘ Ich hätte gern mit **An**ton gesprochen. ↘ (höflich) 3. Guten Tag, **Nas**sar. ↘ Ich würde gern mit Frau **Gül** sprechen. ↘ (höflich) 4. Guten Tag, **Krau**se. ↘ Ich würde gern mit Herrn **Mül**ler sprechen. ↘ (unhöflich) 5. Hallo, hier ist **Lan**ge. ↘ Könnte ich bitte mal die **Ja**la sprechen? ↘ (unhöflich) 6. Hallo, hier ist **Pau**la. ↘ Könnte ich bitte mal Frau **Lan**ge sprechen? ↗ (höflich) 7. Guten Tag, **Lö**ser. ↘ Dürfte ich bitte Herrn **Wang** sprechen? ↗ (höflich) 8. Guten Tag, **Du**da. ↘ Dürfte ich bitte Frau **Fröh**lich sprechen? ↘ (unhöflich)

7 b Sätze mit ↗ Melodie am Satzende klingen oft höflich.

Arbeitsblatt 5

8 **c** Am besten funktioniert die Übung vor einem Spiegel, in dem die Mundstellung beobachtet werden kann. Zeigen Sie den L mithilfe eines Spiegels, dass aus *kennen* automatisch das Wort *können* wird, wenn man es von Anfang an mit gerundeten Lippen spricht. Zeigen Sie auch, dass aus *Kissen* mit gerundeten Lippen automatisch *küssen* wird.

e Markieren Sie vorher die verschiedenen Rollen für die Sprecherinnen und Sprecher, z. B. kann die jeweils zweite Zeile jeder Strophe immer im Chor gesprochen werden.

Lösungen

8 b A: Hallo! Hallo, hallo! B: Ja …? Wer ist denn da? A: Hier ist Bingül. Ich würde, ich würde, ich würde so gern … B: Was würdest du, würdest du, würdest du gern? A: Ich würde so gern mal den Bülent sprechen. B: Der Bülent muss leider, leider noch spülen. A: Oh nein, wie schade. Wir wollen doch spielen. Das ist schöner als langweilige Bücher zu lesen oder ganz blöde Rätsel zu lösen. B: Das könntet ihr, könntet ihr, könntet ihr machen. Das dürftet ihr, dürftet ihr, dürftet ihr machen. Das würdest du, könntest du, dürftest du machen und noch ganz viele andere Sachen. Aber erst spülen und dann dürft ihr spielen! A: Natürlich. Sehr schön! Auf Wiedersehen! AB: Tschüss!

Arbeitsblatt 6

9 **c** Zeigen Sie, wie man tonlos flüstert und nennen Sie dafür eine entsprechende Situation, z. B.: Man sitzt in einem feierlichen Konzert und will seiner Nachbarin unhörbar etwas zuflüstern, was nur an der Mundstellung ablesbar ist. Alternativ kann sich die sprechende Person weit entfernt von den anderen aufstellen oder es kann hinter einer Glasscheibe gesprochen werden.

Variante: Das Flüsterspiel wird durch zusätzliche Wortpaare erweitert, z. B. *Tier – Tür, vier – für, Kellner – Köllner, Säckchen – Söckchen, …*

10 **a–d** Wiederholen Sie am Ende die alternativen Sätze im Kontrast und machen Sie die L darauf aufmerksam, dass oft Verwechslungen vorkommen, wenn man abweichend spricht bzw. nicht aufmerksam hört, z. B. *Habt ihr schon gespült?* vs. *Habt ihr schön gespielt?* Erklären Sie auch den Unterschied zwischen Ö- und Ü-Lauten (gerundete vordere Vokale) und O- und U-Lauten (gerundete hintere Vokale) sowie E- und I-Lauten (ungerundete vordere Vokale). Bitten Sie die L, reihum je eine Person mit einem Satz anzurufen und dabei den richtigen Laut (bzw. einen alternativen Laut v. a. bei Namen) einzusetzen. Wenn der Satz verstanden wurde, hält die angesprochene Person den Daumen hoch. Prüfen Sie unbedingt, ob das Gesagte richtig verstanden wurde. Außerdem sollte die Person den Satz möglichst wiederholen. Wenn nicht richtig verstanden wurde, sollte weiter geübt werden.

Lösungen

9 a Kissen, liegen, kennen, lesen → Lippen breit; küssen, lügen, können, lösen → Lippen rund

10 a/b 1. Hallo, hier ist die Mama. Habt ihr schön gespült? Ihr wisst doch: Erst spülen, dann spielen. 2. Guten Tag, hier ist Möller. Ist dort die Firma Keller? Handeln Sie mit Türen? 3. Hallo, hier ist Röder. Ich würde Ihnen gern das Paket mit den vielen Kissen schicken. 4. Guten Tag, hier ist Heffler. Könnte ich bitte Mias Bruder sprechen? 5. Hallo, hier ist Lisa Löser. Lösen Sie bitte mein Problem. Lügen Sie nicht. 6. Hallo, hier ist Schiller. Ich suche grüne Söckchen für meine Tochter.

Arbeitsblatt 7

11 Die L sollten sich beim Sprechen bewegen und Gesten machen. Sie können im Rhythmus auf den Tisch klopfen oder einen Stift bzw. ein Lineal als Taktstock verwenden.

Arbeitsblatt 8

12 **c/d** Ermuntern Sie alle L zum Mitbewegen, Mitwippen, Taktschlagen, Summen …, während sie ABCD sprechen.

13 Die L arbeiten in Kleingruppen. Anschließend wird der Rhythmustext vorgeführt. Der Text kann auf ein Poster geschrieben und im Unterrichtsraum ausgehängt werden. *Hinweis:* Die Zeilen des Textes können, müssen sich aber nicht reimen.

Variante: Die L können auch einen Text *Höflichkeit* im Rhythmus schreiben, z. B. so: *Dürfte ich bitte mal das Fenster öffnen?/Würdest du bitte mal die Tür schließen?/Könntest du bitte mal meine Tasche halten?/Danke! Ja, danke! Das ist sehr schön!/Ach, keine Ursache! Gern geschehen!*

Sammeln Sie dazu vorher höfliche Bitten und Wünsche an der Tafel. Die L suchen sich ein oder zwei Wünsche/Bitten aus und sprechen sie im Rhythmus sehr höflich zu einer Person aus der Lerngruppe. Zeigen Sie den L, mit welchen Redemitteln man sich für einen Gefallen bedankt, z. B. *Das ist sehr schön/nett/freundlich!* und wie man darauf reagiert, z. B. *Keine Ursache! Kein Problem! Gern geschehen!* Auch diese Sätze können im Rhythmustext verwendet werden.

Arbeitsblatt 9

14 *Handlungsorientierte Aufgabe:* Die Telefongespräche sollen zu zweit geführt werden: Person A grüßt und fragt nach Plänen fürs Wochenende. Person B grüßt zurück und macht Vorschläge, was die beiden am Wochenende gemeinsam unternehmen können. Weisen Sie die L darauf hin, dass sie beim Sprechen immer auch auf die Aussprache achten sollen: hier besonders auf Satzakzente, Satzmelodie (in Fragen und Aussagen), höfliche Sprechweise, Ö- und Ü-Laute. Bestimmen Sie mit den L vor der Ü gemeinsam eine/n Beobachter/in für jedes Team, der/die die Abweichungen in der Aussprache der L während der gesamten Ü protokolliert und den L Feedback zur Aussprache gibt (vgl. Beobachtungsprotokoll auf S. 12). Unterstützen Sie die L bei der Fokussierung auf die Aussprache. Geben Sie selbst Tipps für die Verbesserung der Aussprache und ermuntern Sie die L, verschiedene Ausspracheler̈nstrategien auszuprobieren.

Das kann man auch noch üben:

- Wortakzent und Akzentvokale in mehrsilbigen Zahlen, z. B. *sieben, dreizehn*
- Schwa-Laut [ə] in Modalverben mit der Endung *-e*, z. B. *(ich) hätte, würde, dürfte* und Ausfall des Schwa-Lautes in *-en*, z. B. *(wir) hätten/würden/dürften*
- H-Laut [h] – Vokalneueinsatz |, z. B. *Hallo |Anna!, Hier |ist …, hier – |ihr*
- Ich-Laut [ç] und Ach-Laut [x], z. B. *sechzig, acht*
- konsonantische R-Laute, z. B. *Fahrrad fahren, spazieren gehen.*

Phonetische Schwerpunkte

Satzgliederung, Wortgruppen- und Satzakzent und Satzmelodie in zusammengesetzten Sätzen

- **Bewusstmachung:**
  - In der Schrift kann man Markierungen verwenden, z. B. Schrägstrich / für Gliederungspausen, Pfeile für Satzmelodieverläufe (weiterweisend →, fallend ↘, steigend ↗).
  - Betonte Silben können **fett** markiert und/oder **groß** geschrieben werden, wobei **Wort**gruppen- und **Satz**akzente unterschiedlich markiert werden, z. B. *Es ist so **toll**, manchmal **nichts** zu tun.*
  - Betont wird das inhaltlich wichtigste und bedeutungstragende Wort/die neue Information in der Wortgruppe und im Satz, z. B. *Es ist so **toll**, → / zu**sam**men zu sein, → / **Piz**za zu essen, → / einen **Witz** zu erzählen → / und manchmal **nichts** zu tun.* ↘
- **(Kontrollierbare) Hörübungen durchführen:**
  - zum Erkennen und Markieren der Wortgruppen- und Satzakzente, der Satzmelodie und der Gliederungspausen.
- **Wortgruppen- und Satzakzente sowie Satzmelodie trainieren:**
  - bei jeder Satzakzentsilbe eine Geste mit der Hand machen, klopfen, klatschen oder stampfen
  - zum Äußerungsende eine gleitende Handbewegung nach unten ↘ oder nach oben ↗ machen.

Phonetik

- Satzgliederung, Wortgruppen- und Satzakzent und Satzmelodie in zusammengesetzten Sätzen
- feste Konsonantenfolge [ts]

zusammen mit

... Grammatik

- Infinitiv-Konstruktion mit *zu*
- Wortstellung im Satz

... Wortschatz

- Freizeitaktivitäten
- Tagesablauf

Feste Konsonantenfolge [ts]

- **Regeln für Laut-Buchstaben-Beziehungen:**
  - [ts] → <z, zz, tz, ts>.
- **Bewusstmachung:**
  - für die vollständige Artikulation von [ts] bewusst ein deutliches [t] und dann nach kleiner Pause ein [s] sprechen – erst langsam, dann immer schneller sprechen oder mit der Zunge [t] ansteuern und dann zum [s] hinübergleiten (funktioniert am besten bei [ts] im Auslaut), z. B. *nicht* – *nich**t**...**s**.*
- **(Kontrollierbare) Hörübungen durchführen:**
  - mit Minimalpaaren zum Differenzieren und Identifizieren von **[ts] – [s]/[z]**, z. B. *kurz* – *Kurs, Zeit* – *seit* oder **[ts] – [t]**, z. B. *nichts* – *nicht*
  - mit Diktatübungen (Lückentexte) zum Trainieren der Laut-Buchstaben-Beziehungen, z. B. *Je__t essen wir Pi__a mit _wiebeln.*

1 *Wochenende* im Rhythmus (A)

①

[ts]

Es ist so toll,
zusammen zu sein, Pizza zu essen, einen Witz zu erzählen und manchmal gar nichts zu tun.

Es ist so **toll**, → /

zu**sam**men zu sein, → / **Piz**za zu essen, → / einen **Witz** zu erzählen → / und manchmal **gar** nichts zu tun. ↘

Endlich **ist** es so weit! Es ist **Sams**tagmorgen!
Wochenende! Hey **cool**! Keine **Sor**gen!
Es ist so **schön**, morgens **spät** aufzustehen.
Ja, es macht **Spaß**, abends **fei**ern zu gehen.

Es ist so **toll**, mal den **Stress** zu vergessen,
gemeinsam zu **ko**chen, **Piz**za zu essen.
Ich finde es **su**per, die Mu**sik** laut zu machen,
auf der **Stra**ße zu **tan**zen und mit euch zu **la**chen.

Es ist so **cool**, mit den **Freun**den zu **spie**len,
zu**sam**men zu sein und sich ganz **frei** zu fühlen.
Ich mag es **sehr**, durch die **Stadt** zu laufen,
sich im **Park** zu **tref**fen und ein **Eis** zu kaufen.

Habt **ihr** vielleicht **auch** Lust, da**bei** zu sein
und was **Tol**les zu **ma**chen? Euch fällt schon was **ein**!
Ich finde es **toll**, ge**mein**sam zu **sing**en.
Ich habe **Lust**, in den **See** zu springen.

Es ist auch **schön**, manchmal **nichts** zu tun.
Ich finde es **gut**, mich mal **aus**zuruhen.
Es macht auch **Spaß**, ins Mu**se**um zu gehen.
Ich finde es **lus**tig, **Wit**ze zu erzählen.
Es ist **schön**, …

87 **a** Hört den Text *Wochenende* im Rhythmus mehrmals. Lest und summt mit.

88 **b** Hört den Satz ① mehrmals.
Achtet zuerst auf [ts] und dann auf die Wortgruppenakzente, die Satzgliederung mit Pausen / und die Satzmelodie →↘.

c Hört noch einmal. Summt und klopft mit.

! **Wortgruppen- und Satzakzente**

Wichtige/bedeutungstragende Wörter sind betont
- in Wortgruppen, z. B. *zu**sam**men sein* → Wortgruppenakzent
- in kurzen Sätzen, z. B. *Es ist **toll**.* → Satzakzent
- in längeren Sätzen mit mehreren Wortgruppen,
  z. B. *Es ist **toll**, / zu**sam**men zu sein.*
  Es ist **toll**, zu**sam**men zu sein. (→ Rhythmus)

2 Ich finde es toll, …!

Ich finde es toll, …

1. morgens spät aufstehen ➡ *morgens spät aufzustehen.*
2. gemeinsam frühstücken ➡ ______
3. ins Schwimmbad gehen ➡ ______
4. mein Zimmer aufräumen ➡ ______
5. meine Freundin anrufen ➡ ______
6. schicke Sachen anziehen ➡ ______
7. eine Party zu feiern ➡ ______
8. ein Buch zu lesen ➡ ______

Ich finde es **toll**, → /
morgens **spät** aufzustehen. ↘ //

a Formt die Wortgruppen in Infinitiv + *zu* um.
b Lest reihum vor und vergleicht die Lösung.
 **c** Rhythmuskette: Hört die Sätze und sprecht im Rhythmus nach. Achtet auf die Satzgliederung, die Pausen (/ und //) und die Satzmelodie → und ↘.

Wortgruppen- und Satzakzent

Betone die inhaltlich wichtige Information besonders stark, z. B. *Ich finde es **toll**, → / ins **Schwimm**bad zu gehen.* ↘ //

Der Satzakzent ist stärker als der Wortgruppenakzent. Er ist meist am Satzende.

eine Party feiern

Ich finde es **toll**, → eine **Par**ty zu feiern. ↘

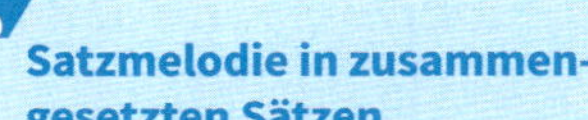

Satzmelodie in zusammengesetzten Sätzen

Die Melodie fällt vor dem Komma nicht. Sie fällt erst am Satzende ↘, z. B. *Ich finde es **toll**, → / morgens **spät** aufzustehen.* ↘ //

d Sagt reihum Wortgruppen aus Ü2a und zeigt auf eine Person. Diese sagt einen Satz mit Infinitiv + *zu*.

3 Toll …! Schade …!

Ich finde es toll, …	Ich finde es super, …	Ich finde es cool, …	Ich finde es prima, …	Ich finde es wichtig, …	Ich finde es schön, …	Ich habe Lust, …
Es macht Spaß, …	Es ist langweilig, …	Es ist nicht schön, …	Ich finde es schade, …	Ich finde es traurig, …	Ich finde es nicht gut, …	Es ist schlimm, …
zusammen tanzen	in die Disko gehen	ins Museum gehen	Hausaufgaben machen	im Haushalt helfen	Musik hören	ins Restaurant gehen
Freunde besuchen	im Garten arbeiten	keine Freunde treffen	nur fernsehen	keine Zeit haben	krank sein	Kopfschmerzen haben

Ich finde es schön, → / ins Museum zu gehen. ↘
Es macht Spaß, → / im Garten zu arbeiten. ↘
Es ist schlimm, …

a Schreibt drei Sätze mit Infinitiv + *zu* ins Heft. Verwendet die Wortgruppen aus der Tabelle.
b Markiert die Pausen (/), die **Satz**akzente und die Satzmelodie: → und ↘.
c Lest reihum vor. Vergleicht die Lösung.
Achtet auf die Satzgliederung (→ Pausen), die Satzmelodie und die Satzakzente.

… im Garten zu arbeiten.

Es macht **Spaß**, → /
im **Gar**ten zu arbeiten. ↘

d Schreibt Kärtchen mit Satzteilen aus Ü3a und verteilt sie. Sucht eine Person mit einem passenden Kärtchen. Lest gemeinsam euren Satz vor.

4 Die Regel (1)

Satzgliederung und Pausen

Es gibt Pausen …
- ◯ nach jedem Wort
- ◯ nach jeder Silbe
- ◯ nach einem Komma
- ◯ vor *und*
- ◯ am Satzende.

a Hört noch einmal die Sätze aus Ü2c.
Ergänzt die Regel: Kreuzt an.
b Vergleicht mit anderen Sprachen: Wo gibt es beim Sprechen Pausen? Sind sie lang oder kurz?

5 Am Samstag um zehn habe ich Zeit, …

Wochenende! Es ist soweit!
Am Samstag um zehn habe ich Zeit,
einen Schwamm zu benutzen
und Fenster zu putzen.

Nein, nein, nein! Das kann nicht sein!

Am Samstag um zehn habe ich Zeit,
in den Zoo zu gehen,
einen Film anzusehen,
plötzlich zu tanzen,
ein paar Blumen zu pflanzen,
ein Schnitzel zu braten,
ein Rätsel zu raten,
einen Witz zu erzählen,
einen Apfel zu schälen,
eine Pizza zu kaufen,
rückwärts zu laufen,
mich mal auszuruhen
oder gar nichts zu tun.

▶ 90 **a** Hört die Sätze und Wortgruppen und sprecht leise mit. Achtet auf [ts].

▶ 91 **b** Hört noch einmal und sprecht sehr langsam mit und nach. Sprecht [ts] ganz deutlich.

c Rhythmuskette: Sprecht zeilenweise reihum.

So sprichst du [ts]

Sprich [t] und [s] deutlich.

Sprich erst ganz langsam und dann immer schneller, z. B. *nicht…s* → *nichts*.

6 Die Regel (2)

So schreibt man [ts]:

t ◆ zz ◆ tz ◆ z ◆ zz ◆ ts

die Pi _____ a, das Rä _____ el, der Wi _____, der _____ oo, der Tan _____, die Por _____ ion

▶ 92 **a** Hört die Wörter und ergänzt die Buchstaben für [ts].

b Hört noch einmal, vergleicht die Lösung und sprecht nach. Achtet auf [ts].

c Schreibt noch mehr Beispiele mit [ts] ins Heft. Lest vor.

d Vergleicht mit anderen Sprachen: Gibt es auch [ts]? Wie schreibt man es? Gibt es den Buchstaben *z*? Wie spricht man ihn aus?

7 Ich habe keine Zeit!

Ich habe keine Zeit,

… Pilze zu sammeln und zu putzen,
… ein Geburtstagsgeschenk zu kaufen,
… Plätzchen zu backen,
… ein Zitroneneis zu kaufen,
… Zwiebeln auf die Pizza zu legen,
… zum Zahnarzt zu gehen,
… das Wohnzimmer zu putzen,
… den Text zu übersetzen,
… eine Zeitung zu lesen,
… zu Fuß nach Zürich zu gehen,
… die Ziegen und Zebras im Zoo anzuschauen.

-e in Endung *-en* fällt oft weg.

Sprich *-en*
- als [n̩] nach *f*, *z* und *ts*, z. B. *kaufen, putzen*,
- als [ŋ̍] nach *k* und *g*, z. B. *backen, legen*.

Nach Vokal bleibt *-e* oft erhalten, z. B. *gehen*.

a Lest den Text und markiert alle [ts].

b Hört den Text, vergleicht die Lösung und sprecht zeilenweise nach.

Ich habe keine **Zeit**, **Pil**ze zu sammeln und zu **put**zen.

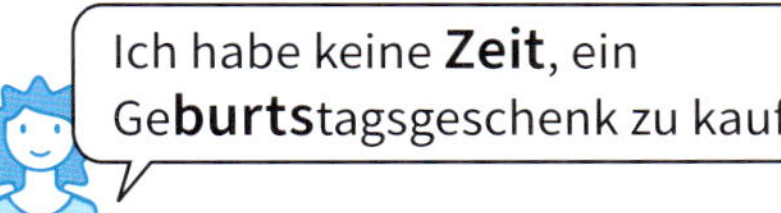

Ich habe keine **Zeit**, …

Ich habe keine Zeit, …

____
____
____
____
____
____

c Rhythmuskette: Sprecht reihum Sätze mit *Ich habe keine Zeit, …* aus Ü7a. Sprecht auch eigene Sätze. Ihr könnt sie vorher aufschreiben. Achtet auf [ts].

8 *Wochenende* im Rhythmus (B)

a Hört den Satz (1) aus Ü1b noch einmal. Sprecht nach. Achtet auf die Wortgruppenakzente, die Satzgliederung mit Pausen /, die Satzmelodie → und ↘ und auf [ts].

87 **b** Hört den Text *Wochenende* im Rhythmus (Ü1a) noch einmal und sprecht im Rhythmus mit.

c Sprecht reihum. Jede/r spricht eine Zeile.

9 *Unser Wochenende* im Rhythmus

Endlich **ist** es soweit! Es ist **Sams**tagmorgen!
Wochenende! Hey **cool**! Keine **Sor**gen!

Es ist so **schön**, ________________.
Ja, es macht **Spaß**, ________________.

Es ist so **toll**, ________________.
Ich finde es **su**per, ________________.

Es ist so **cool**, ________________.
Ich mag es **sehr**, ________________.
Ich finde es **toll**, ________________.
Ich habe **Lust**, ________________.

Es ist auch **schön**, ________________.
Ich finde es **gut**, ________________.
Es macht auch **Spaß**, ________________.
Ich finde es **lus**tig, ________________.
Es ist **schön**, …

a Schreibt gemeinsam einen neuen Text *Unser Wochenende* im Rhythmus. Ergänzt eigene Nebensätze mit Infinitiv + *zu*.

b Führt den Rhythmustext vor. Achtet besonders auf die Satzgliederung, die Wortgruppen- und Satzakzente, die Satzmelodie und auf die feste Konsonantenfolge [ts].

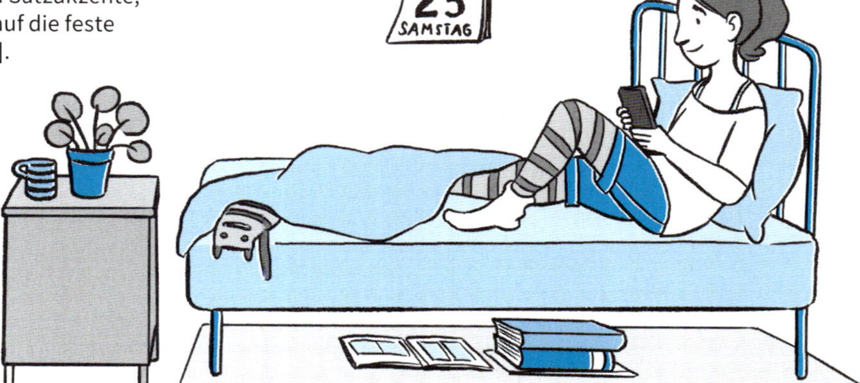

10 Mein Geburtstagsgedicht!

Gratuliert dem Geburtstagskind!

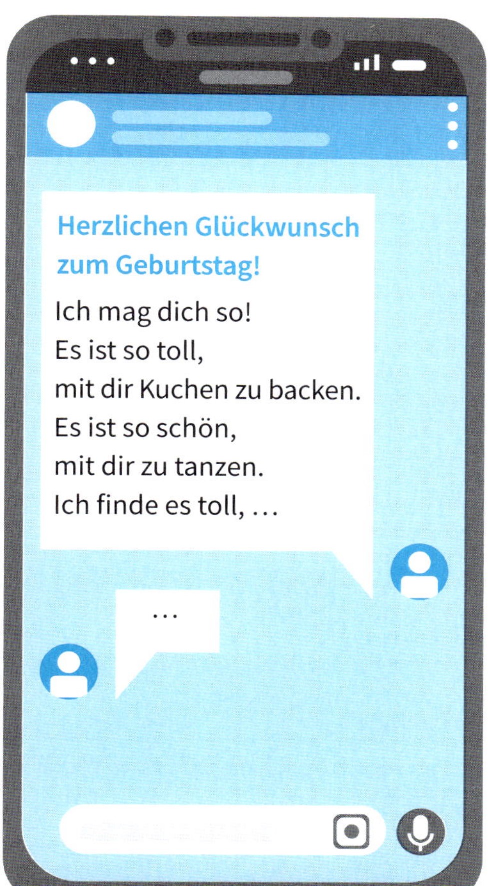

Achtet auf die Aussprache: Satzgliederung, Wortgruppen- und Satzakzent und Satzmelodie, Konsonantenfolge [ts].

Wählt eine Person. Sie beobachtet eure Aussprache und macht Notizen.

Arbeitet zuerst einzeln:

- Sucht eine Person aus der Lerngruppe als Geburtstagskind aus. Gratuliert zum Geburtstag: Schreibt ein Gedicht mit Sätzen mit Infinitiv + *zu*.
- Sprecht das Gedicht ausdrucksvoll als Sprachnachricht und schickt es an das Geburtstagskind.
- Das Geburtstagskind bedankt sich für das Gedicht und die Glückwünsche mit einer Sprachnachricht. Er/Sie macht einen Vorschlag für ein gemeinsames Treffen.
- Ruft euch dann gegenseitig an: Sprecht über das Gedicht. Vereinbart ein Treffen.

Präsentation:

- Lest die Gedichte in der Lerngruppe vor.
- Präsentiert auch eure Sprachnachrichten.
- Sprecht danach über die Aussprache: Was war gut? Was ist noch schwierig?
Die Beobachtungsperson ergänzt. Gebt euch dann gegenseitig Aussprachetipps.
- Stimmt ab: Welche Glückwünsche (Gedichte) gefallen allen am besten?

Arbeitsblatt 1

1 *Vor der Übung:* Die L beschreiben (ggf. in ihrer Erstsprache), was sie auf der Illu sehen, was die Kinder machen und warum sie so fröhlich sind. Die L können erzählen, was sie selbst am Wochenende machen, ob und warum sie den Samstag oder den Sonntag lieber mögen usw.

Weisen Sie die L auf die Rhythmusschrift im Text hin. Alle betonten Silben sind größer geschrieben. Erklären Sie am Beispiel (→ Lerntipp zu Ü1, S. 99), dass in Wortgruppen und Sätzen ein Wort/eine Silbe stark betont ist und in längeren Sätzen mehrere Wörter betont werden. Besonders deutlich betont wird das bedeutungstragende Wort bzw. dessen Wortakzentsilbe.

a/c Ermuntern Sie die L zum Mitsummen, Mitklopfen, Mitbewegen im Rhythmus.

Arbeitsblatt 2

2 **b–d** Achten Sie beim Nachsprechen darauf, dass die L im Hauptsatz immer das gleiche Wort betonen *(Ich finde es **toll**, …)* und dass die Satzmelodie vor dem Komma schwebend und weiterweisend (→) ist bzw. nur ganz leicht ansteigt. Sie sinkt (↘) erst am Satzende in die Lösungstiefe. Weisen Sie darauf hin, dass im Nebensatz mit Infinitiv + *zu* immer das wichtigste/bedeutungstragende Wort betont wird *(Ich finde es **toll**, → / ein **Buch** zu lesen. ↘)*.

d Es soll auch hier (wie in Ü2c) eine Rhythmuskette entstehen. Jede Person, die einen kompletten Satz gesagt hat, nennt anschließend wiederum eine Wortgruppe und zeigt auf eine weitere Person. Diese muss mit einem Satz reagieren usw. Es kann immer wieder von vorn begonnen werden.

Variante: Es werden vorher Kärtchen mit Wortgruppen (wie in Ü2a) verteilt. Ergänzen Sie weitere Wortgruppen, z. B. *die **Zei**tung lesen, ins **Ki**no gehen, gemeinsam **ko**chen, …*

Lösungen

2 a Ich finde es toll, … 1. morgens spät aufzustehen. 2. gemeinsam zu frühstücken. 3. ins Schwimmbad zu gehen. 4. mein Zimmer aufzuräumen. 5. meine Freundin anzurufen. 6. schicke Sachen anzuziehen. 7. eine Party zu feiern. 8. ein Buch zu lesen.

Arbeitsblatt 3

3 **a** Es können auch weitere Satzanfänge ergänzt werden, z. B. *Es ist **an**strengend/**ko**misch/**un**höflich/…* Ebenso können weitere Wortgruppen ergänzt werden, die sich in Infinitiv + *zu* umformen lassen.

d Die beiden L stellen sich am besten nebeneinander. Während L1 den Hauptsatz liest, schaut er/sie zu L2 hinüber. Dann spricht L2 den Nebensatz und schaut am Ende nach unten. So gelingen die Satzgliederung und die Satzmelodie.

4 **b** *Vergleich mit anderen Sprachen:* Zur Verdeutlichung schreiben Sie zuerst einen Satz auf Deutsch an die Tafel, mit dem Sie und die L experimentieren können. Machen Sie nach jedem Wort eine deutliche Pause. Sprechen Sie ganz ohne Pause. Machen Sie die Pause an der falschen Stelle. Die L diskutieren, wie das klingt. Beenden Sie diese Übungssequenz aber immer mit einem korrekten Beispiel, das alle einzeln oder im Chor mehrmals nachsprechen. In vielen anderen Sprachen (z. B. im Polnischen und Russischen) gibt es ebenfalls Pausen nach einem Komma und am Satzende. Die Signale zur Ankündigung einer Pause können aber von denen im Deutschen abweichen. So steigt z. B. im Polnischen die Melodie nach einem Komma relativ stark und im Russischen fällt die Melodie am Ende von Aussagen nicht in die Lösungstiefe. Weitere Beispiele in Dahmen/Hirschfeld/Meißner/Reinke (2021–2025).

Lösungen

3 a/b *Lösungsvorschläge:* Ich finde es **toll**, → / zusammen zu **tan**zen. ↘ Ich finde es **su**per, → / ins Restau**rant** zu gehen. ↘ Ich finde es **cool**, → / in die **Dis**ko zu gehen. ↘ Ich finde es **pri**ma, → / **Freun**de zu besuchen. ↘ Ich finde es **wich**tig, → / im **Haus**halt zu helfen. ↘ Ich finde es **schön**, → / ins Mu**se**um zu gehen. ↘ Ich habe **Lust**, → / im **Gar**ten zu arbeiten. ↘ Es macht **Spaß**, → / Mu**sik** zu hören. ↘ Es ist **lang**weilig, → / nur **fern**zusehen. ↘ Es ist nicht **schön**, → / keine **Freun**de zu treffen. ↘ Ich finde es **scha**de, → / keine **Zeit** zu haben. ↘ Ich finde es **trau**rig, → / **krank** zu sein. ↘ Ich finde es nicht **gut**, → / nur **fern**zusehen. ↘ Es ist **schlimm**, → / **Kopf**schmerzen zu haben. ↘

4 a Es gibt Pausen nach einem Komma, vor *und*, am Satzende.

Arbeitsblatt 4

5 **a** Üben Sie mit den L anfangs besonders die Aussprache der beiden Konsonanten: [t] und [s]. Dies gelingt, wenn erst ganz langsam und später immer schneller gesprochen wird, z. B. *nich…**t**…**s** → nich**t**…**s** → nich**ts**.*

6 **b** Machen Sie die L darauf aufmerksam, dass die Kombinationen *ts* und *tz* in Wörtern häufig vorkommen. Sie verteilen sich entweder auf verschiedene Silben, z. B. *Rät-sel, Wit-ze, Kat-ze* oder befinden sich innerhalb der Silbe, z. B. *nichts, Witz, (er) sitzt*.

d *Vergleich mit anderen Sprachen:* In vielen Sprachen (z. B. im Englischen, Griechischen, Portugiesischen) wird der Buchstabe *<z>* wie ein stimmhaftes [z] ausgesprochen. Das können Sie gut am Wort *Zoo/zoo* an der Tafel erklären. Fragen Sie die L, wie es auf Englisch ausgesprochen wird (→ [zuː]) und wie auf Deutsch (→ [tsoː]). In anderen Sprachen wird *<z>* als [s] (→ stimmloses S) realisiert (z. B. im Spanischen). Weitere Beispiele in Dahmen/Hirschfeld/Meißner/Reinke (2021–2025).

Lösungen

6 a die Pizza, das Rätsel, der Witz, der Zoo, der Tanz, die Portion

6 c *Lösungsvorschläge für Beispiele:* <z>: zwei, heizen, kurz, die Zitrone, der Zweig, die Wurzel, der Zahn, die Zeit, der Zug, der Walzer, zuverlässig; <t>: die Lektion; <tz>: das Netz, die Katze; <ts>: nichts

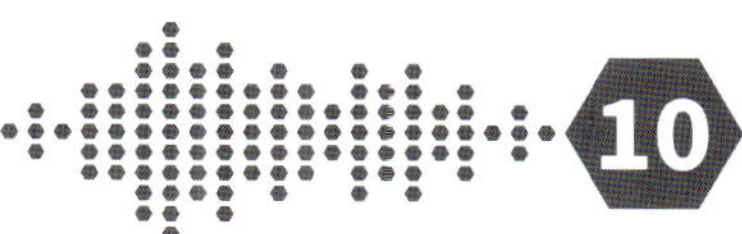

Arbeitsblatt 5

7 c Die L können andere Nebensätze aus dieser Einheit ergänzen und aufschreiben, mit denen weitergeübt wird, z. B. … ***Wit**ze zu erzählen, … eine **Kat**ze zu malen, …*

Lösungen

7 a Ich habe keine Zeit, … Pilze zu sammeln und zu putzen, ein Geburtstagsgeschenk zu kaufen, Plätzchen zu backen, ein Zitroneneis zu kaufen, Zwiebeln auf die Pizza zu legen, zum Zahnarzt zu gehen, das Wohnzimmer zu putzen, den Text zu übersetzen, eine Zeitung zu lesen, zu Fuß nach Zürich zu gehen, die Ziegen und Zebras im Zoo anzuschauen.

Arbeitsblatt 6

8 b/c Ermuntern Sie alle L zum Mitbewegen, Mitwippen, Taktschlagen, Summen …, während die einzelnen L oder die Gruppen sprechen.

c Die L können einzeln oder in vier kleinen Gruppen arbeiten.

9 *Geben Sie Hilfestellungen:* Wortgruppen an die Tafel schreiben, Wörterlisten austeilen. Oder sammeln Sie gemeinsam mit den L passende Wortgruppen, die sich zu Infinitiv + *zu* umformen lassen. Die Rhythmustexte können fast endlos weitergeführt werden.

Die L können in Kleingruppen arbeiten. Anschließend wird der Rhythmustext vorgeführt. Der Text kann auf ein Poster geschrieben und im Unterrichtsraum ausgehängt werden. *Hinweis:* Die Zeilen des Textes können, müssen sich aber nicht reimen.

Variante: Ein solcher Text kann nach dem gleichen Muster für jeden anderen Wochentag geschrieben werden.

Arbeitsblatt 7

10 *Handlungsorientierte Aufgabe:* Vor der Ü können Sie eine Umfrage in der Lerngruppe machen, wer wann Geburtstag hat. Die L sollten das Gedicht als Geburtstagsgeschenk für ein Geburtstagskind nach dem vorgegebenen Muster *„Ich mag dich so!“* schreiben. Sie verwenden dafür Infinitivsätze + *zu*. Die L können auch zu zweit arbeiten, d. h. sie schreiben zuerst jeweils beide ein eigenes Gedicht und lesen es sich gegenseitig vor. Sie geben sich Feedback zur Aussprache, bevor sie ihre Gedichte vor der Lerngruppe präsentieren. Weisen Sie die L darauf hin, dass sie beim Sprechen immer auch auf die Aussprache achten sollen: hier besonders auf Satzgliederung, Wortgruppen- und Satzakzente, Satzmelodie, Konsonantenfolge [ts].

Bestimmen Sie mit den L vor der Ü gemeinsam eine/n Beobachter/in für jeden L/jedes Team, der/die die Abweichungen in der Aussprache der L während der gesamten Ü protokolliert und den L Feedback zur Aussprache gibt (vgl. Beobachtungsprotokoll auf S. 12).

Unterstützen Sie die L bei der Fokussierung auf die Aussprache. Geben Sie selbst Tipps für die Verbesserung der Aussprache und ermuntern Sie die L, verschiedene Ausspracheler nstrategien auszuprobieren.

Das kann man auch noch üben:

- Wortakzent in Komposita, z. B. *das Zitr**o**neneis, das **Wohn**zimmer*
- Vokale lang/gespannt und kurz/ungespannt in Adjektiven, z. B. *super, lustig, schade, langweilig*
- Vokalneueinsatz/Knacklaut vor Vokalen und Diphthongen am Wort- und Silbenanfang, z. B. *Ich finde |es **toll**, …; Ich mag |es **sehr**, …*

Phonetische Schwerpunkte

Phonetik

- Wortgruppen- und Satzakzent (Personalpronomen + Nomen) in Aussagen und W-Fragen
- E-Laute [eː], [ɛ], [ɛː]
- Konsonantenfolgen

zusammen mit

... Grammatik

- Deklination von Personalpronomen
- Possessivpronomen
- Wortstellung in Aussagen und W-Fragen

... Wortschatz

- Körperteile
- Krankheiten
- Medizin

Wortgruppen- und Satzakzent (Personalpronomen + Nomen) in Aussagen und W-Fragen

- **Regeln:**
  - Betont wird i. d. R. (bei der sachlich-neutralen Sprechweise) das Nomen, z. B. *meine **Hand**, unsere **Hän**de; Mein **Hals** tut weh.*
  - In längeren Sätzen aus mehreren Wortgruppen werden oft mehrere Wörter betont. Einer der Wortgruppenakzente ist gleichzeitig der Satzakzent, z. B. *Warum **kommst** du denn nicht / zum **Un**terricht?*
  - Wortgruppen- und Satzakzentsilben werden stärker hervorgehoben und lauter, höher/tiefer, deutlicher und langsamer als alle anderen Silben gesprochen.
- **(Kontrollierbare) Hörübungen durchführen:**
  - zum Erkennen und Markieren der Wortgruppenakzente sowie der Wortakzente in den betonten Wörtern.
- **Bewusstmachung:**
  - betonte Silben groß schreiben, Akzentvokal markieren, z. B. *die **HÄN**de*
  - Wortgruppe oder Satz deutlich vorsprechen.
- **Wortgruppen- und Satzakzente trainieren:**
  - Nachsprechen und Imitieren der Wortgruppen und Sätze mit gestischer bzw. ganzkörperlicher Unterstützung, z. B. auf der betonten Silbe klopfen/klatschen/stampfen
  - betonte Silben (Wortgruppen- und Satzakzentsilben) besonders laut und deutlich sprechen (übertreiben).

E-Laute [eː], [ɛ], [ɛː]

- **Regeln:**
  - Man unterscheidet drei E-Laute: [eː] → *weh* (lang/gespannt); [ɛ] → *schlecht* (kurz/ungespannt); [ɛː] → *(die) Zähne* (lang/ungespannt).
  - Es gibt folgende Minimalpaare mit E-Lauten: [eː]–[ɛ] → *(das) Beet – (das) Bett;* [eː]–[ɛː] → *(die) Beeren – (die) Bären;* [ɛː]–[ɛ] → *(die) Täler – (der) Teller.*
  - Laut-Buchstaben-Beziehungen: [eː] → <e, eh, ee>; [ɛ] → <e, ä>; [ɛː] → <ä, äh>.
- **(Kontrollierbare) Hörübungen durchführen:**
  - zum Differenzieren und Identifizieren der E-Laute bzw. der Vokallänge der E-Laute, z. B. mit Minimalpaaren.
- **Artikulation der E-Laute trainieren:**
  - mit gestischer bzw. ganzkörperlicher Unterstützung, z. B. für langen Vokal eine Handbewegung nach rechts machen, für kurzen Vokal eine Faust machen; breites Lächeln für langen/gespannten E-Laut [eː]
  - mithilfe eines Spiegels, z. B. zur Beobachtung der Lippenbewegungen (bei [eː] breit lächeln und dabei fröhlich *Heee!* sagen)
  - Minimalpaare mit [eː] – [iː] üben, um auf die sehr kleinen Unterschiede zwischen beiden Lauten aufmerksam zu machen, z. B. *sie – (der) See, wir – wer.*

Konsonantenfolgen

- **(Kontrollierbare) Hörübungen durchführen:**
  - zum Identifizieren aller Konsonanten in den Konsonantenfolgen im Zusammenhang mit den Laut-Buchstaben-Beziehungen, z. B. im Silbenanlaut *(der) **Schm**erz* und im Silbenauslaut, z. B. *(der) Ko**pf***, und ebenso über die Silbengrenze hinaus, z. B. *(die) Ko**pfschm**erzen.*
- **Aussprache der Konsonantenfolgen trainieren:**
  - dabei auf langsame und deutliche Aussprache aller Konsonanten achten, z. B. *Hal…s…sch…m…er…z…en.*
- **Laut-Buchstaben-Beziehungen bewusstmachen und üben:**
  - in Diktaten mit Lücken, z. B. *Ko______e__-ta__etten (= Kopfschmerztabletten).*

1 *Alles tut weh* im Rhythmus (A)

①
ich Mein **Kopf** tut mir weh.
du Dein **Ohr** tut dir weh.
sie Ihre **Hand** tut ihr weh.
er Sein **Hals** tut ihm weh.

③
Mir tut der **Kopf** weh.
Dir tut das **Ohr** weh.
Ihr tut die **Hand** weh.
Ihm tut der **Hals** weh.

②
wir Unsere **Fü**ße tun uns weh.
ihr Eure **Hän**de tun euch weh.
sie Ihre **Oh**ren tun ihnen weh.

④
Uns tun die **Fü**ße weh.
Euch tun die **Hän**de weh.
Ihnen tut **al**les weh.

A Warum **kommst** du denn **nicht** zum **Un**terricht?
B Mein **Kopf** tut mir **weh**, mein **Bauch** tut mir **weh**, meine **Na**se tut mir **weh**.
Mir tut **al**les **weh**!

A Ach **ja**, ich ver**steh**!
Dein **Kopf** tut **weh**, dein **Bauch** tut **weh**, deine **Na**se tut **weh**.
Dir tut **al**les **weh**!
Ja**ja**, ich ver**steh**!

A Warum kommt **er** denn nicht zum **Un**terricht?
C Sein **Hals** tut **weh**, sein **Fuß** tut **weh**, seine **Oh**ren tun **weh**.
Ihm tut **al**les **weh**!
A Ach **ja**, ich ver**steh**!

A Warum kommt **sie** denn nicht zum **Un**terricht?
D Ihre **Hand** tut **weh**, ihr **Rü**cken tut **weh**, ihre **Fü**ße tun **weh**.
Ihr tut **al**les **weh**!
A Ach **ja**, ich ver**steh**!

A Warum kommt **ihr** denn nicht zum **Un**terricht? Was tut **euch** denn **weh**?
ALLE Unsere **Fü**ße tun **weh**, unsere **Fin**ger tun **weh**, unsere **Hän**de tun **weh**!
O**weh**, o**weh**, uns tut **al**les **weh**!
A O**je**, o**je**! Eure **Fü**ße tun **weh**, eure **Fin**ger tun **weh**, eure **Hän**de tun **weh**!

Ihnen tut **al**les **weh**! O**je**, o**je**!

Wortgruppen- und Satzakzente

Wichtige/bedeutungstragende Wörter sind betont
- in Wortgruppen, z. B. *eure **Fü**ße* → Wortgruppenakzent
- in kurzen Sätzen, z. B. *Euch tut **al**les **weh**.* → Satzakzent
- in längeren Sätzen mit mehreren Wortgruppen, z. B. *Eure **Fü**ße / tun **weh**.* Eure Füße tun weh. (→ Rhythmus)

 94 **a** Hört den Text *Alles tut weh* im Rhythmus mehrmals. Lest und summt mit.

 95 **b** Hört die Sätze ① ② und ③ ④ zweimal. Achtet zuerst auf die betonten Wörter im Satz und dann auf die langen E-Laute [e:].

c Hört noch einmal. Summt und klopft mit.

2 Wie geht es euch?

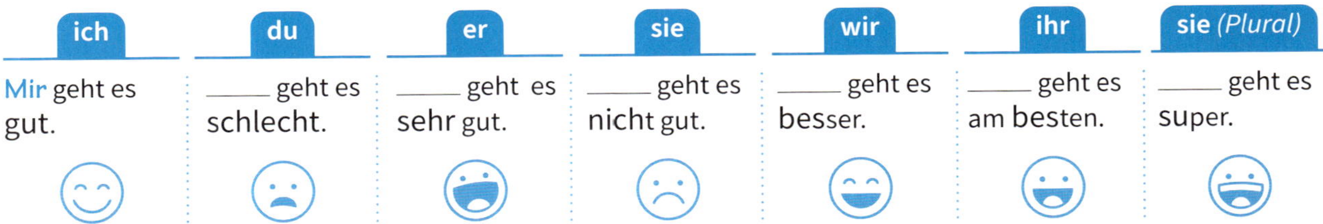

ich	du	er	sie	wir	ihr	sie *(Plural)*
Mir geht es gut.	_____ geht es schlecht.	_____ geht es sehr gut.	_____ geht es nicht gut.	_____ geht es besser.	_____ geht es am besten.	_____ geht es super.

a Ergänzt die Personalpronomen im Dativ aus dem Gedächtnis.
b Lest reihum vor und vergleicht die Lösung.
▶ 96 **c** Hört die Sätze. Sprecht im Rhythmus nach.

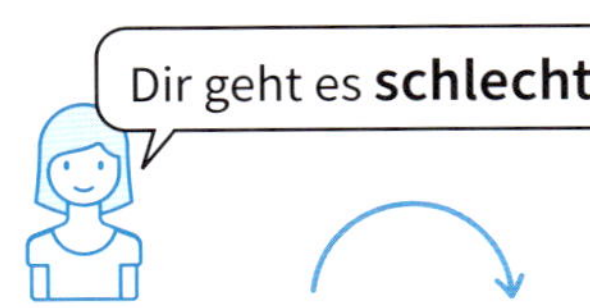

Wortstellung in Aussagen

Das Verb hat immer Position 2. In Sätzen mit Personalpronomen auf Position 1 folgt das Subjekt dem Verb, z. B. *Mir geht es* ***gut***.

d Rhythmuskette: Sprecht die Sätze aus Ü2a im Rhythmus reihum und zeigt dabei auf Personen wie bei einem Abzählreim.
e Rhythmuskette: Wie geht es euch heute wirklich? Sprecht reihum und zeigt es mit Mimik und Gestik.

3 Das ist mein Körper

ich	du	er	sie	wir	ihr	sie *(Plural)*
• ● mein Fuß	_____ Zeh	_____ Arm	_____ Rücken	_____ Finger *(Pl.)*	_____ Beine	_____ Hände
_____ Knie	_____ Herz	_____ Bein	_____ Auge			
_____ Hand	_____ Nase	_____ Lippe	_____ Zunge			
_____ Zähne	_____ Haare	_____ Ohren	_____ Augen			

a Ergänzt die Possessivpronomen und die Rhythmusmuster.
b Lest im Rhythmus spaltenweise vor und vergleicht die Lösung.
▶ 97 **c** Hört die Wortgruppen und sprecht im Rhythmus nach.
d Rhythmuskette: Sprecht im Rhythmus reihum und zeigt auf die Körperteile.

Wortgruppenakzent

Betone das Nomen (→ Inhaltswort) besonders stark. Sprich das Possessivpronomen (→ Formwort und Besitzwort) leiser, langsamer und undeutlicher, z. B. *mein* ***Fuß***.

4 Was tut ihm weh? Was tut ihr weh?

a Spiel: Eine Person zeigt auf Körperteile (bei sich oder anderen).
Wer nennt zuerst Personalpronomen und Nomen?

b Was tut dir weh? Was tut ihm/ihr weh?
Eine Person fragt und zeigt (wie in Ü4a). Alle antworten im Chor.

Satzakzent in W-Fragen

Sprich das letzte Wort im Satz lauter, deutlicher und tiefer als alle anderen Wörter und Silben, z. B. *Was tut ihm* ***weh***?

5 Reime finden mit E-Lauten

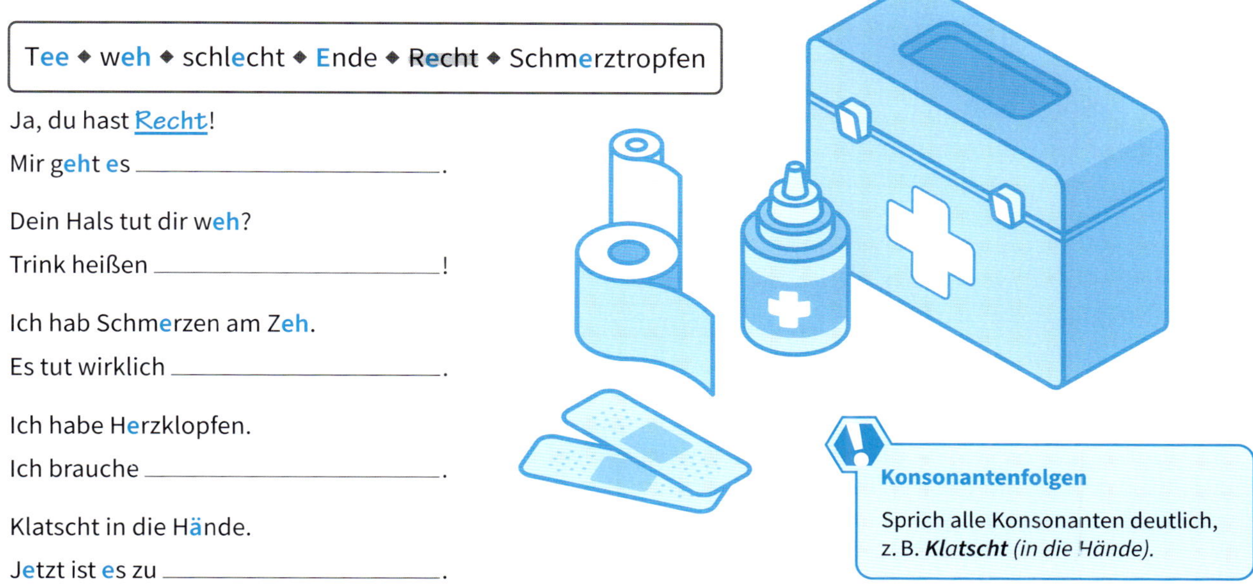

Tee ◆ weh ◆ schlecht ◆ Ende ◆ Recht ◆ Schmerztropfen

Ja, du hast *Recht*!
Mir geht es ______________.

Dein Hals tut dir weh?
Trink heißen ______________!

Ich hab Schmerzen am Zeh.
Es tut wirklich ______________.

Ich habe Herzklopfen.
Ich brauche ______________.

Klatscht in die Hände.
Jetzt ist es zu ______________.

Konsonantenfolgen
Sprich alle Konsonanten deutlich, z. B. ***Klatscht*** *(in die Hände).*

a Lest die Reime. Ergänzt die Reimwörter.
98 **b** Hört die Reime, vergleicht die Lösung und sprecht nach. Achtet auf die E-Laute.
c Hört noch einmal. Markiert die **Satz**akzente.
d Rhythmuskette: Sprecht die Reime reihum im Rhythmus. Beginnt immer wieder von vorn. Vergleicht auch die Lösung.

6 Die Regel

So sprechen wir die E-Laute:

	[eː]	[ɛː]	[ɛ]
der Zeh, der Tee, er	○	○	○
die Zähne, das Mädchen	○	○	○
die Hände, das Herz, schlecht	○	○	○

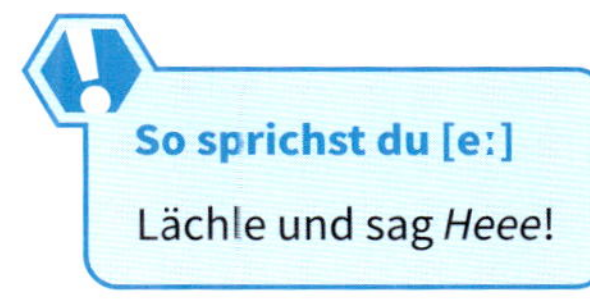

So sprichst du [eː]
Lächle und sag *Heee*!

99 **a** Hört die Wörter (links). Achtet auf die E-Laute (fett).
b Ergänzt die Regel: Kreuzt an.
c Hört noch einmal, vergleicht die Lösung und sprecht nach.

Laute	Buchstaben	Beispiele
[eː]	___, ___, ___	______________________________
[ɛː]	___, ___	______________________________
[ɛ]	___, ___	______________________________

d Lest die Reimwörter aus Ü5a. Ergänzt die Buchstaben für jeden E-Laut (in der mittleren Spalte).
e Schreibt noch mehr Beispielwörter für E-Laute auf (rechts). Lest vor.
f Vergleicht mit anderen Sprachen: Welche E-Laute gibt es? Wie klingen sie?

7 Uns geht es gut!

Mir geht es, dir geht es, ihr geht es gut.
Mir geht es, dir geht es, ihr geht es gut.
Mir geht es sehr gut, dir geht es sehr gut, ihr geht es sehr gut!
Sehr, sehr gut!

Ihm geht es, uns geht es, euch geht es gut.
Ihm geht es, uns geht es, euch geht es gut.
Ihm geht es besser, uns geht es besser, euch geht es besser.
Viel, viel besser!

Ihnen geht es, allen geht es, uns geht es gut.
Ihnen geht es, allen geht es, uns geht es gut.
Uns geht es am besten!
Ja, ja, ja! Alles klar!?

a Hört die Sätze und sprecht leise mit. Achtet auf die E-Laute (fett).
b Hört noch einmal und markiert die Vokallänge der E-Laute (lang _ und kurz .).
c Welche E-Laute spricht man in *gehen, es, sehr, besser, am besten*? Vergleicht mit Ü5.
d Hört mehrmals und sprecht mit. Achtet auf die E-Laute.
e Rhythmuskette: Sprecht reihum je eine Zeile.

Melodieverlauf bei Aufzählungen

Am Satzende fällt ↘ die Melodie sehr stark. Vor dem Komma fällt sie nicht →, z. B. ***Mir** geht es,* → / ***dir** geht es,* → / *ihr geht es **gut**.* ↘ //

Mach vor dem Komma eine kurze Pause.

8 Schmerzen!

Was tut denn weh? Was tut dir denn weh?
Mir tut der Kopf weh. Ich habe Kopfschmerzen.
Mir tut der __a__ weh. Ich habe __a______e__en.
Mir tut der __au__ weh. Ich habe __au______e__en.
Mir tut das __e__ weh. Ich habe __e______e__en.
Mir tut der __ü__ en weh. Ich habe __ü__en____e__en.
Ich habe auch __u__en und ____u__en dazu.
Mir geht es sehr ____e____. Lasst mich in Ruh.

Konsonantenfolgen

Sprich jeden Konsonanten deutlich. Sprich erst ganz langsam und dann immer schneller:
Hal…s…sch…m…er…z…en
Hals…schmer…zen
Halsschmerzen

a Hört die Sätze und ergänzt die Konsonanten in den Nomen für Körperteile.
b Hört mehrmals, vergleicht die Lösung und sprecht erst mit, dann nach. Achtet auf die Konsonanten.
c Lest reihum vor. Sprecht alle Konsonanten langsam und deutlich.
d Vergleicht mit anderen Sprachen: Kennt ihr Sprachen mit Konsonantenfolgen (= viele Konsonanten nacheinander)? Wie viele Konsonanten stehen nacheinander? Welche?

9 Du brauchst Medizin!

A Schmerzen, **Schmer**zen!
B Du brauchst Medizin.

A Schmerzen, Schmerzen!
B Nimm doch Aspirin.

A Ich habe Halsschmerzen.
B Du brauchst Halsschmerztabletten.

A Ich habe Kopfschmerzen.
B Du brauchst Kopfschmerztabletten.

A Ich habe Magenschmerzen.
B Du brauchst Magentropfen.

A Ich habe Herzschmerzen.
B Du brauchst Herztropfen.

A Ich habe Schnupfen.
B Du brauchst Nasentropfen.

A Ich habe Husten.
B Du brauchst Hustentropfen.

A Ich habe Fieber.
B Du brauchst ein Fieberzäpfchen.

A Ich habe Schmerzen.
B Du brauchst ein Schmerzzäpfchen.

A Mir tut alles weh!
B Dann trink heißen Tee.

A Danke, sehr nett. Ich leg mich ins Bett!

 102
a Hört die Sätze und sprecht leise mit.
Achtet auf die Konsonanten.

b Hört noch einmal. Markiert die **Satz**akzente.

103 **c** Hört die Sätze langsam und sprecht langsam nach.

d Übt zu zweit: Lest abwechselnd (A und B) je einen Satz vor.
Achtet auf die Aussprache der Konsonanten und auf die Satzakzente.

Wortakzent in zusammengesetzten Nomen (→ Komposita)

Betone immer das erste Wort (→ Bestimmungswort), z. B. *(die)* ***Ha̤ls****schmerzen.*

10 *Alles tut weh* im Rhythmus (B)

 95
a Hört die Sätze ① ② und ③ ④ aus Ü1b noch einmal und sprecht nach.
Achtet auf die betonten Wörter im Satz und auf die langen E-Laute [eː].

 94
b Hört den Text *Alles tut weh* im Rhythmus (Ü1a) noch einmal und sprecht im Rhythmus mit.

c Ändert die Wortfolge im Satz wie in Ü8, z. B. *Mein Kopf tut mir weh. → Mir tut der Kopf weh.*
Sprecht den Rhythmustext (Ü1a) in der neuen Version im Rhythmus.
Achtet auf die betonten Vokale und die Wortstellung im Satz.

d Sprecht zu viert (ABCD).

11 *Uns tut alles weh* im Rhythmus

A Warum **kommst** du denn **nicht** zum **Un**terricht?
B Mein/Meine ______________ tut/tun mir **weh**,
mein/meine ______________ tut/tun **weh**,
mein/meine ______________ tut/tun **weh**.
Mir tut alles **weh**!

A Ach **ja**, ich ver**steh**!
Dein/Deine ______________ tut/tun dir **weh**,
dein/deine ______________ tut/tun **weh**,
dein/deine ______________ tut/tun **weh**.
Dir tut alles **weh**!
Ja**ja**, ich ver**steh**!

A Warum **kommt** er denn **nicht** zum **Un**terricht?
B Sein/Seine ______________ tut/tun ihm **weh**,
sein/seine ______________ tut/tun **weh**,
sein/seine ______________ tut/tun **weh**.
Ihm tut alles **weh**!
A Ach **ja**, ich ver**steh**!

A Warum **kommt** sie denn **nicht** zum **Un**terricht?
B Ihr/Ihre ______________ tut/tun ihr **weh**,
ihr/ihre ______________ tut/tun **weh**,
ihr/ihre ______________ tut/tun **weh**.
Ihr tut alles **weh**!
A Ach **ja**, ich ver**steh**!

A Warum **kommt** ihr denn **nicht** zum **Un**terricht?
Was **tut** euch denn **weh**?
ALLE Unser/Unsere ______________ tut/tun uns **weh**,
unser/unsere ______________ tut/tun **weh**,
unser/unsere ______________ tut/tun **weh**.
Oweh, o**weh**, uns tut alles **weh**!

A Oje, o**je**! Euer/Eure ______________ tut/tun euch **weh**,
euer/eure ______________ tut/tun **weh**,
euer/eure ______________ tut/tun **weh**.
Ihnen tut alles **weh**! O**je**, o**je**!

a Schreibt gemeinsam einen Text *Uns tut alles weh* im Rhythmus. Setzt andere Körperteile ein.
Verwendet die richtigen Endungen für die Personalpronomen und wählt jeweils die richtige Verbform *(tun/tut)*.

b Führt den Rhythmustext vor. A und B sprechen einzeln, für 'Alle' spricht eine Gruppe.
Achtet auf Wortgruppenakzente, die E-Laute und die Konsonantenfolgen.

12 Ich bin krank!

Spielt Ärztin/Arzt und Patientin/Patient!

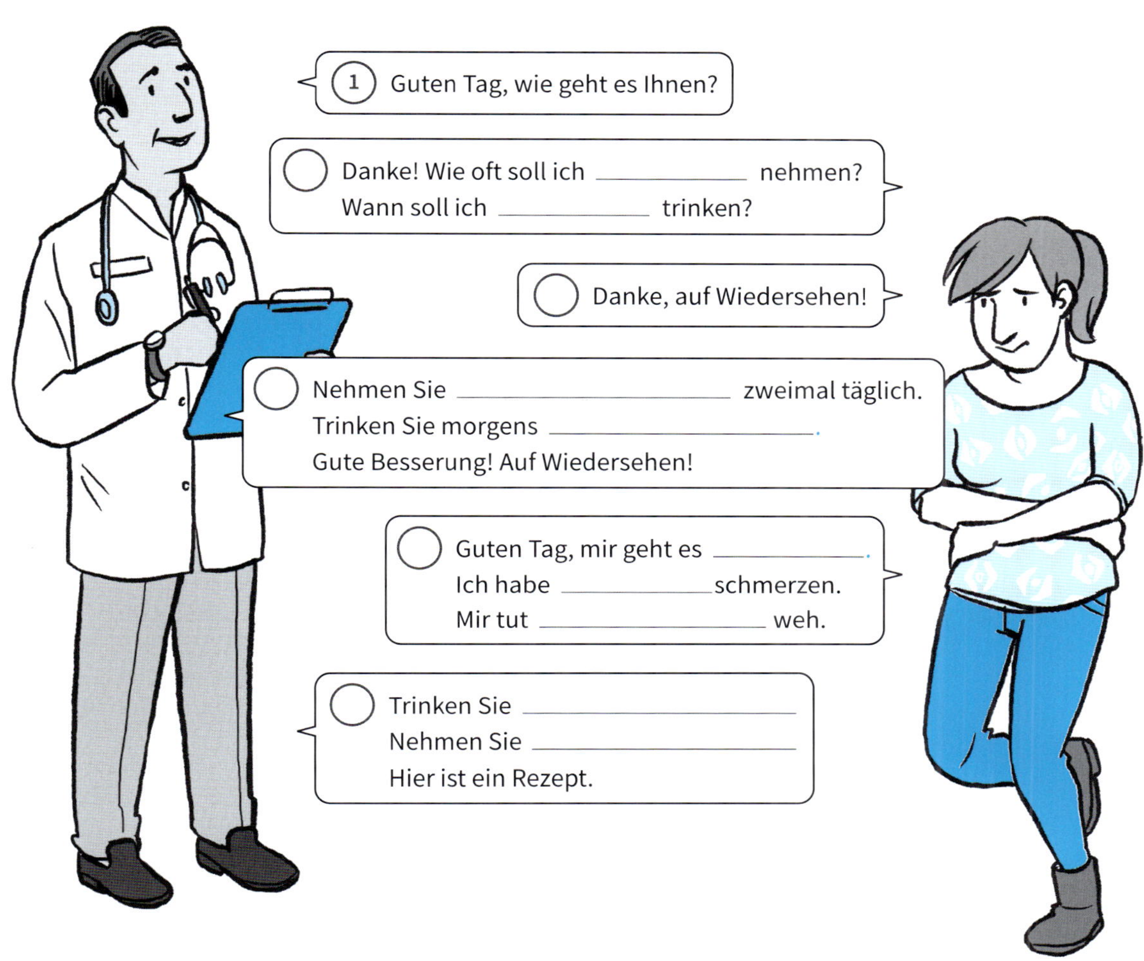

Achtet auf die Aussprache:
Wortgruppen- und Satzakzente, E-Laute, Konsonantenfolgen.

Wählt eine Person. Sie beobachtet eure Aussprache und macht Notizen.

Arbeitet zu zweit:

- Spielt Ärztin/Arzt (A) und Patientin/Patient (B).
- Ergänzt für euer Gespräch die Angaben in den Sprechblasen.
- Bringt die Gesprächsabschnitte in die richtige Reihenfolge und nummeriert sie von 1 bis 6.
- B ruft die Ärztin/den Arzt (A) in der Arztpraxis an. Er/sie sagt, was wehtut. A reagiert. Sprecht auch Sätze aus Ü1, 2, 7, 8, 9.

Präsentation:

- Berichtet vor der Lerngruppe im Präteritum oder Perfekt über euer Gespräch: Was tat weh? Was hat die Ärztin/der Arzt gesagt?
- Sprecht danach über die Aussprache: Was war gut? Was ist noch schwierig? Die Beobachtungsperson ergänzt. Gebt euch dann gegenseitig Aussprachetipps.
- Vergleicht: Welche Beschwerden kommen am häufigsten vor?

Was tat dir gestern weh?

Arbeitsblatt 1

1 *Vor der Übung:* Die L beschreiben (ggf. in ihrer Erstsprache), was sie auf der Illu sehen und wie die Körperteile in ihrer Erstsprache oder in anderen Sprachen heißen.

Weisen Sie die L auf die Rhythmusschrift im Text hin. Alle betonten Silben sind größer geschrieben. Erklären Sie am Beispiel (→ Lerntipp zu Ü1, S. 109), dass in Wortgruppen und Sätzen ein Wort/eine Silbe stark betont ist und in längeren Sätzen mehrere Wörter betont werden. Besonders deutlich betont wird das bedeutungstragende Wort bzw. dessen Wortakzentsilbe.

a–c Ermuntern Sie die L zum Mitsummen, Mitklopfen, Mitbewegen im Rhythmus.

Arbeitsblatt 2

2 **a** Die L sollen die Personalpronomen nicht aus Ü1 abschreiben. Die Personalpronomen können aber vorher ungeordnet an die Tafel geschrieben werden.

c–e Ermuntern Sie die L zum Mitklopfen und Mitbewegen im Rhythmus.

e *Variante:* Es können vorher Kärtchen mit Adjektiven verteilt werden: *gut, sehr gut, schlecht, sehr schlecht, super, besser …*, die dann in den Sätzen verwendet werden.

3 **a** Erklären Sie die Rhythmusmuster an zwei Beispielen: *mein **Fuß*** •● , *meine **Bei**ne* ••●•. Klopfen Sie mit den L gemeinsam die Silben – unbetonte Silben leise, die betonte Silbe laut.

d Gesten: Die L zeigen im Rhythmus auf den entsprechenden Körperteil oder machen eine Bewegung mit dem Körperteil.

4 **a/b** Demonstrieren Sie die Übungen. Zeigen Sie auf Ihren Kopf und sagen Sie: *Mein **Kopf**.* Zeigen Sie auf den Kopf einer anderen Person und sagen Sie: *Sein/Ihr **Kopf**.* Fragen Sie dann: *Was tut ihm/ihr **weh**?* Die L antworten im Chor: *Sein/Ihr **Kopf** tut ihm/ihr weh.*

b *Variante:* Wiederholen Sie die Ü. Jetzt sprechen die L im Chor die Antworten ohne Personalpronomen im Dativ, z. B. *Sein **Bauch** tut weh.* Lassen Sie noch einmal den Text *Alles tut weh* im Rhythmus (Ü1a) hören und mitlesen – die L markieren alle Sätze mit und ohne Personalpronomen im Dativ mit verschiedenen Farben.

Lösungen

2 a Mir geht es **gut**. Dir geht es **schlecht**. Ihm geht es **sehr** gut. Ihr geht es **nicht** gut. Uns geht es **bes**ser. Euch geht es am **bes**ten. Ihnen geht es **su**per.

3 a **ich:** mein Fuß •●, mein Knie •●, meine Hand ••●, meine Zähne ••●• **du:** dein Zeh •●, dein Herz •●, deine Nase ••●•, deine Haare ••●• **er:** sein Arm •●, sein Bein •●, seine Lippe ••●•, seine Ohren ••●• **sie:** ihr Rücken •●•, ihr Auge •●•, ihre Zunge ••●•, ihre Augen ••●• **wir:** unsere Finger •••●• **ihr:** eure Beine ••●• **sie:** ihre Hände ••●•

Arbeitsblatt 3

5 **a** Erklären Sie an einem Beispiel das Reimprinzip: Schreiben Sie zwei Wortpaare untereinander an die Tafel, z. B. *gehen – stehen* und *Tee – Zeh*. Erklären Sie, dass sich die Wörter reimen, weil sie ab dem Akzentvokal gleich klingen, jedoch nicht immer gleich geschrieben werden müssen.

b Die L sollten zum Schluss die Reimwörter wiederholen, z. B. *Recht – schlecht, weh – Tee, …*

d Die L sollten die inhaltlich wichtigste Silbe des bedeutungstragenden Wortes im Satz deutlicher, gespannter, lauter und höher sprechen.

6 **a** Verdeutlichen Sie, dass es nur um die Akzentvokale (→ Vokale in der betonten Silbe) geht, nicht um die Schwa-Laute in den Endungen *-e* und *-en*.

b Zeigen Sie den L anhand der Lippenstellung, wie die verschiedenen E-Laute gesprochen werden. Verwenden Sie Wortpaare wie *Beet – Bett* → [eː] – [ɛ], *Zähne – zehn* → [ɛː] – [eː]. Konzentrieren Sie sich bei der Lautbildung v. a. auf das lange/gespannte E → [eː] wie in *Beet, Tee, weh*, denn es ist für die meisten L am schwierigsten.

e Schreiben Sie ggf. Wörter mit E-Lauten, die den L bekannt sind, ungeordnet an die Tafel. Lassen Sie die L in jedem Wort die Vokallänge (lang vs. kurz) markieren sowie die Wörter den verschiedenen E-Lauten zuordnen.

f *Vergleich mit anderen Sprachen:* Den langen/gespannten E-Laut [eː] gibt es in den meisten Sprachen nicht (z. B. im Arabischen, Bulgarischen, Griechischen). Weitere Beispiele in Dahmen/Hirschfeld/Meißner/Reinke (2021–2025).

Lösungen

5 a/c Ja, du hast **Recht**! Mir geht es **schlecht**. | Dein **Hals** tut dir **weh**? Trink heißen **Tee**! | Ich hab Schmerzen am **Zeh**. Es tut wirklich **weh**. | Ich habe **Herz**klopfen. Ich brauche **Schmerz**tropfen. | Klatscht in die **Hän**de. Jetzt ist es zu **En**de.

6 a der Z**e**h, der T**ee**, **e**r → [eː]; die Z**ä**hne, das M**ä**dchen → [ɛː]; die H**ä**nde, das H**e**rz, schl**e**cht → [ɛ]

6 d [eː] → eh, ee, e; [ɛː] → äh, ä; [ɛ] → ä, e

6 e *Lösungsvorschlag Beispielwörter:* [eː] → s**eh**en, l**e**sen, der S**ee**; [ɛː] → der K**ä**se, w**äh**len; [ɛ] → spr**e**chen, k**ä**mmen, die Schm**e**rzen

Arbeitsblatt 4

7 **d** Ermuntern Sie die L zum emotionalen Sprechen mit Mimik und Gestik.

Variante 1: Der Text wird so fortgeführt: *Uns geht es, euch geht es, ihnen geht es **gut**.* Oder so: *Anna geht es, Elif geht es, Mara geht es **gut**.*

Variante 2: Der Text wird so verändert: ***Mir** geht es, **dir** geht es, **ihr** geht es **schlecht**.*

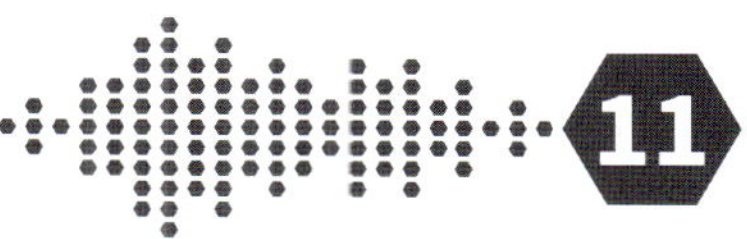

8 a Machen Sie die L auf das ungleiche Verhältnis von Vokalen und Konsonanten in manchen Wörtern aufmerksam (→ es gibt oft mehr Konsonanten als Vokale). Vergleichen Sie ggf. mit der Erstsprache der L oder mit anderen Sprachen.

Lösungen

7 b Mir geht ẹs, dir geht ẹs, ihr geht ẹs gut. Mir geht ẹs, dir geht ẹs, ihr geht ẹs gut. | Mir geht ẹs sehr gut, dir geht ẹs sehr gut, ihr geht ẹs sehr gut! Sehr, sehr gut! | Ihm geht ẹs, uns geht ẹs, euch geht ẹs gut. Ihm geht ẹs, uns geht ẹs, euch geht ẹs gut. Ihm geht ẹs bẹsser, uns geht ẹs bẹsser, euch geht ẹs bẹsser. Viel, viel bẹsser! | Ihnen geht ẹs, allen geht ẹs, uns geht ẹs gut. Ihnen geht ẹs, allen geht ẹs, uns geht ẹs gut. Uns geht ẹs am bẹsten! Ja, ja, ja! Alles klar!?

7 c gehen, sehr → [eː]; ẹs, bẹsser, am bẹsten → [ɛ]

8 a Was tut denn weh? Was tut dir denn weh? Mir tut der Kopf weh. Ich habe Kopfschmerzen. Mir tut der Hals weh. Ich habe Halsschmerzen. Mir tut der Bauch weh. Ich habe Bauchschmerzen. Mir tut das Herz weh. Ich habe Herzschmerzen. Mir tut der Rücken weh. Ich habe Rückenschmerzen. Ich habe auch Husten und Schnupfen dazu. Mir geht es sehr schlecht. Lasst mich in Ruh.

Arbeitsblatt 5

9 a/c/d Achten Sie darauf, dass die L jedes Wort sehr langsam und Laut für Laut aussprechen, sodass alle Konsonanten realisiert werden (→ Lerntipp zu Ü8, S. 112).

10 b/c/d Ermuntern Sie die L zum Mitbewegen, Mitwippen, Taktschlagen, Summen …, während sie ABCD sprechen.

Lösungen

9 b **A:** Schmerzen, **Schmer**zen! **B:** Du brauchst Medi**zin**. | **A:** Schmerzen, **Schmer**zen! **B:** Nimm doch Aspi**rin**. | **A:** Ich habe **Hals**schmerzen. – **B:** Du brauchst **Hals**schmerztabletten. | **A:** Ich habe **Kopf**schmerzen. – **B:** Du brauchst **Kopf**schmerztabletten. | **A:** Ich habe **Ma**genschmerzen. – **B:** Du brauchst **Ma**gentropfen. | **A:** Ich habe **Herz**schmerzen. – **B:** Du brauchst **Herz**tropfen. | **A:** Ich habe **Schnup**fen. – **B:** Du brauchst **Na**sentropfen. | **A:** Ich habe **Hus**ten. – **B:** Du brauchst **Hus**tentropfen. | **A:** Ich habe **Fie**ber. – **B:** Du brauchst ein **Fie**berzäpfchen. | **A:** Ich habe **Schmer**zen. – **B:** Du brauchst ein **Schmerz**zäpfchen. | **A:** Mir tut alles **weh**! – **B:** Dann trink heißen **Tee**. | **A:** Danke, sehr **nett**. Ich leg mich ins **Bett**!

Arbeitsblatt 6

11 Die L können in Gruppen arbeiten. Geben Sie Hilfestellungen: Nomen für Körperteile an die Tafel schreiben, Wörterlisten austeilen. Anschließend wird der Rhythmustext vorgeführt. Der Text kann auf ein Poster geschrieben und im Unterrichtsraum ausgehängt werden. *Hinweis:* Die Zeilen des Textes können, müssen sich aber nicht reimen.

Variante: Die L können auch einen *Wie geht's dir?*-Rhythmustext erarbeiten, z. B. so: A: *Wie **geht's** dir? Wie **geht's** euch? He, **sagt** mal. Wie **geht's** euch?* B: ***Mir** geht es **su**per. **Ihr** geht es … **Ihm** geht es … **Uns** geht es …* A: *Na **gut**. Alles **klar**! **Wun**derbar!*

Sammeln Sie dafür vorher passende Adjektive. Der Text lässt sich fast endlos weiterführen.

Arbeitsblatt 7

12 *Handlungsorientierte Aufgabe:* Die L nutzen und ergänzen für ihr Rollenspiel (Arzt/Ärztin – Patient/Patientin) die Angaben in den Beispielen. Weisen Sie die L darauf hin, dass sie beim Sprechen immer auch auf die Aussprache achten sollen: hier besonders auf Wortgruppen- und Satzakzente, E-Laute, Konsonantenfolgen. Erinnern Sie die L auch an die höfliche Sprechweise in Telefongesprächen (→ Einheit 9). Bestimmen Sie mit den L vor der Ü gemeinsam eine/n Beobachter/in für jedes Team, der/die die Abweichungen in der Aussprache während der gesamten Ü protokolliert und den L Feedback zur Aussprache gibt (vgl. Beobachtungsprotokoll auf S. 12).

Variante für leistungsstärkere L: Die L können (falls wirklich nötig und falls möglich) in einer Arztpraxis anrufen. Sie sollten mitteilen, was ihnen wehtut und einen Termin vereinbaren.

Unterstützen Sie die L bei der Fokussierung auf die Aussprache. Geben Sie selbst Tipps für die Verbesserung der Aussprache und ermuntern Sie die L, verschiedene Ausspracheler nstrategien auszuprobieren.

Das kann man auch noch üben:

- Wortakzent und lange/gespannte und kurze/ungespannte Akzentvokale in Komposita, z. B. *die Nasentropfen, die Kọpfschmerzen*
- lange/gespannte und kurze/ungespannte Vokale in Nomen für Körperteile, z. B. *(der) Fuß, (die) Hạnd*
- emotionale Sprechweise in Äußerungen, z. B. *Mir geht es **gut**. Dir geht es **schlecht**.*
- Sch-Laut [ʃ] in Nomen, z. B. *(die) **Sch**merzen, (der) **Sch**nupfen*
- Ich-Laut [ç] und Ach-Laut [x] in Äußerungen, z. B. ***Ich** brauche …*

Phonetische Schwerpunkte

Wortgruppen- und Satzakzent in Aussagen

- **Regeln:**
  - Betont wird das inhaltlich und intentional wichtigste und bedeutungstragende Wort in der Wortgruppe und im Satz, z. B. ***Ich*** *ärgere mich nicht.* oder *Ich* ***är****gere mich nicht.* oder *Ich ärgere mich* ***nicht****.*
  - Die betonte Silbe wird lauter, höher/tiefer, deutlicher und langsamer als alle anderen Silben gesprochen.
- **Bewusstmachung:**
  - betonte Silben fett und groß schreiben oder fett unterstreichen, z. B. *Ich* ***freu****e mich.* oder *Ich* ***freu****e mich.*
  - Wortgruppe bzw. Satz sehr deutlich und mit Übertreibung der betonten Silbe vorsprechen.
- **(Kontrollierbare) Hörübungen durchführen:**
  - zum Erkennen und Markieren der Wortgruppen- und Satzakzente.
- **Wortgruppenakzente trainieren:**
  - durch Nachsprechen und Imitieren der Wortgruppen mit Übertreibung der betonten Silben
  - mit gestischer bzw. ganzkörperlicher Unterstützung, z. B. auf der betonten Silbe klopfen/klatschen/stampfen.

Phonetik

- Wortgruppen- und Satzakzent in Aussagen
- Satzgliederung und Satzmelodie in Aussagen, W-Fragen und Nachfragen
- Ich- und Ach-Laute [ç] und [x]

zusammen mit

... Grammatik

- Reflexivpronomen
- Konjugation von Reflexivverben
- Negation mit *nicht*
- Kausalsätze mit *weil*

... Wortschatz

- Gefühle
- Gemeinsamkeiten und Unterschiede

Satzgliederung und Satzmelodie

- **Regeln:**
  - Gliederungspausen (/) mit typischen Verläufen der Satzmelodie gibt es vor einem Komma, vor *und*, am Satzende und nach zusammengehörenden Wortgruppen, z. B. ***Ich*** *freue mich,* → / ***du*** *freust dich,* → / ***er*** *freut sich* ***sehr****.* ↘ // *Ich* ***är****gere mich* → / *über die* ***Haus****aufgaben.* ↘ //
- **(Kontrollierbare) Hörübungen durchführen:**
  - zum Markieren von Pausen und zur Bestimmung der Satzmelodie vor Pausen.

Ich- und Ach-Laute [ç] und [x]

- **Regeln:**
  - Ich-Laut [ç] spricht man nach vorderen Vokalen <e, i, ä, ö, ü, äu, ei, eu> und nach <l, n, r> und in <-chen>, z. B. in *ich*.
  - Ach-Laut [x] spricht man nach hinteren Vokalen <a, o, u, au>, z. B. in *auch*.
- **(Kontrollierbare) Hörübungen durchführen:**
  - zum Identifizieren und Markieren des Ich- oder Ach-Lautes, z. B. durch Markieren in unterschiedlichen Farben.
- **Aussprache der Ich- und Ach-Laute trainieren:**
  - Ableitung des Ich-Lautes von [j] (→ gleiche Artikulationsstelle)
  - Ableitung des Ach-Lautes von einem Schnarchlaut.

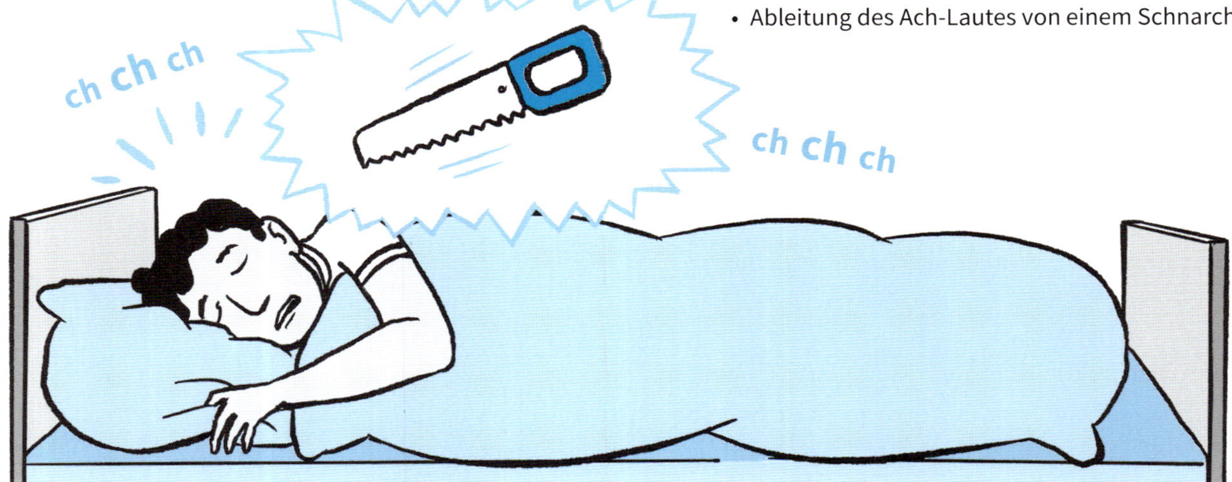

1 *Ich und du* im Rhythmus (A)

Ich und **du**. **Wir** und **ihr** …
Ich und **du**. **Wir** und **ihr** …

Ich freue mich, **du** freust dich, **er** freut sich **auch**.
Wir freuen uns, **ihr** freut euch, **sie** freuen sich **auch**.

Ich und **du**. **Ich** und **du**.
Ich … und **du**! – Hör mal **zu**!
Wir **treff**en uns, wir ver**steh**en uns.
Wir ver**tra**gen uns. Wir **freu**en uns.
Wir **strei**ten uns **nie**. – **Nein**! **Wir** streiten uns **nie**!

Ich ärgere mich, **du** ärgerst dich, **er** ärgert sich **nicht**.
Wir ärgern uns, **ihr** ärgert euch, **sie** ärgern sich **nicht**.

Sie und **er**. **Sie** und **er**.
Sie … und **er**. Hört mal **her**!
Sie **treff**en sich, sie ver**steh**en sich.
Sie ver**tra**gen sich. Sie **freu**en sich.
Sie streiten sich **nie**. – **Nein**! **Sie** streiten sich **nie**!

Ich freue mich, **du** freust dich, **er** freut sich **sehr**.
Wir freuen uns, **ihr** freut euch, **sie** freuen sich **sehr**.

Ihr und **ihr**. **Ihr** und **ihr**.
Ihr … und **ihr**. **Dort** und **hier**!
Ihr **trefft** euch. Ihr ver**steht** euch.
Ihr **freut** euch. Ihr ver**tragt** euch.
Ihr streitet euch **nie**. – **Nein**! **Ihr** streitet euch **nie**!

Ich fühle mich, **du** fühlst dich, **er** fühlt sich **gut**.
Wir fühlen uns, **ihr** fühlt euch, **sie** fühlen sich **gut**.

Ich fühle mich **auch** gut.
Fühlst **du** dich **auch** gut?
Fühlt **ihr** euch **auch** gut?
Jaaa!

① **Ich-Laut [ç]** und **Ach-Laut [x]**

Ich freue mich,
du freust dich,
er freut sich auch.

Wir freuen uns,
ihr freut euch,
sie freuen sich auch.

② **Ich-Laut [ç]** und **Ach-Laut [x]**

Wir streiten uns,
ihr streitet euch,
sie streiten sich auch.

Wir verstehen uns,
ihr versteht euch,
sie verstehen sich auch.

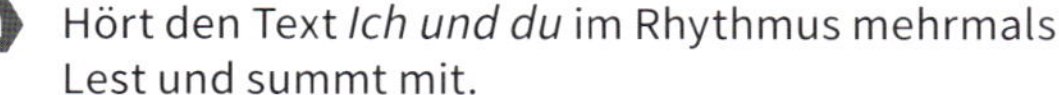

a Hört den Text *Ich und du* im Rhythmus mehrmals. Lest und summt mit.

b Hört die Wortgruppen aus Personalpronomen, Reflexivverben und Reflexivpronomen ① und ② zweimal. Achtet zuerst auf die Wortgruppen- und Satzakzente und dann auf die Ich- und Ach-Laute.

c Hört noch einmal. Summt und klopft mit.

Wortgruppen- und Satzakzente

Wichtige/bedeutungstragende Wörter sind betont
- in Wortgruppen, z. B. ***auch** gut* → Wortgruppenakzent
- in kurzen Sätzen, z. B. *Du **freust** dich.* → Satzakzent
- in längeren Sätzen mit mehreren Wortgruppen, z. B. *Sie **treff**en sich, / sie ver**steh**en sich.*
  Sie **treff**en sich, sie ver**steh**en sich. (→ Rhythmus)

2 Gefühlslied

Ich fühle mich gut. So gut, so gut.
Du fühlst dich gut. So gut, so gut.
Sie fühlt sich gut. So gut, so gut.
Er fühlt sich gut. So gut, so gut.
Wir fühlen uns gut. So gut, so gut.
Ihr fühlt euch gut. So gut, so gut.
Sie fühlen sich gut. So gut, so gut.
Das ist so gut, so gut, so gut …

Ich freue mich sehr. So sehr, so sehr.
Du freust dich so sehr. So sehr, so sehr …

Satzmelodie

In Aussagen fällt die Melodie am Satzende sehr stark ↘ (→ Lösungstiefe), z. B. *Ich fühle mich **gut**.* ↘

Assimilation

Sprich stimmhafte Konsonanten wie [d], [g], [z] nach stimmlosen Konsonanten stimmlos, z. B. *(du) fühlst‿dich‿gut.*

[td̥] [çg̊]

 106

- **a** Hört das Gefühlslied mehrmals und summt leise mit. Markiert die Verbendungen. Übt die Konjugation mehrmals.
- **b** Hört mehrmals und singt mit.
- **c** Singt zuerst im Chor, dann reihum jeder eine Zeile. Klopft den Takt und bewegt euch dazu.
- **d** Singt weiter: *Sie freut sich sehr. So sehr, so sehr. Er freut sich …*

3 Streit-Gedicht

Ich beeile mich.
Du beeilst dich nicht.

Ich wasche mich schnell.
Ich ziehe mich an.
Ich kämme mich.

Du wäschst dich nicht.
Du ziehst dich nicht an.
Du kämmst dich nicht.

Ich fühle mich nicht gut.
Ich ärgere mich.
Ich hasse dich.

Wir streiten uns.

Ich entschuldige mich.
Du entschuldigst dich nicht.
Wir trennen uns.

Satzakzent

Betone in Sätzen aus Pronomen + (reflexivem) Verb + … das wichtigste Wort oder die neue Information, z. B. *Ich beeile mich. Du beeilst dich **nicht**.*

Das Reflexivpronomen ist meist unbetont.

Reflexive Verben beziehen sich mit dem Reflexivpronomen auf das Subjekt, z. B. *Ich fühle mich **gut**.*

Reziproke Verben gibt es nur im Plural, z. B. *Wir **strei**ten uns.*

Manche Verben sind reflexiv oder nicht reflexiv, z. B. *sich waschen* (→ reflexiv) – *etwas waschen* (→ nicht reflexiv).

 107

- **a** Hört die Sätze mehrmals und summt leise mit.
- **b** Hört noch einmal. Markiert in jedem Satz den Satzakzent (→ das betonte Wort/die betonte Silbe).
- **c** Hört noch einmal. Markiert die Ich-Laute.
- **d** Lest die Sätze reihum vor und vergleicht die Lösung.
- **e** Lest das Gedicht ausdrucksvoll vor. Stimmt ab: Wer macht es am besten?

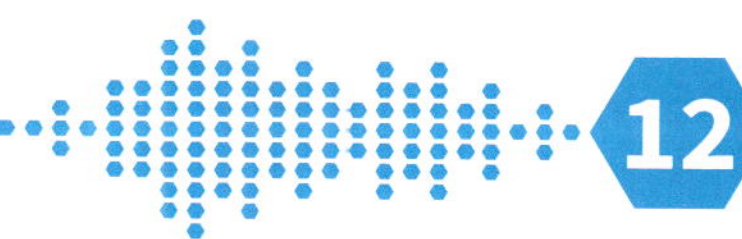

4 Zwei Paare

(1) **Ich-Laute**

Sie **tref**fen sich.
Sie sehen sich.
Sie lernen sich kennen.
Sie verlieben sich.
Sie küssen sich.
Sie verloben sich.
Sie streiten sich.
Sie entschuldigen sich.
Sie vertragen sich.

(2) **Ich-Laute** und **Ach-Laute**

Sie treffen sich auch.
Sie sehen sich auch.
Sie lernen sich auch kennen.
Sie verlieben sich auch.
Sie küssen sich auch.
Sie verloben sich auch.
Sie streiten sich auch.
Sie entschuldigen sich auch.
Sie vertragen sich auch.

a Hört die Sätze (zuerst (1), dann (2)).
Achtet auf die Satzakzente und auf die Ich- und Ach-Laute.

b Hört noch einmal. Markiert in jedem Satz den **Satz**akzent.

c Hört mehrmals, vergleicht die Lösung und sprecht erst leise, dann laut mit.

! Ich- und Ach-Laut

Ich-Laut [ç]: Sprich *ch* wie ein kräftiges [j].
Ach-Laut [x]: Sprich *ch* so:

ch ch ch

d Lest die Sätze reihum vor: zuerst einen Satz aus (1), dann einen Satz aus (2).
Achtet auf die Satzakzente und auf die Ich- und Ach-Laute.

5 Kein Paar!

Sie treffen sich **nicht**.
Sie sehen sich nicht.
Sie lernen sich nicht kennen.
Sie verlieben sich nicht.
Sie küssen sich nicht.
Sie verloben sich nicht.
Sie streiten sich nicht.
Sie entschuldigen sich nicht.
Sie vertragen sich nicht.

a Hört die Sätze und markiert die **Satz**akzente.

b Hört nochmals und sprecht nach.

c Lest die Sätze reihum vor, vergleicht die Lösung und achtet auch auf die Ich-Laute.

d Schreibt die Sätze in der 2. Person Plural ins Heft.

e Lest reihum vor und vergleicht die Lösung.

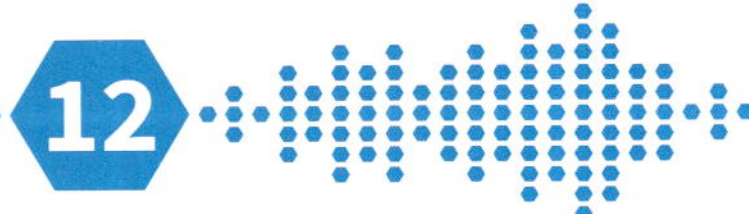

6 Auch nicht!?

a Übt zu zweit: A spricht einen Satz aus Ü5 und B reagiert. Achtet auf die Ich- und Ach-Laute.

b Rhythmuskette: Nennt reihum reflexive Verben und Sätze in der 3. Person Plural. Achtet auf die Ich- und Ach-Laute.

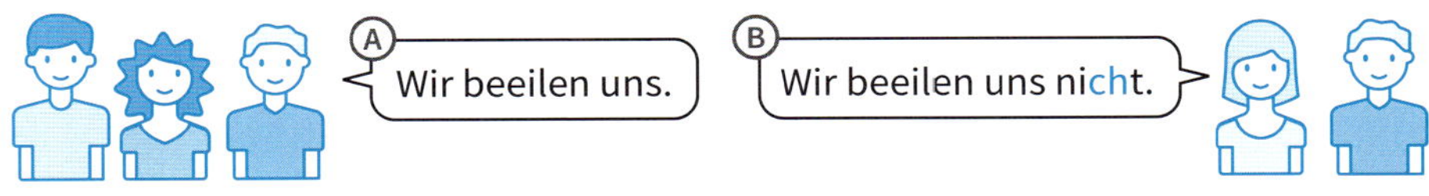

c Übt in Gruppen A und B: Gruppe A spricht einen Satz mit einem reflexiven Verb. Gruppe B reagiert und negiert. Sprecht auch emotional.

7 Wie fühlst du dich dabei?

Ich fühle mich …	super	gut	schlecht
1. Ich lese Märchenbücher.	○	○	○
2. Ich spreche ein Gedicht.	○	○	○
3. Ich backe einen Kuchen.	○	○	○
4. Ich koche eine Suppe.	○	○	○
5. Ich trinke einen Becher Milch.	○	○	○
6. Ich mache Hausaufgaben.	○	○	○
7. Ich mache gar nichts.	○	○	○
8. Ich habe schreckliche Bauchschmerzen.	○	○	○
9. Ich habe heute in der Schule meine Lieblingsfächer.	○	○	○
10. Ich habe acht Wochen Ferien.	○	○	○
11. Am Wochenende ist das Wetter schlecht.	○	○	○
12. Meine Lieblingshose hat Löcher.	○	○	○

▶110 **a** Hört die Sätze mehrmals und sprecht erst leise, dann laut mit.
b Lest die Sätze und kreuzt an: Fühlt ihr euch dabei super, gut oder schlecht?

c Lest reihum Sätze vor. Sagt, wie ihr euch fühlt und sprecht auch emotional. Achtet auf die Ich- und Ach-Laute.

Luan hat schreckliche Bauchschmerzen. Er fühlt sich schlecht!

d Wählt einen Satz. Lest reihum vor und setzt andere Namen ein.

! **Wortakzent in zusammengesetzten Nomen (→ Komposita)**

Betone immer das erste Wort im Nomen (→ Bestimmungswort), z. B. *(die)* ***Mär****chenbücher*.

8 Die Regel

Ich- und Ach-Laute

Nach *e, i, ä, ö, ü, äu, ei, eu, l, n, r* und in *-chen* spricht man *ch* als	◯ Ich-Laut [ç].	◯ Ach-Laut [x].
Nach *a, o, u, au* spricht man *ch* als	◯ Ich-Laut [ç].	◯ Ach-Laut [x].

a Hört und lest noch einmal die Sätze aus Ü7.
b Ergänzt die Regel: Kreuzt an.
c Schreibt Beispielwörter für Ich- und Ach-Laute ins Heft. Lest sie vor.
d Vergleicht mit anderen Sprachen: Gibt es auch Ich- und Ach-Laute? Erkennt ihr sie in der Schrift?

9 Ärgere dich nicht!

A Ärgere, ärgere, ärgere dich nicht!
Ärgere, ärgere, ärgere dich nicht!

B Manchmal ärgere ich mich über den Wetterbericht.
A Sei doch nicht traurig! Ärgere dich nicht!

B Manchmal ärgere ich mich über den Deutschunterricht!
A Ja, das ist möglich. Aber ärgere dich nicht!

B Manchmal ist es nachts dunkel. Und ich finde kein Licht.
A Ja, das ist schrecklich. Aber ärgere dich nicht!

B Manchmal bin ich müde. Doch das Lernen ist Pflicht.
A Ja, das ist schade. Aber ärgere dich nicht!

B Manchmal fühl ich mich dick. Ich hab zu viel Gewicht.
A Das ist doch nicht schlimm. Bitte ärgere dich nicht!

A Manchmal kauf ich Kuchen, doch mir schmeckt er nicht.
B Ja, das ist schade, doch ärgere dich nicht.

B Manchmal seh ich im Spiegel mein müdes Gesicht.
A Ruh dich doch mal aus. Aber ärgere dich nicht!

B Manchmal freu ich mich über ein schönes Gedicht.
A Ja, das ist herrlich! Ärgere dich nicht!

B Ärgere, ärgere, ärgere dich nicht!
Ärgere, ärgere, ärgere dich nicht!

A Ärgere dich nicht! Freu dich und singe!
B Freu dich mit uns über die schönen Dinge!

Vokalneueinsatz/Knacklaut

Mach am Silben- und Wortanfang vor Vokalen eine kleine (Atem-)Pause, z. B. *Manchmal |ärgere |ich mich |über den **Wet**terbericht.*

Ich- und Ach-Laut

Sprich in der Endung *-ig* immer den Ich- Laut [ç], z. B. *traurig, mutig*.

Achtung: In Süddeutschland und Österreich spricht man [k].

a Hört das Gedicht und summt mit.
b Hört noch einmal. Markiert Ich- und Ach-Laute mit verschiedenen Farben.
c Lest reihum die Sätze vor und vergleicht die Lösung. Achtet auf die Ich- und Ach-Laute.
d Hört noch einmal und specht mit.
e Sprecht das Gedicht in Gruppen A und B.

10 Wie oft?

	oft	manchmal	nie
Du:			
1. Wie oft / ärgerst du dich / über die Hausaufgaben? //	○	○	○
2. Wie oft / ärgerst du dich / über eine schlechte Note? //	○	○	○
3. Wie oft / freust du dich / auf die Schule? //	○	○	○
4. Wie oft / verliebst du dich? //	○	○	○
Du und deine Freunde:			
5. Wie oft / trefft ihr euch? //	○	○	○
6. Wie oft / streitet ihr euch? //	○	○	○
7. Wie oft / entschuldigt ihr euch? //	○	○	○
8. Wie oft / fühlt ihr euch super? //	○	○	○

▶112 **a** Hört die Fragen und kreuzt als Antwort an: *oft, manchmal* oder *nie*.
b Hört noch einmal und markiert alle Ich-Laute.
c Hört noch einmal, vergleicht die Lösung und sprecht mit. Achtet auf die Ich-Laute und auf die Pausen /.

Satzgliederung

Mach nach jeder Wortgruppe eine kleine Pause / . Dann verstehen dich andere Personen besser.

Mach am Satzende eine größere Pause // , z. B. *Wie* ***oft*** */* ***ärgerst*** *du dich / über die* ***Haus****aufgaben? //*

Satzmelodie

W-Fragen: Die Melodie am Satzende fällt ↘ stark (→ Lösungstiefe), z. B. *Wie* ***oft ärgerst*** *du dich über die* ***Haus****aufgaben?* ↘

Nachfragen: Die Satzmelodie steigt ↗, z. B. *Du* ***ärgerst*** *dich manchmal über die* ***Haus****aufgaben?* ↗

d Schreibt Aussagen (wie A) ins Heft. Markiert die Pausen / zwischen den Wortgruppen.
e Übt zu zweit: A spricht einen Satz (→ Aussage) und B fragt nach (→ Nachfrage). Achtet auch auf die Satzakzente, die Satzmelodie (↗ und ↘) und die Ich-Laute.

f Sprecht zu zweit: A fragt (→ W-Frage) in der 3. Person Singular. B antwortet darauf in der 3. Person Singular. Achtet auf die Satzgliederung (→ Pausen /), die Wortgruppen- und Satzakzente, die Satzmelodie und die Ich-Laute.

11 *Ich und du* im Rhythmus (B)

▶105 **a** Hört noch einmal die Wortgruppen aus Personalpronomen, Reflexivpronomen und Reflexivverben aus Ü1b (① und ②) und sprecht nach. Achtet auf die Satzakzente und auf die Ich- und Ach-Laute.
▶104 **b** Hört den Text *Ich und du* im Rhythmus (Ü1b) noch einmal und sprecht im Rhythmus mit.
c Sprecht den Rhythmustext im Chor und in Gruppen.

12 *Unsere Gefühle* im Rhythmus

Ich freue mich, **du** freust dich, **er** freut sich **auch**.
Wir freuen uns, **ihr** freut euch, **sie** freuen sich **auch**.
Ich ärgere mich, du …

a Schreibt gemeinsam einen Text *Ich und du* im Rhythmus.
Setzt andere Reflexivverben ein: *sich ärgern, sich langweilen, sich wundern, sich schämen, …*

b Führt den Rhythmustext vor.
Achtet besonders auf die Wortgruppen- und Satzakzente und auf die Ich- und Ach-Laute.

Die **Satzmelodie in Aussagen** bleibt vor dem Komma gleich, z. B. ***Ich** freue mich,* → / ***du** freust dich,* → / *er freut sich **auch**.* ↘ //

Mach vor dem Komma eine kurze Atempause.

Am Satzende fällt die Melodie in die Lösungstiefe. ↘

13 Worüber freut ihr euch? Worüber ärgert ihr euch?

Macht eine Poster-Session!

Achtet auf die Aussprache: Wortgruppen- und Satzakzente, Satzgliederung und Satzmelodie, Ich- und Ach-Laute.

Wählt eine Person. Sie beobachtet eure Aussprache und macht Notizen.

Arbeitet in Gruppen (A und B):

- Malt und schreibt Poster:
  Gruppe A: Worüber freut ihr euch? Warum?
  Gruppe B: Worüber ärgert ihr euch? Warum?

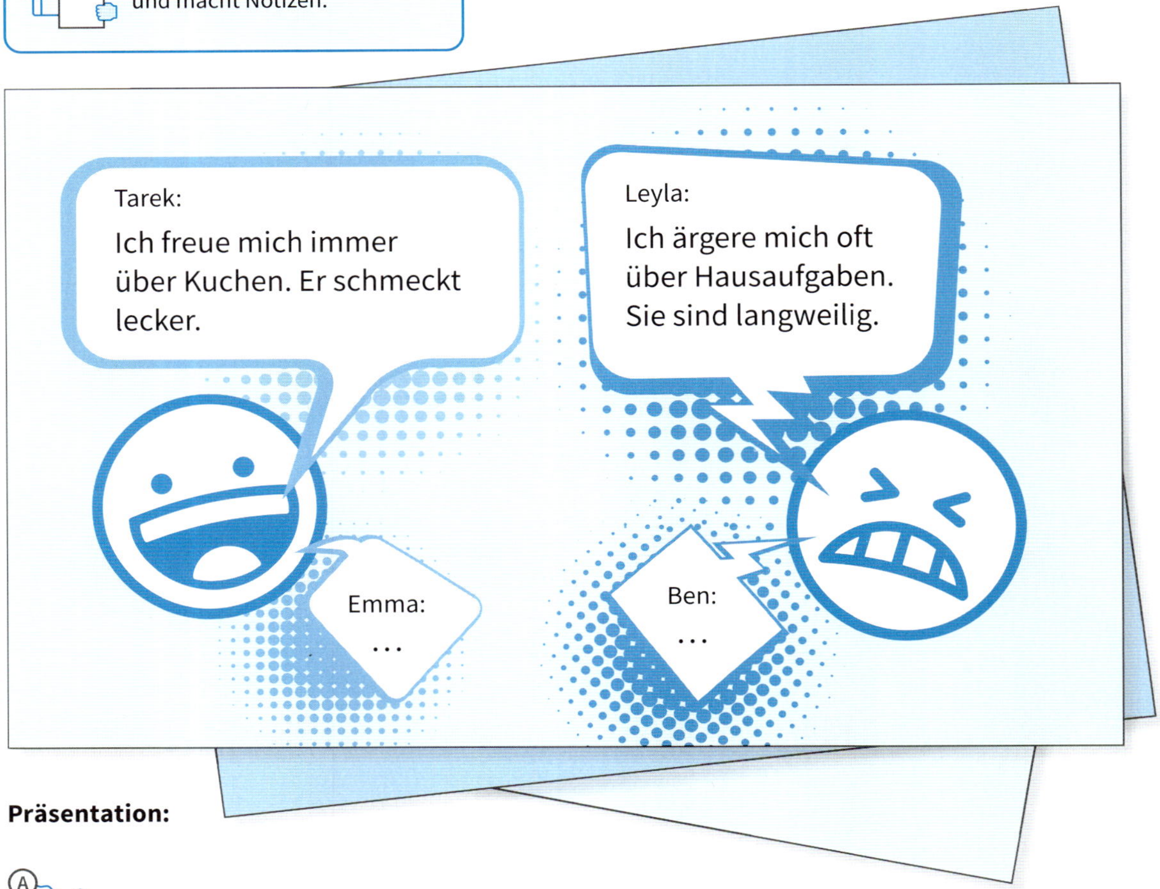

Tarek:
Ich freue mich immer über Kuchen. Er schmeckt lecker.

Leyla:
Ich ärgere mich oft über Hausaufgaben. Sie sind langweilig.

Emma:
...

Ben:
...

Präsentation:

A: 3. Person Singular — Tarek freut sich oft über den Kuchen.

B: 1. Person Plural — Wir ärgern uns oft über die Hausaufgaben.

- Präsentiert euer Poster vor der Lerngruppe. Benutzt die 3. Person Singular und/oder die 1. Person Plural.
- Sprecht danach über die Aussprache: Was war gut? Was ist noch schwierig?
  Die Beobachtungsperson ergänzt. Gebt euch dann gegenseitig Aussprachetipps.
- Zum Schluss wählt eine Jury das schönste Poster und die beste Präsentation.

Arbeitsblatt 1

1 *Vor der Übung:* Bereiten Sie für die L Kärtchen mit emotionalen Smileys vor und verteilen Sie diese an die L. Fragen Sie die L, welche Emotionen sie kennen und wodurch sie sich in der Sprechweise voneinander unterscheiden können. Die L beschreiben (ggf. in ihrer Erstsprache), was sie auf der Illu sehen, wie es den Personen geht bzw. wie sie sich fühlen. Fragen Sie die L, wie sie sich heute fühlen. Die L sagen, wie sie sich fühlen und zeigen dazu ein Kärtchen. Weisen Sie die L auf die Rhythmusschrift hin. Alle betonten Silben sind größer geschrieben. Erklären Sie am Beispiel (→ Lerntipp zu Ü1, S. 119), dass in Wortgruppen und Sätzen ein Wort/eine Silbe stark betont ist und in längeren Sätzen mehrere Wörter betont werden. Besonders deutlich betont wird das bedeutungstragende Wort bzw. dessen Wortakzentsilbe.

a/c Ermuntern Sie die L zum Mitsummen und Mitklopfen sowie zum Mitbewegen im Rhythmus.

Arbeitsblatt 2

2 a Schreiben Sie *Ich fühle mich **gut**.* an die Tafel und sprechen Sie den Satz mehrmals sehr emotional und mit deutlichem Satzakzent vor. Bitten Sie die L, reihum den Satz ebenfalls sehr emotional und mit mimischer und gestischer Unterstützung zu sprechen. Zum Schluss sprechen alle L den Satz laut und fröhlich im Chor. Die L sollten das Lied am besten auswendig lernen, um sich die Konjugation einzuprägen.

b–d Die L können den Takt mit den Händen oder mit Gegenständen jeweils auf der betonten Silbe im Satz klopfen und/oder sich dazu im Rhythmus bewegen (nicken, wippen, tanzen etc.).
Die L können das Lied sehr emotional entweder im Chor oder zeilenweise einzeln weitersingen oder weitersprechen und immer wieder von vorn beginnen. Die Sequenz *So gut, so gut.* kann jeweils im Chor gesungen werden.

3 a Erklären Sie ggf. den Unterschied zwischen 1. echten reflexiven Verben (z. B. *sich freuen*) und 2. Verben, die nur gelegentlich reflexiv gebraucht werden (z. B. *sich waschen* vs. *etwas waschen*), sowie 3. die Besonderheit der reziproken Verben (z. B. *sich streiten*).

d Üben Sie die Artikulation des Ich-Lautes [ç] zuerst im Wort *ich*. Bitten Sie die L, nach dem <i> den Zungenrücken leicht an den Gaumen zu drücken und dabei ein kräftig gesprochenes [j] zu realisieren. Dabei entsteht automatisch [ç].

e Fragen Sie die L, warum ihnen der ausgewählte Gedichtvortrag besonders gut gefallen hat. Thematisieren Sie v. a. die Satzakzente und die Aussprache der Ich-Laute.

Nach der Übung: Schreiben Sie die Sätze *Ich be**ei**le mich. Du beeilst dich **nicht**.* an die Tafel und demonstrieren Sie, dass im zweiten Satz mit dem betonten *nicht* ein Kontrast zum ersten Satz ausgedrückt wird. Zeigen Sie an einem anderen Beispiel, dass Satzakzente auch die Bedeutung verändern können, z. B. ***Du** ärgerst dich. (aber ich ärgere mich nicht) Du **är**gerst dich. (aber du freust dich nicht).*

Lösungen

2 a Ich fühle mich gut. … Du fühlst dich gut. … Sie fühlt sich gut. … Er fühlt sich gut. … Wir fühlen uns gut. … Ihr fühlt euch gut. … Sie fühlen sich gut. … Ich freue mich sehr. … Du freust dich sehr. …

3 b/c Ich be**ei**le mich. Du beeilst dich **nicht**. Ich **wa**sche mich schnell. Ich ziehe mich **an**. Ich **käm**me mich. Du wäschst dich **nicht**. Du ziehst dich **nicht** an. Du **kämmst** dich nicht. Ich fühle mich nicht **gut**. Ich **är**gere mich. Ich **has**se dich. Wir **strei**ten uns. Ich ent**schul**dige mich. Du entschuldigst dich **nicht**. Wir **tren**nen uns.

Erklären Sie den L, dass man das *g* in *-ig* als Ich-Laut oder als [k] sprechen kann. Nennen Sie Beispielwörter: *langweil**ig**, mut**ig**, traur**ig**, wicht**ig**, schwier**ig**, auswend**ig** …*

Arbeitsblatt 3

4 a Wiederholen Sie die Artikulation des Ich-Lautes (vgl. Ü3) und üben Sie ggf. den Ach-Laut in *auch* so: Alle L schließen die Augen und tun so, als ob sie schlafen – dabei machen Sie Schnarchgeräusche und sagen dann entspannt *Ach!*

d *Varianten:* Die L können die Sätze auch frei sprechen. Oder: Zwei L stellen den Satz zu zweit pantomimisch dar, z. B. *Sie streiten sich.* Ein L kommentiert: *Sie streiten sich.* etc.

5 a/b Zur Verdeutlichung können zuerst zwei Sätze im Kontrast gesprochen werden, z. B. *Sie **tref**fen sich. – Sie treffen sich **nicht**.* Dabei wird *nicht* im zweiten Satz besonders nachdrücklich und deutlich betont.

Lösungen

4 b ① Sie **tref**fen sich. Sie **se**hen sich. Sie lernen sich **ken**nen. Sie ver**lie**ben sich. Sie **küs**sen sich. Sie ver**lo**ben sich. Sie **strei**ten sich. Sie ent**schul**digen sich. Sie ver**tra**gen sich.
② Sie treffen sich **auch**. Sie sehen sich **auch**. Sie lernen sich **auch** kennen. Sie verlieben sich **auch**. Sie küssen sich **auch**. Sie verloben sich **auch**. Sie streiten sich **auch**. Sie entschuldigen sich **auch**. Sie vertragen sich **auch**.

5 a Sie treffen sich **nicht**. Sie sehen sich **nicht**. Sie lernen sich **nicht** kennen. Sie verlieben sich **nicht**. Sie küssen sich **nicht**. Sie verloben sich **nicht**. Sie streiten sich **nicht**. Sie entschuldigen sich **nicht**. Sie vertragen sich **nicht**.

5 d Ihr trefft euch **nicht**. Ihr seht euch **nicht**. Ihr lernt euch **nicht** kennen. Ihr verliebt euch **nicht**. Ihr küsst euch **nicht**. Ihr verlobt euch **nicht**. Ihr streitet euch **nicht**. Ihr entschuldigt euch **nicht**. Ihr vertragt euch **nicht**.

Arbeitsblatt 4

6 b *Variante:* Die L ziehen ggf. Zettel mit reflexiven Verben und benutzen diese für das Kettenspiel.

c *Varianten:* Eine Person hält ein Kärtchen mit einem reflexiven Verb hoch – dann reagiert zuerst Gruppe A, anschließend Gruppe B. Anstelle der Gruppen können auch einzelne L sprechen.

7 c Demonstrieren Sie die Aufgabe auch emotional und mimisch/gestisch an einem Beispiel, z. B. *Ich lese **Mär**chenbücher. → Ich fühle mich **gut**.*

d *Variante:* Die L werden aufgefordert, sich die Sätze aus Ü7c zu merken und dann in den Sätzen den entsprechenden Namen einzusetzen. Stimmt die Aussage mit der in Ü7c überein, darf die/der L weitere Sätze sagen. Stimmt sie nicht, ist die/der nächste L dran. Wer am Ende die meisten Sätze genannt hat, gewinnt.

Arbeitsblatt 5

8 **c** Helfen Sie den L ggf., indem Sie bekannte Wörter mit <ch> an die Tafel schreiben, die die L in eine zweispaltige Tabelle (Ich-Laut | Ach-Laut) eintragen. Die L sollten dann in allen Wörtern mit verschiedenen Farben für Ich- und Ach-Laute sowohl *ch* als auch den jeweils vorangehenden Buchstaben markieren, z. B. *Milch, Kuchen*.

Erklären Sie den L, dass bei Vokalwechsel (A-, O-, U-Laute → Ä-, Ö-, Ü-Laute) aus dem Ach-Laut ein Ich-Laut wird, z. B. bei der Pluralbildung *(das Fach – die Fächer, das Loch – die Löcher, das Buch – die Bücher)*.

d *Vergleich mit anderen Sprachen:* Sie können auf Sprachen verweisen, in denen der Ich- und/oder Ach-Laut nicht vorhanden sind, z. B. im Englischen, Finnischen, Spanischen, Türkischen. Im Englischen z. B. gibt es weder Ich-Laute noch Ach-Laute, obwohl die Graphemfolge <ch> vorhanden ist – sie wird jedoch anders ausgesprochen, nämlich in *watch* als [tʃ] und in *psychology* als [k]. Weitere Beispiele in Dahmen/Hirschfeld/Meißner/Reinke (2021–2025).

9 **d/e** Achten Sie darauf, dass die L auch Mimik und Gestik einsetzen. Der Text kann entweder in Gruppen oder zu zweit gesprochen werden. Die A-Sätze könnten auch verschiedene L singen.

Lösungen

8 b Nach *e, i, ä, ö, ü, äu, ei, eu, l, n, r* und in *-chen* spricht man *ch* als Ich-Laut [ç]. Nach *a, o, u, au* spricht man *ch* als Ach-Laut [x].

8 c *Lösungsvorschlag Beispielwörter:* **Ich-Laut:** der Unterricht, das Gedicht, das Märchen, das Mädchen, rechnen, weich; **Ach-Laut:** das Buch, der Kuchen, die Nacht, das Loch, machen, wach

9 b A: Ärgere, ärgere, ärgere dich nicht! Ärgere, ärgere, ärgere dich nicht! B: Manchmal ärgere ich mich über den Wetterbericht. A: Sei doch nicht traurig! Ärgere dich nicht! B: Manchmal ärgere ich mich über den Deutschunterricht! A: Ja, das ist möglich. Aber ärgere dich nicht! B: Manchmal ist es nachts dunkel. Und ich finde kein Licht. A: Ja, das ist schrecklich. Aber ärgere dich nicht! B: Manchmal bin ich müde. Doch das Lernen ist Pflicht. A: Ja, das ist schade. Aber ärgere dich nicht! B: Manchmal fühl ich mich dick. Ich hab zu viel Gewicht. A: Das ist doch nicht schlimm. Bitte ärgere dich nicht! B: Manchmal kauf ich Kuchen, doch mir schmeckt er nicht. A: Ja, das ist schade, doch ärgere dich nicht. B: Manchmal seh ich im Spiegel mein müdes Gesicht. A: Ruh dich doch mal aus. Aber ärgere dich nicht! B: Manchmal freu ich mich über ein schönes Gedicht. A: Ja, das ist herrlich! Ärgere dich nicht! B: Ärgere, ärgere, ärgere dich nicht! Ärgere, ärgere, ärgere dich nicht! A: Ärgere dich nicht! Freu dich und singe! B: Freu dich mit uns über die schönen Dinge!

Arbeitsblatt 6

10 **f** *Nach der Übung:* Es wird zu dritt geübt. A stellt eine Frage, B antwortet, C reagiert so: *Ich ärgere mich* ***auch*** *manchmal über die Hausaufgaben.* oder *Ich ärgere mich* ***nie*** *über die Hausaufgaben.*

f Die L können in der Lerngruppe auch Fragen in der 3. Person Singular und Plural stellen und darauf Antworten geben. Bitten Sie sie, dabei auf Satzgliederung (→ Pausen /), Satzakzent, Satzmelodie und den Ich-Laut zu achten, z. B. *Wie* ***oft*** *→ /* ***streit****et er sich → / mit seinen* ***Freun****den? ↘ // – Er streitet sich* ***oft*** *→ / mit seinen* ***Freun****den. ↘ //*

11 **c** Der Rhythmustext kann entweder von allen L im Chor oder mit verteilten Rollen in Kleingruppen (z. B. AB) gesprochen werden.

Lösungen

10 b manchmal 1. Wie oft ärgerst du dich über die Hausaufgaben? 2. Wie oft ärgerst du dich über eine schlechte Note? 3. Wie oft freust du dich auf die Schule? 4. Wie oft verliebst du dich? 5. Wie oft trefft ihr euch? 6. Wie oft streitet ihr euch? 7. Wie oft entschuldigt ihr euch? 8. Wie oft fühlt ihr euch super?

Arbeitsblatt 7

12 Die L können sich am Gefühlslied in Ü2 orientieren und in Kleingruppen arbeiten. Geben Sie Hilfestellungen: Reflexivverben an die Tafel schreiben, Wörterlisten austeilen. Anschließend wird der Rhythmustext vorgeführt. Der Text kann auf ein Poster geschrieben und im Unterrichtsraum ausgehängt werden. *Hinweis:* Die Zeilen des Textes können, müssen sich aber nicht reimen.

Arbeitsblatt 8

13 *Handlungsorientierte Aufgabe:* Die L erarbeiten in Kleingruppen zunächst, worüber sie sich persönlich freuen und worüber sie sich ärgern. Sie sollten auch Argumente hierfür sammeln, z. B. *Ich freue mich oft über* ***Ku****chen, weil er* ***le****cker schmeckt.* Weisen Sie die L darauf hin, dass sie beim Sprechen immer auch auf die Aussprache achten sollen: hier besonders auf Wortgruppen- und Satzakzente, Satzgliederung, Satzmelodie, Ich- und Ach-Laute.

Bestimmen Sie mit den L vor der Ü gemeinsam eine/n Beobachter/in für jede Gruppe, der/die die Abweichungen in der Aussprache der L während der gesamten Ü protokolliert und den L Feedback zur Aussprache gibt (vgl. Beobachtungsprotokoll auf S. 12).

Unterstützen Sie die L bei der Fokussierung auf die Aussprache. Geben Sie selbst Tipps für die Verbesserung der Aussprache und ermuntern Sie die L, verschiedene Ausspracheelernstrategien auszuprobieren.

Das kann man auch noch üben:

- Ü-Laute in *fühlen* → [yː] und *küssen* → [Y]
- Schwa-Laut [ə] in Verben mit den Endungen *-e* und *-en*, z. B. *ich wasche mich, wir ziehen uns an*
- Ausfall des Schwa-Lautes [ə] in der Endung *-en* nach Frikativen und Plosiven, z. B. *wir waschen uns, wir streiten uns*
- Assimilationen der gesamten Endungen *-en*, z. B. *sie entschuldigen sich* [ŋ̍], *wir verloben uns* [m̩]
- Vokalneueinsatz, z. B. *wir ziehen |uns |an.*

Phonetische Schwerpunkte

Phonetik

- Wortgruppen- und Satzakzent in Aussagen und Fragen
- höfliche Sprechweise in Aussagen und Fragen
- reduzierte und assimilierte Endungen *-e, -en, -et, -est, -el, -eln*
- Laut-Buchstaben-Beziehungen von Konsonanten und Konsonantenfolgen

zusammen mit

... Grammatik

- Genus und Numerus von Nomen mit Mengenangaben
- Konjunktiv von *haben* zum Ausdruck von Höflichkeit

... Wortschatz

- Einkaufen
- Lebensmittel
- Mengenangaben

Wortgruppen- und Satzakzent

- **Regeln:**
  - In der Wortgruppe oder im Satz wird das bedeutungstragende und inhaltlich wichtigste Wort als neue Information betont, z. B. *Ich **hät**te gern eine Tüte **Mehl**.* (als Antwort auf die Frage *Was hättest du gern?*).
  - Die Wortgruppen- und Satzakzentsilbe wird lauter, höher/tiefer, deutlicher und langsamer realisiert als alle anderen Silben (sowohl andere Wortakzentsilben als auch alle unbetonten Silben).
- **(Kontrollierbare) Hörübungen durchführen:**
  - zum Erkennen und Markieren der Wortgruppenakzente und des Satzakzents bzw. der Wortakzentsilbe im inhaltlich wichtigsten Wort (→ Satzakzent).
- **Wortgruppen- und Satzakzente trainieren:**
  - durch Nachsprechen und Imitieren der Wortgruppen und Sätze mit gestischer bzw. ganzkörperlicher Unterstützung, z. B. bei jeder Satzakzentsilbe eine Geste mit der Hand machen, auf der betonten Silbe klopfen/klatschen/stampfen
  - betonte Silben (Wortgruppen- und Satzakzentsilben) besonders laut und deutlich sprechen (übertreiben), sodass die Wortgruppenakzentsilbe und die Satzakzentsilbe noch deutlicher hervortritt.

Höfliche Sprechweise in Aussagen und Fragen

- **Regeln:**
  - Die höfliche Sprechweise zeichnet sich im Vergleich zur sachlich-neutralen Sprechweise meist durch einen steigenden Endmelodieverlauf und/oder durch starke Melodiebewegungen innerhalb von Aussagen und Fragen aus, z. B. *Ich **hät**te gern ein Kilo To**ma**ten.* ↘ *Hätten Sie **gern** einen Beutel Kar**tof**feln?* ↗
- **(Kontrollierbare) Hörübungen durchführen:**
  - zum Differenzieren höflicher und unhöflicher Sprechweise.
- **Höfliche Sprechweise trainieren:**
  - durch besondere Hervorhebung der Satzakzentsilbe, und durch starke Melodiebewegung innerhalb des Satzes und/oder steigenden Endmelodieverlauf
  - durch gestische und ganzkörperliche Unterstützung beim Sprechen, z. B. bei jeder Satzakzentsilbe klopfen, klatschen oder stampfen; zum Äußerungsende eine gleitende Handbewegung nach oben machen oder den Ellenbogen heben, um den steigenden Endmelodieverlauf anzuzeigen
  - Höflichkeit unbedingt auch mimisch und gestisch anzeigen.

Reduzierte und assimilierte Endungen *-e, -en, -et, -est, -el, -eln*

- **Regeln:**
  - *-e* = [ə] → *eine Tüte Nüsse*
  - *-en* (nach Vokalen, Nasalen, *l, r*)= [ən] → *zwei Kilo Mandarinen*
  - *-en* (nach *t, d, ch, s, ß, sch, f, v, w*) = [n̩] → *zwei Kisten Tomaten*
  - *-en* (nach *p, b*) = [m̩] → *sieben Scheiben Wurst*
  - *-en* (nach *k, g*) = [ŋ̍] → *ein Pfund Schinken*
  - *-et* = [ət] → *ihr hättet*, *-est* = [əst] → *du hättest*
  - *-el* = [l̩] → *ein Beutel Äpfel*, *-eln* = [l̩n] → *ein Kilo Kartoffeln*.
- **Bewusstmachung der schwachen Endsilben:**
  - in der Schrift Endung klein und farblich unscheinbar (grau) schreiben, z. B. *eine Tüte Nüsse*
  - Endung besonders schwach vorsprechen.
- **(Kontrollierbare) Hörübungen durchführen:**
  - zum Erkennen des reduzierten oder elidierten Schwa-Lautes.

- **Aussprache der schwachen Endungen trainieren:**
  - Sprechenergie jeweils vollständig auf die Wortakzentsilben legen (diese werden besonders deutlich und laut gesprochen und mit Gestik begleitet), sodass die Endungen mit dem Schwa-Laut automatisch schwach und leise bzw. etwas undeutlicher gesprochen werden müssen.

Laut-Buchstaben-Beziehungen von Konsonanten und Konsonantenfolgen

- **Laut-Buchstaben-Beziehungen von Konsonanten:**
  - eine Buchstabenfolge entspricht einem Konsonantenlaut, z. B. <ff> → [f] *(die Karto**ff**el)* und <sch> → [ʃ] *(der **Sch**inken)*
  - ein Buchstabe/eine Buchstabenfolge entspricht verschiedenen Konsonantenlauten, z. B. <ch> → [ç] *(die Mil**ch**)* / [x] → *ko**ch**en*
  - ein Buchstabe entspricht zwei Konsonantenlauten, z. B. <z> → [ts] *(der **Z**ucker)*.
- **Artikulation von Konsonantenfolgen mit zwei oder mehr aufeinander folgenden Konsonanten trainieren:**
  - Artikulation sowohl am Silbenanfang (z. B. ***Schm**alz*) als auch am Silbenende (z. B. *Wu**rst***) üben
  - Artikulationsübungen zur langsamen und deutlichen Aussprache aller Konsonanten machen, z. B. *Sch …m …al …z*
  - diverse Laut-Buchstaben-Beziehungen bewusstmachen.

1 *Einkaufen* im Rhythmus (A)

① **Endungen *-e, -en, -et, -est***

[ə] [əst] [ə] [n̩] [ət] [n̩]

Ich **hätt**e, du **hätt**est, sie **hätt**e so gern … Wir **hätt**en, ihr **hätt**et, sie **hätt**en so gern …

Ich **hät**te so gern, ja ich **hät**te so gern …
Ich **hät**te so gern, ja ich **hät**te so gern …

ein Kilo To**ma**ten, drei Schachteln Pra**li**nen,
vier Gläser **Gur**ken, fünf Pfund Apfel**si**nen,
zwei Päckchen **Nu**deln, ein Glas Marme**la**de
und **dann** bitte noch eine **Kis**te Limo**na**de,
drei Tüten **Nüs**se, ein **Gum**mitier
und **bit**te noch zehn **Rol**len Toi**let**tenpapier,
zwei Becher **Jo**ghurt, drei Dosen **Tee**,
einen Beutel Kar**tof**feln und ein Päckchen Kaf**fee**,
zwei Gläser **Senf**, zwei Beutel Bon**bons**
und dann hätte ich **gern** noch die **Luft**ballons,
zwei Tuben **Zahn**pasta, ein Säckchen **Reis**,
dazu vier Stück **Ku**chen, ein **Erd**beereis,
hundert Gramm **Schin**ken, eine Ba**na**ne,
sechs Scheiben **Wurst** und drei Becher **Sah**ne.

Und dann **hät**te, dann **hät**te, dann **hät**te ich **gern**
noch eine **Ta**fel Schoko**la**de.

Oh, tut mir **leid**! Sowas **ha**ben wir nicht!
Ach, **das** ist ja **wirk**lich **scha**de!

 **a** 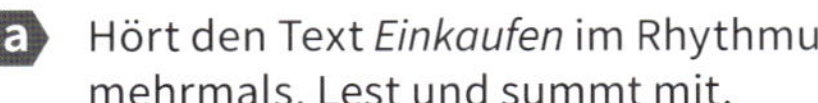 Hört den Text *Einkaufen* im Rhythmus mehrmals. Lest und summt mit.

 **b** Hört die konjugierten Verben ①. Achtet auf die Wortgruppenakzente und auf die Endungen *-e*, *-en*, *-et* und *-est*.

c Hört noch einmal. Summt und klopft mit. Klopft die betonte Silbe sehr stark, summt die Endungen ganz leise.

d Hört noch mehrmals. Summt und bewegt euch dazu.

Wortgruppen- und Satzakzente

Wichtige/bedeutungstragende Wörter sind betont

- in Wortgruppen, z. B. *ein Kilo To**ma**ten* → Wortgruppenakzent
- in kurzen Sätzen, z. B. *Das ist ein Kilo To**ma**ten.* → Satzakzent
- in längeren Sätzen mit mehreren Wortgruppen, z. B. *Ich hätte **gern** / ein Kilo To**ma**ten.*
  Ich hätte **gern** ein Kilo To**ma**ten. (→ Rhythmus)

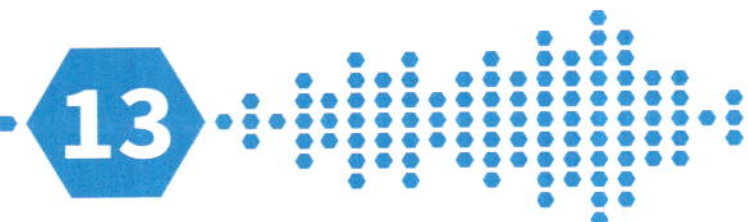

2 Alle hätten gern …

Endungen -*e* und -*en*: [ə], [ən], [n̩], [m̩], [ŋ̍]

[ə] [ə] [ə] [n̩] [ən] [m̩] [ŋ̍]
1. Ich hätte gern eine Tube Senf, zwei Dosen Pralinen, drei Kilo Weintrauben, zwei Briefmarken.

[ ] [ ] [ ] [ ]
2. Ich hätte gern eine Scheibe Käse.

[ ] [ ]
3. Ich hätte gern ein Kilo Mandarinen.

[ ] [ ] [ ] [ ]
4. Sie hätte gern eine Tüte Nüsse.

[ ] [ ] [ ] [ ]
5. Er hätte gern eine Dose Kekse.

[ ] [ ]
6. Wir hätten gern sechs Tüten Mehl.

[ ] [ ] [ ] [ ]
7. Sie hätten gern sieben Scheiben Schinken.

[ ] [ ] [ ] [ ]
8. Alle hätten gern eine Kiste Limonade.

▶115 **a** Hört die erste Zeile mehrmals und achtet auf die Endungen -*e* und -*en*. Sprecht leise mit.

▶116 **b** Hört die Zeilen zwei bis acht mehrmals und achtet auf die Endungen.

c Arbeitet zu zweit und beobachtet: Wie sprecht ihr die Endungen aus? Ergänzt die phonetischen Zeichen [ ] wie in der ersten Zeile.

Ich hätte gern eine Scheibe Käse.

Ich hätte gern ein Kilo Mandarinen.

Bei **Aufzählungen** bleibt die **Satzmelodie** vor dem Komma gleich, z. B. *Ich hätte gern eine Scheibe **Käse**, → / sechs Tüten **Mehl**, → / ein Kilo Manda**ri**nen → / und sieben Scheiben **Schin**ken.* ↘ //
Mach eine kurze Pause zwischen den Aufzählungen.

d Hört die Zeilen zwei bis acht nochmals und sprecht nach. Vergleicht die Lösung.

e Lest reihum die Zeilen zwei bis acht vor. Achtet auf die Endungen.

f Sprecht reihum die Zeilen zwei bis acht. Beginnt immer wieder von vorn. Sprecht erst langsam und dann immer schneller. Achtet auf die Endungen.

Ich hätte gern eine Scheibe Käse,
sechs Tüten Mehl,
ein Kilo Mandarinen
und sieben Scheiben Schinken.

g Sprecht reihum Sätze wie in Zeile eins mit je vier Wortgruppen. Achtet auf die Endungen.

3 Was hättet ihr gern?

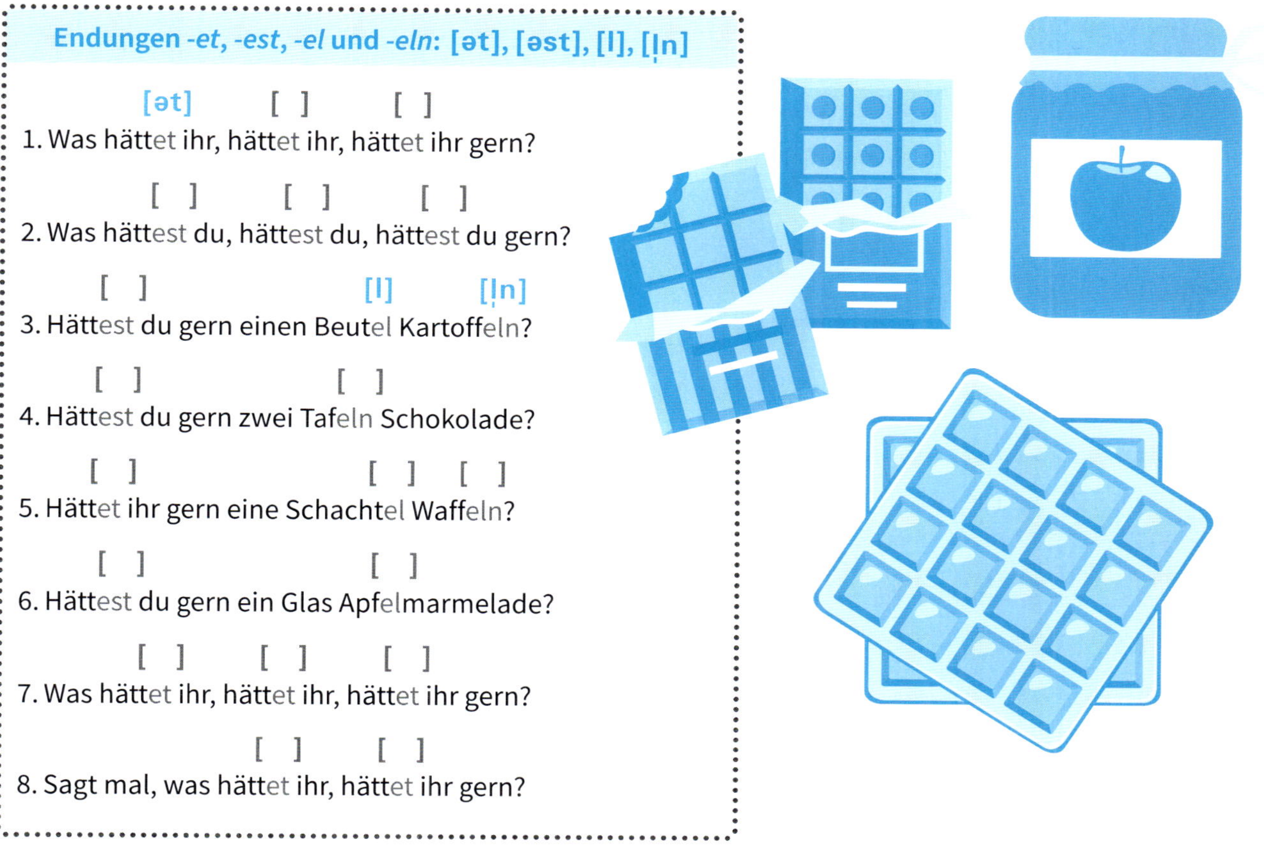

Endungen *-et, -est, -el* und *-eln*: [ət], [əst], [l̩], [l̩n]

[ət] [ ] [ ]
1. Was hättet ihr, hättet ihr, hättet ihr gern?

[ ] [ ] [ ]
2. Was hättest du, hättest du, hättest du gern?

[ ] [l̩] [l̩n]
3. Hättest du gern einen Beutel Kartoffeln?

[ ] [ ]
4. Hättest du gern zwei Tafeln Schokolade?

[ ] [ ] [ ]
5. Hättet ihr gern eine Schachtel Waffeln?

[ ] [ ]
6. Hättest du gern ein Glas Apfelmarmelade?

[ ] [ ] [ ]
7. Was hättet ihr, hättet ihr, hättet ihr gern?

[ ] [ ]
8. Sagt mal, was hättet ihr, hättet ihr gern?

▶117 **a** Hört mehrmals und achtet auf die Endungen *-et, -est, -el* und *-eln*. Sprecht erst leise, dann laut mit.

b Arbeitet zu zweit und beobachtet: Wie sprecht ihr die Endungen aus? Ergänzt die phonetischen Zeichen in den Klammern [ ].

! Die **Melodie am Satzende** fällt in W-Fragen, z. B. *Was hättet ihr,* → / *hättet ihr,* → / ***hät**tet ihr gern?* ↘

c Sprecht reihum zeilenweise nach und vergleicht die Lösung.

d Fragt Ⓐ und antwortet im Chor Ⓑ.
Achtet auf die Endungen.

4 Die Regel (1)

e in unbetonten Endungen -e, -en, -et, -est, -el, -eln

In der Endung *-e* wie in *eine* wird das *e* …	◯ gesprochen.	◯ nicht gesprochen.
In der Endung *-en* wie in *(die) Pralinen* wird das e …	◯ gesprochen.	◯ nicht gesprochen.
In der Endung *-en* wie in *(die) Scheiben, (der) Schinken, (die) Dosen* wird das e …	◯ gesprochen.	◯ nicht gesprochen.
In den Endungen *-et* und *-est* wie in *(ihr) hättet, (du) hättest* wird das e …	◯ gesprochen.	◯ nicht gesprochen.
In den Endungen *-el* und *-eln* wie in *(die) Tafel, (die) Kartoffeln* wird das e …	◯ gesprochen.	◯ nicht gesprochen.

▶115 116 117

a Hört die Sätze aus Ü2 und Ü3 noch einmal. Achtet auf die Endungen.

b Ergänzt die Regel: Kreuzt an.

c Wie wird die Endung *-en* in den Nomen *(die) Scheiben, (der) Schinken, (die) Dosen* gesprochen? Schaut im Aussprachewörterbuch nach.

d Vergleicht mit anderen Sprachen: Gibt es auch unbetonte Endungen? Welche? Wie sprecht ihr sie aus?

e Sucht noch mehr Nomen für Lebensmittel mit den Endungen *-e, -en, -el, -eln*.

5 Nur eins? Nein, zwei!

	A	B	Singular = Plural	Singular ≠ Plural
1.	ein Stück **Ku**chen	zwei Stück Kuchen	☒	◯
2.	eine Tafel Schokolade	zwei ________ Schokolade	◯	◯
3.	ein Glas Kirschen	zwei ________ Kirschen	◯	◯
4.	eine Dose Kekse	zwei ________ Kekse	◯	◯
5.	eine Tüte Bonbons	zwei ________ Bonbons	◯	◯
6.	eine Flasche Limonade	zwei ________ Limonade	◯	◯
7.	eine Schachtel Pralinen	zwei ________ Pralinen	◯	◯
8.	ein Beutel Nüsse	zwei ________ Nüsse	◯	◯
9.	ein Becher Sahne	zwei ________ Sahne	◯	◯
10.	eine Scheibe Brot	zwei ________ Brot	◯	◯

Wortgruppenakzent bei neutraler Sprechweise

Betone bei Mengenangaben das zweite Nomen (Lebensmittel), z. B. *zwei Stück **Ku**chen*.

▶118

a Hört die Wortgruppen (A) und markiert die Wortgruppenakzente.

b Hört noch einmal, vergleicht die Lösung und sprecht nach.

c Ergänzt die Nomen für die Mengenangaben im Plural in den Wortgruppen (B).

d Vergleicht: Sind die Nomen für die Mengenangaben im Singular und Plural gleich (=) oder nicht gleich (≠)? Kreuzt an.

▶119

e Hört die Wortgruppen (A und B). Sprecht leise mit und vergleicht die Lösung.

f Hört noch zweimal und sprecht erst mit und dann nach. Welches Wort ist jeweils in B betont (→ Wortgruppenakzente)? Warum?

g Übt zu zweit: A spricht die Wortgruppe im Singular, B reagiert mit dem Plural. Achtet auf die Wortgruppen- und Satzakzente und auf die Endungen.

Betone in Ja-/Nein-Fragen mit Mengenangaben das zweite Nomen besonders stark und deutlich (→ **Satzakzent**), z. B. *Hättest du gern ein Stück **Ku**chen?*

6 So höflich!?

Ⓐ Was **hät**test du gern? ↗ Was **hät**test du gern? ↘ **Hät**test du **gern** einen Beutel Bon**bons**? ↗
Ⓑ Ach **nein**, ach **nein**. ↘ Ich hätte **viel** lieber die **Luft**ballons. ↘
Ⓐ Was **hät**test du gern? ↗ Was **hät**test du gern? ↘ **Hät**test du **gern** eine Tafel Schoko**la**de? ↗
Ⓑ Ach **nein**, ach **nein**. ↘ Ich hätte **lie**ber eine Flasche Limo**na**de. ↘
Ⓐ Was **hät**test du gern? ↗ Was **hät**test du gern? ↘ **Hät**test du **gern** eine Schachtel Pra**li**nen? ↗
Ⓑ Ach **nein**, ach **nein**. ↘ Ich hätte **lie**ber ein **Ki**lo Manda**ri**nen. ↘
Ⓐ **Hät**test du **gern** einen Beutel Kar**tof**feln? ↗
Wir hätten hier **auch** noch bunte Pan**tof**feln. ↘
Ⓑ Kar**tof**feln? ↗ Pan**tof**feln? ↗ Danke, **nein**! ↘
Ich kaufe **lie**ber wo**an**ders ein. ↘

▶120 **a** Hört die Sätze mehrmals. Achtet auf die Satzmelodie ↘ und ↗ und auf die höfliche Sprechweise. Summt mit.
b Hört noch einmal. Findet ihr das Gespräch höflich? Warum?
▶121 **c** Hört noch zweimal. Sprecht erst im Rhythmus mit und dann zeilenweise nach.

Ⓐ Was hättest du gern? ↗ Was hättest du gern? ↘ Hättest du gern einen Beutel Bonbons? ↗

Ⓑ Ach nein, ach nein. ↘ Ich hätte viel lieber die Luftballons. ↘

d Sprecht zu zweit (Ⓐ und Ⓑ). Achtet auf die Satzmelodie ↘ und ↗.

7 Die Regel (2)

Höfliche Sprechweise

Sätze mit ↗ Melodie am Satzende und
mit vielen Melodiebewegungen klingen oft

▶120 **a** Hört die Sätze aus Ü6a noch einmal.
b Ergänzt die Regel: Kreuzt an.
c Vergleicht mit anderen Sprachen: Wie spricht man höflich beim Einkaufen? Wie fragt und wie antwortet man? Was klingt ähnlich, was klingt anders?

8 Ich hätte gern ..., sie hätte gern ..., er hätte gern ...

Pawel hätte gern eine Cola. Ich hätte gern eine Tüte Chips.

Pawel hätte gern eine Cola. Maria hätte gern eine Tüte Chips. Ich hätte gern ...

a Kettenspiel: Sprecht reihum höfliche Sätze. Wer etwas vergisst, ist raus.
b Sprecht reihum höfliche oder unhöfliche Sätze. Die anderen reagieren im Chor und zeigen dabei mit Mimik und Gestik, ob der Satz höflich oder unhöflich war. Wer falsch spricht oder zeigt, ist raus.

Satzakzent

Betone Wörter mit einer neuen Information im Satz besonders stark und deutlich, z. B. *Pawel hätte gern eine Cola.*

9 Gibt es das wirklich?

	Das gibt es!	Das gibt es nicht!
1. Senf in Tuben	◯	◯
2. Schinken in Flaschen	◯	◯
3. Apfelsinen in Netzen	◯	◯
4. Wurst in Beuteln	◯	◯
5. Kartoffeln in Gläsern	◯	◯
6. Zwiebeln in Kisten	◯	◯
7. Marmelade in Säckchen	◯	◯
8. Zitronen in Bechern	◯	◯
9. Milch in Flaschen	◯	◯
10. Chips in Tüten	◯	◯

Sprich die **Konsonantenfolgen** aus zwei und mehreren Konsonanten vollständig, z. B. *Wurst in Beuteln, Milch in Flaschen*.

a Lest die Wortgruppen und kreuzt an: Gibt es das oder gibt es das nicht?

▶ 122 b Hört die Wortgruppen, vergleicht die Lösung und sprecht leise mit. Achtet auf die blau markierten Konsonanten.

c Hört noch einmal und sprecht nach. Sprecht alle Konsonanten langsam und deutlich.

Senf in Tuben.

Senf in Tuben. Das gibt es!

Betone in Wortgruppen mit Mengenangaben (→ **Wortgruppenakzent**) das zweite Nomen, z. B. *Senf in Tuben*.

d Sprecht die Wortgruppen reihum. Alle wiederholen im Chor und sagen: *Das gibt es!* oder *Das gibt es nicht!*

10 Wir brauchen so viel!

Wir ko[1]chen und ba[ ]cken. Wir freuen uns sehr!
Wir brau[ ]chen so viel. Die [ ]Schr[ ]änke sind leer!
[ ]Zwei [ ]Fla[ ]schen Mi[ ]lch, [ ]drei Tüten Mehl, ein Pä[ ]ckchen Sa[ ]lz,
zehn [ ]Scheiben Käse, ein Ne[ ]tz [ ]Zitronen und ein [ ]Pfund [ ]Schmalz,
ein Be[ ]cher Sahne, hundert [ ]Gramm [ ]Schinken, ein Sä[ ]ckchen Reis,
[ ]drei Beutel Ka[ ]rto[ ]ffeln, se[ ]chs Tüten Zu[ ]cker. Kennst du den [ ]Preis?
Wir [ ]brauchen so viel. Wer kau[ ]ft es ein?
Wir kochen und backen. So schön ka[ ]nn das sein!

▶ 123 a Hört den Text mehrmals und summt mit.

b Hört den Text und sprecht langsam mit. Achtet auf die Konsonantenfolgen.

c Arbeitet zu zweit: Sprecht die Wörter mit den Konsonanten laut. Wie viele Konsonanten sprecht und hört ihr? Schreibt die Zahl in das Kästchen ☐.

d Lest reihum vor und vergleicht die Lösung.

ck

e Spiel: Schreibt reihum Konsonanten und Konsonantenfolgen aus dem Text an die Tafel. Wer sagt zuerst ein dazu passendes Wort?

f Sprecht reihum im Rhythmus je eine Zeile aus dem Text.

11 *Einkaufen* im Rhythmus (B)

▶114 **a** Hört die konjugierten Verben ① aus Ü1b. Sprecht nach.
Achtet auf die Wortgruppenakzente und auf die Endungen *-e*, *-en*, *-et* und *-est*.

b Hört noch einmal. Summt und klopft mit.
Klopft die betonten Silben sehr stark, sprecht die Endungen ganz schwach.

▶113 **c** Sprecht den Rhythmustext (Ü1a) und bewegt euch dazu im Rhythmus.

12 *Unser Einkauf* im Rhythmus

Ich **hät**te so gern, ja ich **hät**te so gern …
Ich **hät**te so gern, ja ich **hät**te so gern …

KASSE

Bio

a Schreibt gemeinsam einen Text *Unser Einkauf* im Rhythmus.
Verwendet Nomen für Lebensmittel und Dinge sowie Mengenangaben auch aus dieser Einheit.

b Führt den Rhythmustext vor.
Achtet besonders auf die schwachen Endungen und auf die Satzakzente.

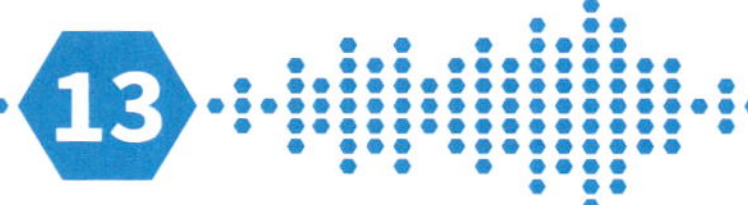

13 Wir kaufen auf dem Wochenmarkt ein.

Spielt *Einkaufen auf dem Wochenmarkt*!

Achtet auf die Aussprache: Wortgruppen- und Satzakzente, höfliche Sprechweise, Endungen mit *-e, -en, -et, -est, -el, -eln*.

Wählt eine Person. Sie beobachtet eure Aussprache und macht Notizen.

Spielt zu zweit Kundin/Kunde (A) und Verkäuferin/Verkäufer (B).

- Sprecht in vollständigen Sätzen:
  A sagt, was und wie viel sie/er einkaufen möchte.
  B sagt, was es gibt usw.

Präsentation:

- Berichtet vor der Lerngruppe: Was und wie viel habt ihr eingekauft (A) und verkauft (B)?
- Sprecht danach über die Aussprache: Was war gut? Was ist noch schwierig?
  Die Beobachtungsperson ergänzt. Gebt euch dann gegenseitig Ausspracheptipps.

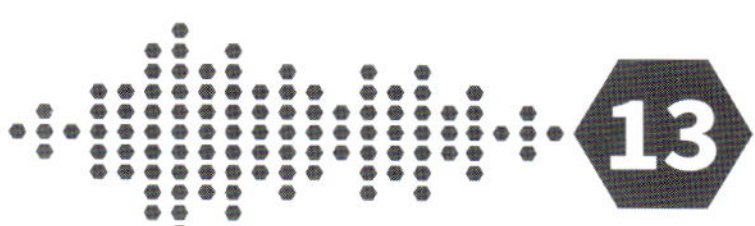

Arbeitsblatt 1

1 *Vor der Übung:* Die L beschreiben (ggf. in ihrer Erstsprache), was sie auf der Illu sehen und benennen die Lebensmittel und die Behältnisse bzw. Mengenangaben. Sie stellen Vermutungen zum Thema der Einheit an und sagen, was sie jetzt am liebsten kaufen und essen würden.Weisen Sie die L auf die Rhythmusschrift im Text hin. Alle betonten Silben sind größer geschrieben. Erklären Sie am Beispiel (→ Lerntipp zu Ü1, S. 131), dass in Wortgruppen und Sätzen ein Wort/eine Silbe stark betont ist und in längeren Sätzen mehrere Wörter betont werden. Besonders deutlich betont wird das bedeutungstragende Wort bzw. dessen Wortakzentsilbe.

b Weisen Sie die L auf die phonetischen Zeichen in den Klammern [ ] hin. Demonstrieren Sie die Aussprache der Endungen deutlich, indem Sie die betonten Silben in ***hät**te, **hät**ten, **hät**tet, **hät**test* besonders laut und kräftig und die Endungen [ə], [n̩], [ət], [əst] sehr schwach sprechen.

Arbeitsblatt 2

2 **a** Demonstrieren Sie wiederum mehrmals die Endungen wie in Ü1. Zeigen Sie, dass in manchen Endungen das [ə] sogar ausfällt und anstelle von *-en* ein Konsonant gesprochen wird: *Dosen* → [n̩], *Weintrauben* → [m̩], *Briefmarken* → [ŋ̍].

c Die L können auch in einem Aussprachewörterbuch nachschauen, wie die Endungen jeweils ausgesprochen werden. Für die Aussprache der Endung *-en* lassen Sie von den L selbst Regelmäßigkeiten feststellen. Schreiben Sie dazu passende Nomen aus der Ü an die Tafel (→ Regel vgl. Einheit 5).

f Geben Sie in jeder Runde das Tempo (von langsam bis relativ schnell) vor. Beim langsamen Sprechen konzentrieren sich die L besonders auf die deutliche Aussprache der betonten Silben und die schwache Aussprache der Endungen. Beim schnelleren Sprechen automatisieren sie die flüchtige Aussprache der Endungen.

Lösungen

2 c 2. Ich hätte [ə] gern ein**e** [ə] Scheib**e** [ə] Käs**e** [ə]. 3. Ich hätt**e** [ə] gern ein Kilo Mandarin**en** [ən]. 4. Sie hätt**e** [ə] gern ein**e** [ə] Tüt**e** [ə] Nüss**e** [ə]. 5. Er hätt**e** [ə] gern ein**e** [ə] Dos**e** [ə] Keks**e** [ə]. 6. Wir hätt**en** [n̩] gern sechs Tüt**en** [n̩] Mehl. 7. Sie hätt**en** [n̩] gern sieb**en** [m̩] Scheib**en** [m̩] Schink**en** [ŋ̍]. 8. All**e** [ə] hätt**en** [n̩] gern ein**e** [ə] Kiste [ə] Limonade [ə].

Arbeitsblatt 3

Lösungen

3 b 1. Was hätt**et** [ət] ihr, hätt**et** [ət] ihr, hätt**et** [ət] ihr gern? 2. Was hätt**est** [əst] du, hätt**est** [əst] du, hätt**est** [əst] du gern? 3. Hätt**est** [əst] du gern einen Beut**el** [l̩] Kartoff**eln** [l̩n]? 4. Hätt**est** [əst] du gern zwei Taf**eln** [l̩n] Schokolade? 5. Hätt**et** [ət] ihr gern eine Schacht**el** [l̩] Waff**eln** [l̩n]? 6. Hätt**est** [əst] du gern ein Glas Apf**el**marmelade [l̩]? 7. Was hätt**et** [ət] ihr, hätt**et** [ət] ihr, hätt**et** [ət] ihr gern? 8. Sagt mal, was hätt**et** [ət] ihr, hätt**et** [ət] ihr gern?

Arbeitsblatt 4

4 **d** *Vergleich mit anderen Sprachen:* Die L können Nomen für Lebensmittel in anderen Sprachen an die Tafel schreiben, die Endungen markieren und die Wörter bewusst aussprechen. Gemeinsam wird beurteilt, wie die Endungen ausgesprochen werden. Im Russischen werden unbetonte Vokale z. B. oft reduziert ausgesprochen (→ Vokale verändern ihre Qualität). Im Spanischen gibt es keinen Reduktionsvokal, dafür werden Konsonanten in unbetonten Silben z. T. weggelassen. Im Türkischen gibt es keine Reduktionsvokale. Weitere Beispiele in Dahmen/Hirschfeld/Meißner/Reinke (2021–2025).

5 **c/d** Die L sollten darauf aufmerksam gemacht werden, dass bei manchen Mengenangaben für Lebensmittel die Singular- und Pluralform gleich ist (z. B. *ein Stück Kuchen – zwei Stück Kuchen*).

g *Variante:* Die Ü kann fortgeführt werden: mit weiteren Lebensmitteln und passenden Mengenangaben (z. B. *ein Stück Zucker, … ein Kilo/Pfund Äpfel – … zwei Kilo/Pfund Äpfel, … 100 Gramm Wurst – … 200 Gramm Wurst*). Achten Sie nicht nur auf die schwache Aussprache der Endungen, sondern auch auf die Kontrastakzentuierung.

Lösungen

4 b In der **Endung** *-**e*** wie in *eine* wird das *e* gesprochen. In der **Endung** *-**en*** wie in *(die) Pralinen* wird das *e* gesprochen. In der **Endung** *-**en*** wie in *(die) Scheiben, (der) Schinken, (die) Dosen* wird das *e* nicht gesprochen. In den **Endungen** *-**et*** und *-**est*** wie in *(ihr) hättet, (du) hättest* wird das *e* gesprochen. In den **Endungen** *-**el*** und *-**eln*** wie in *(die) Tafel, (die) Kartoffeln* wird das *e* nicht gesprochen.

c (die) Scheib**en** [m̩], (der) Schink**en** [ŋ̍] , (die) Dos**en** [n̩]

5 a/c/d 1. ein Stück **<u>Ku</u>**chen – **<u>zwei</u>** Stück Kuchen (=) 2. eine Tafel Schoko**<u>la</u>**de – **<u>zwei</u>** Tafeln Schokolade (≠) 3. ein Glas **<u>Kir</u>**schen – **<u>zwei</u>** Gläser Kirschen (≠) 4. eine Dose **<u>Kek</u>**se – **<u>zwei</u>** Dosen Kekse (≠) 5. eine Tüte Bon**<u>bons</u>** – **<u>zwei</u>** Tüten Bonbons (≠) 6. eine Flasche Limo**<u>na</u>**de – **<u>zwei</u>** Flaschen Limonade (≠) 7. eine Schachtel Pra**<u>li</u>**nen – **<u>zwei</u>** Schachteln Pralinen (≠) 8. ein Beutel **<u>Nüs</u>**se – **<u>zwei</u>** Beutel Nüsse (=) 9. ein Becher **<u>Sah</u>**ne – **<u>zwei</u>** Becher Sahne (=) 10. eine Scheibe **<u>Brot</u>** – **<u>zwei</u>** Scheiben Brot (≠)

5 f Das Wort *zwei* wird jeweils in den Wortgruppen B betont (= Kontrastakzentuierung).

Arbeitsblatt 5

6 **b** Die L sollen hierbei frei und offen diskutieren – eine Lösung ist nicht vorgegeben. Sie können die Aufmerksamkeit der L aber bereits auf die bewegte und am Ende oft steigende ↗ Satzmelodie lenken. Summen Sie also die Sätze mehrmals mit den L zusammen mit und nach.

d Die L sollten die Höflichkeit unbedingt auch mimisch und gestisch zeigen.

7 **c** *Vergleich mit anderen Sprachen:* Die L können reihum einen höflichen Satz in ihrer Erstsprache oder in einer anderen Sprache sprechen. Alle diskutieren, ob der Satz höflich klingt und warum.

8 b ***Variante:*** Die anderen L können im Chor auch immer das Gegenteil sprechen und mimisch und gestisch zeigen, z. B. Aischa: *Ich hätte gern eine Cola.* (→ unhöflich) – Chor: *Aischa hätte gern eine Cola.* (→ höflich).

Lösungen

7 b Sätze mit ↗ Melodie am Satzende und mit vielen Melodiebewegungen klingen oft höflich.

Arbeitsblatt 6

9 c Machen Sie die L darauf aufmerksam, dass es Buchstabenfolgen gibt, die nur durch einen Konsonanten realisiert werden, z. B. <ch> → [ç] *(der Be**ch**er)*, <sch> → [ʃ] *(der **Sch**inken)* und dass es einzelne Buchstaben gibt, die durch zwei Konsonanten realisiert werden, z. B. <z> → [ts] *(die **Z**itrone)*.

10 c Die L können ihre Lösungen auch in einem Aussprachewörterbuch überprüfen.

d Die einzelnen Wortgruppen können reihum im Rhythmus gesprochen werden.

e ***Variante:*** Sie können selbst Buchstaben und Buchstabenfolgen (geordnet in einer Tabelle) und Wörter mit entsprechenden Buchstaben (ungeordnet) an die Tafel schreiben, die in die Tabelle einsortiert werden müssen. Ebenso könnten Sie eine Tabelle mit Lauten (→ IPA-Zeichen) vorbereiten, in die die Wörter eingetragen werden.

Lösungen

9 a Das gibt es: 1, 3, 4, 5, 6, 9, 10. Das gibt es nicht: 2, 7, 8.

10 c Wir ko**ch**en (1) und ba**ck**en (1). Wir freuen uns sehr! Wir brau**ch**en (1) so viel. Die **Schr**ä**nk**e (2), (2) sind leer! **Zw**ei (3) **Fl**a**sch**en (2), (1) Mil**ch** (1), **dr**ei (2) Tüten Mehl, ein Pä**ckch**en (2) Sa**lz** (3), zehn **Sch**eiben (1) Käse, ein Ne**tz** (2) **Z**itronen (2) und ein **Pf**und (2) **Schm**alz (2), ein Be**ch**er (1) Sahne, hundert **Gr**amm (2) **Sch**inken (1), ein Sä**ckch**en (2) Reis, **dr**ei (2) Beutel Ka**rt**o**ff**eln (2),(1), se**chs** (2) Tüten Zu**ck**er (1). Kennst du den **Pr**eis (2)? Wir **br**auchen (2) so viel. Wer kau**ft** (2) es ein? Wir kochen und backen. So schön ka**nn** (1) das sein!

Arbeitsblatt 7

12 ✪ ***Vor der Übung:*** Sammeln Sie mit den L passenden Wortschatz. Die L arbeiten in Kleingruppen. Geben Sie Hilfestellungen: Wortgruppen an die Tafel schreiben, Wörterlisten/Werbeprospekte austeilen. Anschließend wird der Rhythmustext vorgeführt. Der Text kann auf ein Poster geschrieben und im Unterrichtsraum ausgehängt werden, ggf. mit ausgeschnittenen Bildern und Fotos. ***Hinweis:*** Die Zeilen des Textes können, müssen sich aber nicht reimen.

Variante: Man kann den Rhythmustext auch für eine bestimmte Situation schreiben lassen, z. B. *Wir kaufen für eine Geburtstagsparty ein./Wir kaufen nur Lebensmittel ein, die gesund sind./Wir kaufen auf dem Flohmarkt ein.* etc.

Arbeitsblatt 8

13 ✪ ***Handlungsorientierte Aufgabe:*** Die L sollten im Rollenspiel überwiegend vollständige Sätze benutzen und sehr höflich sprechen (→ zur höflichen Sprechweise Einheiten 9 und 11). Weisen Sie die L darauf hin, dass sie beim Sprechen immer auch auf die Aussprache achten sollen: hier besonders auf Wortgruppen- und Satzakzente, höfliche Sprechweise, Endungen mit *-e, -en, -et, -est, -el, -eln*.

Variante für leistungsstärkere L: Die L können zu zweit auf einen Wochenmarkt gehen (wenn das möglich ist) und bestimmte Dinge einkaufen. Ein/e L spricht, die/der andere L beobachtet die Aussprache. Anschließend wird zu zweit (oder vor der Lerngruppe) ausgewertet.

Bestimmen Sie vor der Ü mit den L gemeinsam eine/n Beobachter/in für jedes Team, der/die die Abweichungen in der Aussprache der L während der gesamten Ü protokolliert und den L Feedback zur Aussprache gibt (vgl. Beobachtungsprotokoll auf S. 12).

Unterstützen Sie die L bei der Fokussierung auf die Aussprache. Geben Sie selbst Tipps für die Verbesserung der Aussprache und ermuntern Sie die L, verschiedene Aussprachelernstrategien auszuprobieren.

Das kann man auch noch üben:

- Wortakzent, Rhythmusmuster und lange und kurze Akzentvokale in Nomen, z. B. *(der)* ***Schinken*** ●•, *(die) Kartoffeln* •●•, *(die) Mandarinen* ••●•
- Wortakzent und lange und kurze Akzentvokale in Komposita, z. B. *(der)* ***Luft****ballon, (die)* ***Zahn****pasta, (das)* ***Sah****neeis*
- Satzgliederung mit Pausen und schwebender bzw. weiterweisender Melodie an Wortgruppengrenzen, z. B. *Ich hätte gern* → */ eine Tube Zahnpasta,* → */ ein Pfund Schinken* → */ und ein Sahneeis.* ↘

Phonetische Schwerpunkte

Satzakzent und Satzmelodie in Aufforderungen, Bitten und W-Fragen

- **Regeln:**
  - Die Satzmelodie fällt ab der Satzakzentsilbe stark ↘ in W-Fragen und Aussagen (mit .) bis in die Lösungstiefe (→ die Tiefe, die physiologisch gerade noch erreichbar ist), z. B. *Was **macht** ihr?* ↘ – *Wir schreiben **mit**.* ↘
  - Die Satzmelodie steigt in höflichen, sehr freundlichen und neugierigen W-Fragen am Satzende stark, z. B. *Was machst **du**?* ↗
  - Die Satzmelodie fällt stark ↘ in Aufforderungen und Bitten, z. B. *Hört bitte **zu**.* ↘
  - Der Satzakzent liegt meist auf dem wichtigsten und bedeutungstragenden Wort bzw. auf dessen Wortakzentsilbe, z. B. *Sprich **deut**licher. Setz dich **hin**.*
  - Die gesamte Sprechenergie liegt auf dem Satzakzent, alle anderen Silben werden viel schwächer realisiert.
  - **Achtung:** Ja-/Nein-Fragen werden hier nicht behandelt, denn für diese gelten z. T. andere Regeln.
- **(Kontrollierbare) Hörübungen durchführen:**
  - zum Erkennen und Markieren der steigenden ↗ oder fallenden ↘ Melodieverläufe sowie der Wortgruppen- bzw. Satzakzentsilben.
- **Satzakzentuierung und Satzmelodie trainieren:**
  - durch schrittweisen Aufbau immer längerer Wörter bzw. Sätze mit nur einer akzentuierten Silbe, z. B. ***kom**men – **mit**kommen – Wir kommen **mit**.* ↘ – *Wir kommen **gern** mit.* ↘
  - durch besonders nachdrückliches Sprechen, sodass die jeweilige Satzakzentsilbe noch deutlicher hervortritt und die Satzmelodie ab der Satzakzentsilbe noch deutlicher fällt
  - durch gestische und ganzkörperliche Unterstützung, z. B. bei jeder Satzakzentsilbe eine Geste mit der Hand oder mit dem Ellenbogen machen oder klopfen/klatschen/stampfen sowie bei fallender Satzmelodie hinsetzen.

Phonetik

- Satzakzent und Satzmelodie in Aufforderungen, Bitten und W-Fragen
- nachdrückliche vs. bittende Sprechweise
- Auslautverhärtung

zusammen mit

... Grammatik

- Wortstellung in Aufforderungen und Bitten
- Imperativ
- Verbstellung in Aufforderungen und Bitten

... Wortschatz

- Schulalltag
- Aufforderungen und Bitten
- Verhalten in der Schule

Auslautverhärtung

- **Regeln:**
  - <b>, <d>, <g>, <v>, <s> spricht man am Wortende stimmlos als [p], [t], [k], [f], [s], z. B. *Schrei**b**! Lie**s**!*
- **(Kontrollierbare) Hörübungen durchführen:**
  - zum Identifizieren und Differenzieren zwischen stimmlosen (gespannten) und stimmhaften (ungespannten) Plosiven und Frikativen, z. B. [s] *Lie**s**!* – [z] *Le**s**en Sie!*; [p] *Schrei**b**!* – [b] *Schrei**b**en Sie!*

1 *Unterricht* im Rhythmus (A)

① • ·
__Setz__ dich! ↘
· · •
Setz dich __**hin**__! ↘

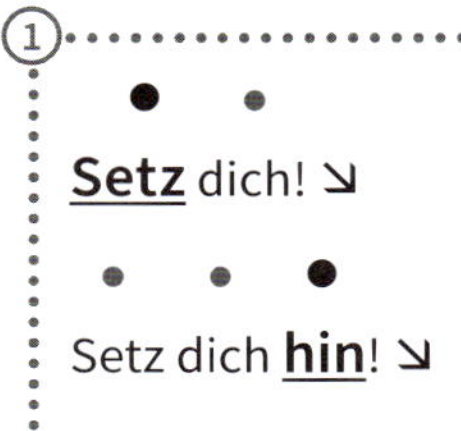

② •
__Lies__! ↘
· · •
Lies den __**Text**__! ↘

③ •
__Schreib__! ↘
· · •
Schreib den __**Satz**__! ↘

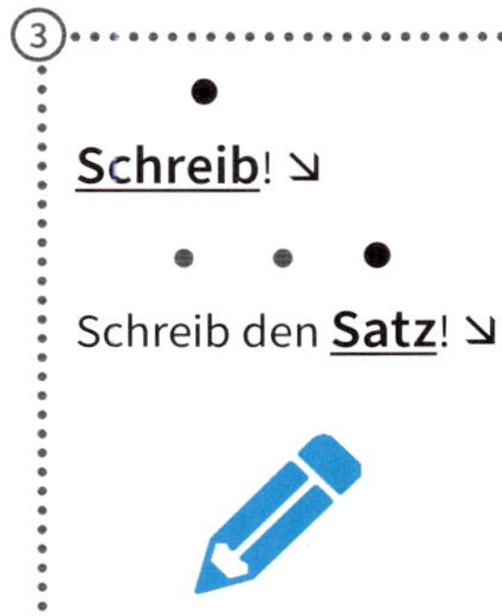

④ •
__Geh__! ↘
· · •
Geh zum __**Sport**__! ↘

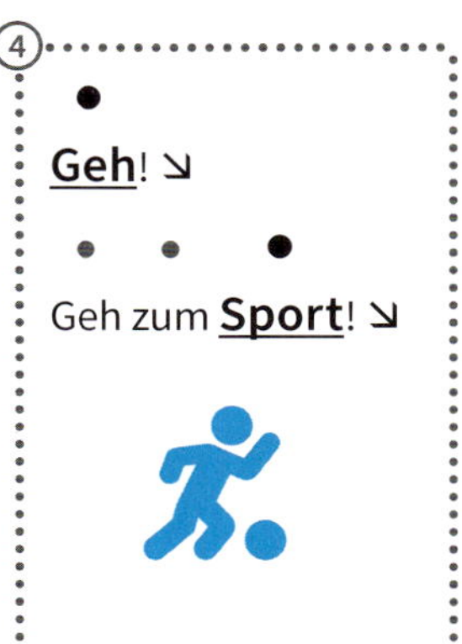

He, hallo **du**! Hör doch mal **zu**!
He, hallo **ihr**! **So** geht das hier!

Setz dich **hin**! Pass gut **auf**!
Heb den **Kau**gummi auf!
Lies den **Text**! Schreib den **Satz**!
Setz dich **auf** deinen **Platz**!

Komm mal **her**! Sag das **Wort**!
Be**eil** dich doch! Geh zum **Sport**!
Sei doch **still**! Bleib mal **steh**en!
Kannst du **das** nicht ver**steh**en?

Nein, tut mir **leid**. Ich ver**steh**e es nicht.
Was muss ich hier **ma**chen? Ich ver**steh**e das nicht.

Pass doch **auf**! Setz dich **hin**!
Nein, das hat **kei**nen **Sinn**!
Sag es **nett**! Das ist **leicht**.

Okay! Setz dich **hin**! Pass gut **auf**!
Alles **klar**! **Gut**, das **reicht**.

▶124 **a** Hört den Text *Unterricht* im Rhythmus mehrmals. Lest und summt mit.

▶125 **b** Hört die Aufforderungen (Imperative) ①②③④. Achtet auf die Satzakzente.

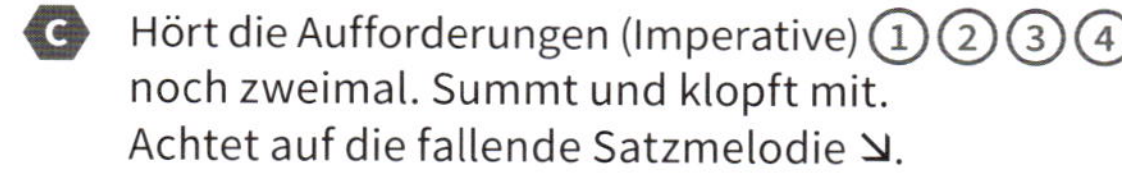

c Hört die Aufforderungen (Imperative) ①②③④ noch zweimal. Summt und klopft mit. Achtet auf die fallende Satzmelodie ↘.

▶124 **d** Hört den Rhythmustext noch einmal. Summt und klopft mit.

Wortgruppen- und Satzakzente

Wichtige/bedeutungstragende Wörter sind betont
- in Wortgruppen, z. B. *zum* ***Sport*** → Wortgruppenakzent
- in Sätzen, z. B. *Geh zum* __***Sport***__. → Satzakzent
- in längeren Sätzen mit mehreren Wortgruppen, z. B. *Geh zum* ***Sport*** */ und bleib ge*__***sund***__.
  Geh zum Sport und bleib gesund. (→ Rhythmus)

2 Verben im Rhythmus

▶126 **a** Hört die Sätze mehrmals. Achtet auf die **Satz**akzente. Summt und klopft erst mit. Sprecht dann mit.

b Sprecht reihum die Sätze aus Ü2a im Rhythmus. Achtet auf die Satzakzente und die Satzmelodie ↘ ↗. Beginnt immer wieder von vorn.

Die **Satzmelodie am Satzende** fällt in Aussagen ↘, z. B. *Ihr schreibt **mit**.* ↘

Sie steigt in höflichen oder neugierigen W-Fragen ↗, z. B. *Was machst **du**?* ↗

mitschreiben ◆ aufschreiben ◆ abschreiben ◆ mitsprechen ◆ nachsprechen ◆ vorsprechen ◆ zuhören ◆ aufhören ◆ vorsingen ◆ vorlesen ◆ ablesen ◆ mitsingen

c Sprecht reihum Sätze mit den vorgegebenen Verben wie in Ü2a.

3 Aufforderungen mit Verben ohne Präfix

Verben ohne Präfix		Aufforderungen (2. Person Singular)	
1. hören	● •	Hör bitte!	● • •
2. schreiben			
3. sprechen			
4. antworten			
5. lesen			
6. sagen			
7. wiederholen			
8. singen			

Satzakzent in Aufforderungen

Betone in Aufforderungen das Wort mit der wichtigen Information (hier das Verb), z. B. ***Hör** bitte!*

Vokalwechsel in der 2. Person Singular

In Verben mit <e> wechselt in der 2. Person Singular der Vokal im Wortstamm, z. B. *sprechen → Sprich bitte!*

Achtet auch auf die schwache **Endung -e**, z. B. *antworten → Antworte bitte!*

Satzakzent in Aufforderungen mit Ergänzung

Betone in Aufforderungen die Ergänzung am Satzende, z. B. *Hör bitte **auf**merksam!*

In sehr nachdrücklichen **Aufforderungen** und **Bitten** steht oft am Satzende ein Ausrufungszeichen und die Satzmelodie fällt, z. B. *Hör bitte!* ↘

 ▶127 **a** Hört die Verben ohne Präfix. Markiert die betonten Vokale (lang mit _ und kurz mit .). Ergänzt das Rhythmusmuster: betonte Silbe → ●, unbetonte Silbe → •.

b Hört noch einmal und vergleicht die Lösung. Sprecht und klopft mit.

c Hört noch einmal. Ergänzt die Aufforderungen in der 2. Person Singular + *bitte*.

 ▶128 **d** Hört die Aufforderungen zweimal. Vergleicht zuerst die Lösung. Markiert dann die **Satz**akzente und ergänzt die Rhythmusmuster.

 ▶129 **e** Hört die Verben und die Aufforderungen. Sprecht und klatscht mit. Achtet dabei auf die Wort- und Satzakzente.

aufmerksam ◆ laut ◆ deutlich ◆ richtig ◆ korrekt ◆ schnell ◆ langsam ◆ kurz ◆ genau

f Rhythmuskette: Sprecht reihum Aufforderungen mit Verben aus Ü3a. Sprecht jeweils einmal ohne Ergänzung (wie in Ü3d) und einmal mit Ergänzung (vgl. 3. Lerntipp). Wählt dafür eine Ergänzung aus den Beispielen oben. Achtet auf die Satzakzente.

4 Aufforderungen mit Verben mit Präfix

Verben mit Präfix	Aussagen	Aufforderungen (2. Person Singular)
1. **auf**schreiben	*Ich schreib **auf**.*	*Schreib bitte **auf**!*
2. mitmachen		
3. zuhören		
4. mitsingen		
5. mitkommen		
6. abschreiben		

a Hört die Verben mit Präfix im Infinitiv.
Ergänzt die Aussagen in der 1. Person Singular (Präsens) und die Aufforderungen in der 2. Person Singular.

b Hört die Verben und Sätze (Aussagen, Aufforderungen) zweimal.
Vergleicht zuerst die Lösung.
Markiert dann die **Wort**- und **Satz**akzente.

c Hört noch einmal. Sprecht und klopft mit.
Achtet auf die Wort- und Satzakzente und auch auf die Satzmelodie.
Sie fällt in allen Sätzen ↘.

Satzakzent in Aufforderungen mit trennbarem Verb

Betone in Sätzen mit Verben + Präfix das Präfix am Satzende, z. B. *Schreib bitte **auf**.* Manchmal ist auch die Ergänzung betont, z. B. *Schreib den **Satz** mit!*

mitschreiben

Schreib **mit**!

Schreib den **Satz** mit!

d Spiel: Schreibt die Verben mit Präfix aus Ü2c auf Zettel. Zieht einen Zettel.
Sprecht reihum Aufforderungen in der 2. Person Singular.
Sprecht jeweils einmal ohne Ergänzung und einmal mit Ergänzung. Beginnt immer wieder von vorn.
Sprecht in jeder Runde lauter und nachdrücklicher. Klatscht bei der Satzakzentsilbe.

e Spiel: Zeigt Zettel mit Verben wie in Ü4d. Wer sagt am schnellsten eine Aufforderung in der 2. Person Singular?
Wer spricht die Satzakzentsilbe am deutlichsten?

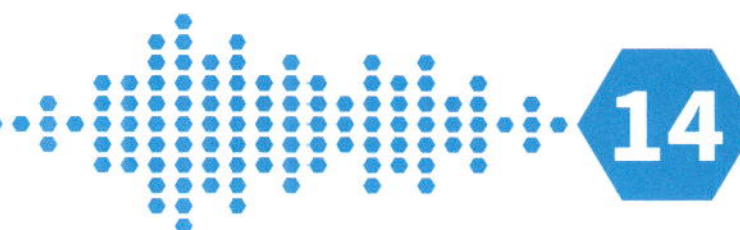

5 Aufforderungen im Singular

▶124 **a** Hört den Text *Unterricht* im Rhythmus aus Ü1 noch zweimal. Markiert im Text zuerst die Sätze mit Aufforderungen. Summt und klopft die Aufforderungen dann mit.

Aufforderungen	Infinitiv
• • ● 1. Schreib den **Satz**! ↘	● • *schreiben*
2. Hör doch mal zu!	
3. Setz dich hin!	
4. Pass gut auf!	
5. Heb den Kaugummi auf!	
6. Lies den Text!	
7. Komm mal her!	
8. Sag das Wort!	
9. Beeil dich doch!	
10. Geh zum Sport!	
11. Sei doch still!	
12. Bleib mal stehen!	

Die Verben enden …
- im Infinitiv auf *-en*, z. B. *schreiben*
- im Imperativ auf *-e* oder auf einen Konsonanten, z. B. *Schreibe den Satz! Schreib den Satz!*

▶132 **b** Hört die Aufforderungen aus der 1. Spalte. Markiert jeweils den **Satz**akzent. Ergänzt die Rhythmusmuster.

c Schreibt die Verben aus den Sätzen im Infinitiv in die zweite Spalte. Sprecht sie laut. Ergänzt die Rhythmusmuster.

▶133 **d** Hört die Sätze und Verben zweimal. Vergleicht zuerst die Lösung. Sprecht und klopft dann mit. Achtet in den Aufforderungen auf die Satzakzente und die Satzmelodie ↘.

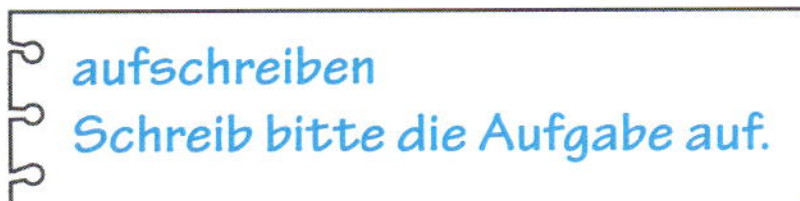

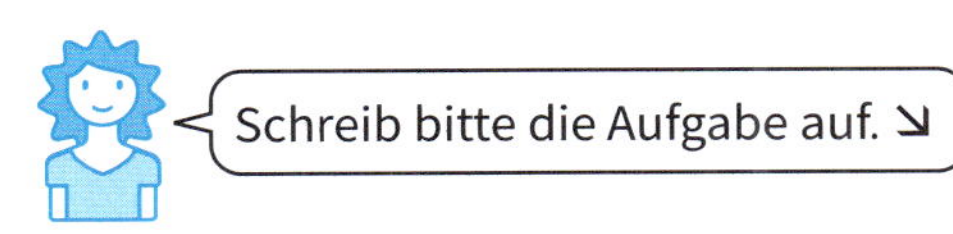

e Schreibt Aufforderungen mit den Verben aus Ü4a und mit Ergänzungen ins Heft. Ergänzt auch das höfliche ‚bitte‘.

f Lest die Aufforderungen vor. Achtet auf die Satzakzente und die fallende Satzmelodie ↘.

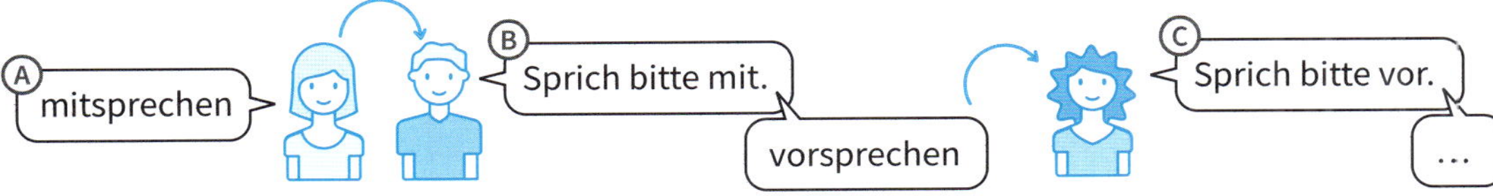

g Rhythmuskette: A nennt ein Verb mit Präfix, B bildet eine Aufforderung damit und nennt ein neues Verb mit Präfix. C bildet eine Aufforderung damit und nennt ein neues Wort usw.

6 Die Regel

Auslautverhärtung

<b>, <g>, <s> spricht man am Silbenende  ○ stimmlos. ○ stimmhaft.

124 **a** Hört den Text *Unterricht* im Rhythmus aus Ü1a noch einmal.
Achtet bei den Imperativ-Verben auf die Endkonsonanten <b>, <g>, <s>.

b Ergänzt die Regel: Kreuzt an.

c Vergleicht mit anderen Sprachen: Wie spricht man die Konsonanten am Wortende – immer oder manchmal stimmhaft oder stimmlos? Was klingt ähnlich, was klingt anders?

7 Bitten

sprechen ◆ vorlesen ◆ laufen ◆ aufmachen ◆ (sich) einloggen ◆ hinsetzen ◆ antworten ◆ geben ◆ zeigen ◆ aufschlagen

1. *Sprich* bitte etwas leiser.
2. ______________ mir bitte deinen Schulplaner.
3. ______________ bitte das Fenster __________.
4. ______________ dich bitte gleich ins System __________.
5. ______________ bitte laut und deutlich.
6. ______________ bitte langsamer __________.
7. ______________ bitte das Wörterbuch __________.
8. ______________ dich bitte gleich __________.
9. ______________ bitte etwas schneller.
10. ______________ mir bitte die Hausaufgabe.

Sprich im Komparativ von Adjektiven für *-er* **ein vokalisches R** [ɐ], z. B. *Sprich bitte etwas leiser.*

In **Aufforderungen** und **Bitten mit ↘** hat das Verb Position 1, z. B. *Sei ruhiger.* ↘
In Sätzen mit trennbaren Verben hat das Verb Position 1 und das Präfix steht am Satzende, z. B. *Mach bitte das Fenster **auf**.*

a Wählt Verben aus dem Kasten und ergänzt sie in der richtigen Form.
Achtung! Manchmal gibt es mehrere Möglichkeiten.

134 **b** Hört die Aufforderungen mehrmals.
Summt und klopft erst mit. Sprecht und klatscht dann mit.

c Hört noch einmal und markiert den **Satz**akzent.

d Lest die Sätze reihum vor. Achtet auf die Satzakzente.

e Sprecht die Sätze zu einer anderen Person in verschiedenen Emotionen, z. B. höflich, nachdrücklich.

8 *Unterricht* im Rhythmus (B)

125 **a** Hört die Sätze ① ② ③ ④ aus Ü1b und sprecht nach.
Achtet auf die Satzakzente.

b Hört die Sätze ① ② ③ ④ aus Ü1b nochmals und sprecht nach.
Achtet auf die Satzakzente und auch auf die Satzmelodie ↗ und ↘.

124 **c** Hört den Text *Unterricht* im Rhythmus (Ü1a) und sprecht im Rhythmus mit.

d Sprecht den Rhythmustext zu zweit. Sprecht die Strophen abwechselnd.

e Sprecht lustig, ärgerlich, verzweifelt, …

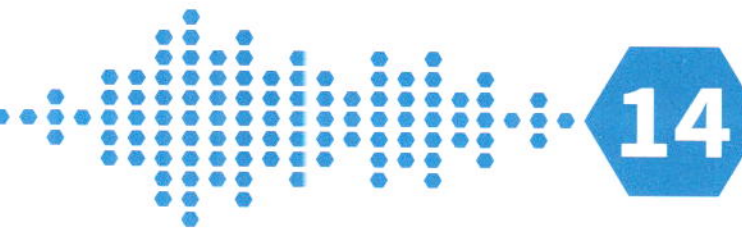

9 *Unser Unterricht* im Rhythmus

He, hallo **du**? Hör doch mal **zu**!
He, hallo **ihr**! **So** geht das hier!

____
____
____
____
____
____

a Ergänzt gemeinsam den Text *Unser Unterricht* im Rhythmus.
Schreibt zuerst Verben auf Zettel. Zieht reihum die Zettel und schreibt mit dem Verb eine Aufforderung.
Sprecht den Satz im Rhythmus.

b Führt den Rhythmustext vor. Achtet besonders auf die Satzakzente und die Satzmelodie.

10 Unsere Schulregeln

Findet Schulregeln!

① Diese Schulregeln haben wir an unserer Schule:

1. Hör im Unterricht aufmerksam zu.
2. …

② Diese Schulregeln brauchen wir:

1. Trenn den Müll.
2. …

Achtet auf die Aussprache:
Endkonsonanten bei Imperativ-Verben (Auslautverhärtung), Satzakzente, Satzmelodie.

Wählt eine Person. Sie beobachtet eure Aussprache und macht Notizen.

Arbeitet in Gruppen (A und B).

- Jede Gruppe schreibt Schulregeln/Verhaltensregeln auf.
  Formuliert Aufforderungen und Bitten im Singular.
  Bildet Sätze im Imperativ wie in ① und ②.
  - Gruppe A schreibt die Regeln auf, die es an eurer Schule gibt (①).
  - Gruppe B schreibt die Regeln auf, die sie an der Schule einführen möchte (②).
  - Stellt eure Regeln der Lerngruppe vor (Gruppe A und Gruppe B).
    Vergleicht sie. Stimmt gemeinsam über die Regeln ab.

Präsentation:

- Schreibt die wichtigsten Regeln auf ein gemeinsames Poster. Hängt es im Unterrichtsraum aus.
- Macht dann ein Simulationsspiel: Bildet drei Gruppen (A, B, C): Gruppe A und Gruppe B stellen ihre Schulregeln ① und ② vor und überzeugen den Schulrat (Gruppe C) von neuen Schulregeln.
  Achtet dabei besonders auf die Aussprache.
- Sprecht danach über eure Aussprache (Endkonsonanten bei Imperativ-Verben, Satzakzente, Satzmelodie).
  Was war gut? Was ist noch schwierig? Die Beobachtungsperson ergänzt.
  Gebt euch dann alle gegenseitig Tipps für die Aussprache.

Arbeitsblatt 1

1 *Vor der Übung:* Die L sprechen (ggf. in ihrer Erstsprache) anhand der Illu über den Schulalltag. Sie sammeln Begriffe für Schulsachen, Schulfächer und Handlungen und vergleichen sie in verschiedenen Sprachen. Schreiben Sie *Sport* an die Tafel – die L sagen, wie dieses Schulfach in ihrer Erstsprache heißt/klingt. Darüber hinaus können die L Verben zu verschiedenen Schulfächern auf Deutsch an die Tafel schreiben, z. B. *schreiben, sprechen, rechnen, zuhören, vorlesen, ausschneiden.*

Weisen Sie die L auf die Rhythmusschrift in den Sätzen ① bis ④ und im Text hin. Alle betonten Silben sind größer geschrieben. Erklären Sie am Beispiel (→ Lerntipp zu Ü1, S. 142), dass in Wortgruppen und Sätzen ein Wort/eine Silbe stark betont ist und in längeren Sätzen mehrere Wörter betont werden. Besonders deutlich betont wird das sinnwichtige/bedeutungstragende Wort bzw. dessen Wortakzentsilbe.

a/c/d Ermuntern Sie die L zum Mitsummen, Mitklopfen, Mitbewegen im Rhythmus.

Arbeitsblatt 2

2 **a** Machen Sie die L darauf aufmerksam, wodurch sich die Aussagesätze mit Verben ohne und mit Präfix unterscheiden und wo jeweils der Satzakzent liegt.

b Bitten Sie die L, auf die Satzakzente zu achten. Weisen Sie darauf hin, dass die Satzmelodie am Ende von Aufforderungen und Bitten (= Imperative) stark in die Lösungstiefe fällt. Bei höflichen Fragen (auch bei W-Fragen) steigt die Satzmelodie.

c Die L können die Verben in beliebiger Reihenfolge verwenden. Zeigen Sie mit der Bewegung des Ellenbogens nach unten, dass die Satzmelodie in Aussagen am Satzende stark in die Lösungstiefe fällt. Bei steigendem Melodieverlauf in höflichen Fragen können Sie den Ellenbogen nach oben bewegen.

3 **b–e** Die L können die betonten Silben durch starkes Klopfen und Klatschen gegenüber den unbetonten Silben hervorheben. Zu unbetonten Silben können sie entweder gar nicht oder nur schwach/leise klopfen oder klatschen. Weisen Sie auch darauf hin, dass bei nachdrücklichen Aufforderungen und Bitten oft ein Ausrufezeichen (!) steht (wie auch im Rhythmustext in Ü1). Aber auch ein Punkt am Ende des Satzes ist korrekt.

f Bitten Sie die L, die Aufforderungen durch eine Ergänzung aus dem Schüttelkasten zu erweitern. Machen Sie sie darauf aufmerksam, dass sich der Satzakzent in Aufforderungen und Bitten mit einer Ergänzung auf die neue Information im Satz verschiebt, z. B. ***Hör** bitte! – Hör bitte **auf**merksam!*

Lösungen

3 a 1. hören ●• 2. schreiben ●• 3. sprechen ●• 4. antworten ●•• 5. lesen ●• 6. sagen ●• 7. wiederholen ••●• 8. singen ●•

3 c 1. **Hör** bitte! ●•• 2. **Schreib** bitte! ●•• 3. **Sprich** bitte! ●•• 4. **Ant**worte bitte! ●•••• 5. **Lies** bitte! ●•• 6. **Sag** bitte! ●•• 7. Wieder**hol** bitte! ••●•• 8. **Sing** bitte! ●••

Arbeitsblatt 3

4 **a** Schreiben Sie an die Tafel: ***schrei**ben – **auf**schreiben. Ich **schreib**. – Ich schreib **auf**. **Schreib** bitte. – Schreibt bitte **auf**.* Sprechen Sie die Wörter und Sätze laut vor. Bitten Sie die L, auf die Wort- und Satzakzente zu achten und fragen Sie sie, ob ihnen daran etwas auffällt. Machen Sie sie auf die Position des Wortakzents in den Verben sowie auf die Position des Verbs und des Satzakzents in den Aussagesätzen sowie in Aufforderungen aufmerksam.

c Ermuntern Sie die L zum Mitklopfen und Mitbewegen im Rhythmus.

d Die L können weitere Verben mit Präfix auf Zettel schreiben. Ermuntern Sie die L zur Unterstützung einer immer nachdrücklicheren Sprechweise, mit Mimik und Gestik zu sprechen. Die L können auch mit verschiedenen emotionalen Sprechweisen experimentieren (z. B. freundlich, ärgerlich, …).

Lösungen

4 a/b 1. **auf**schreiben – Ich schreib **auf**. Schreib bitte **auf**. 2. **mit**machen – Ich mach **mit**. Mach bitte **mit**. 3. **zu**hören – Ich hör **zu**. Hör bitte **zu**. 4. **mit**singen – Ich sing **mit**. Sing bitte **mit**. 5. **mit**kommen – Ich komm **mit**. Komm bitte **mit**. 6. **ab**schreiben – Ich schreib **ab**. Schreib bitte **ab**.

Arbeitsblatt 4

5 **b–e** Die L können nach jeder aufgeschriebenen Aufforderung den Rhythmus klopfen. Dabei sollten sie auf den starken Kontrast zwischen betonten und unbetonten Silben achten. Die Silbe, auf der der Satzakzent liegt, wird lauter, deutlicher, gespannter und tiefer/höher gesprochen. Demgegenüber werden die anderen (unbetonten) Silben leise, undeutlich und ungespannt realisiert.

g Bitten Sie die L, eine Rhythmuskette zu bilden. Lenken Sie die Aufmerksamkeit der L darauf, dass der Satzakzent auf dem trennbaren Präfix liegt.

Lösungen

5 a Hör doch mal zu! Setz dich hin! Pass gut auf! Heb den Kaugummi auf! Lies den Text! Schreib den Satz! Setz dich auf deinen Platz! Komm mal her! Sag das Wort! Beeil dich doch! Geh zum Sport! Sei doch still! Bleib mal stehen! Pass doch auf! Setz dich hin! Sag es nett! Setz dich bitte hin! Pass gut auf!

5 b/c 1. Schreib den **Satz**! ••● – schreiben ●• 2. Hör doch mal **zu**! •••● – zuhören ●•• 3. Setz dich **hin**! ••● – hinsetzen ●•• 4. Pass gut **auf**! ••● – aufpassen ●•• 5. Heb den **Kau**gummi auf! ••●••• – aufheben ●•• 6. Lies den **Text**! ••● – lesen ●• 7. Komm mal **her**! ••● – herkommen ●••

8. Sag das **Wort**! ••● – sagen ●• 9. Be**eil** dich doch! •●•• – (sich) beeilen (•)•●• 10. Geh zum **Sport**! ••● – gehen ●• 11. Sei doch **still**! ••● – sein ● 12. Bleib mal **steh**en! ••●• – stehen bleiben ●•••

Achtung! In *stehen* sprechen wir oft nur eine Silbe. Das Verb *stehen bleiben* spricht man wie ein zusammengesetztes Verb, aber man schreibt *stehen* und *bleiben* getrennt.

Arbeitsblatt 5

6 **a/b** Verdeutlichen Sie, dass es nur um den Konsonanten am Wortende (= Auslautverhärtung) geht, z. B. *Gib mir den Stift!* Fassen Sie zusammen, dass neben den Konsonanten <b, g, s> auch die Konsonanten <d, v> am Wortende immer stimmlos und gespannt gesprochen werden. Die L können auch weitere Verben als Beispiele sammeln und damit Aufforderungen in der Singularform (Imperativ in der 2. Person Singular) bilden, in denen die Konsonanten (Frikative, Plosive) in den Verben am Wortende stimmlos und gespannt gesprochen werden. Die Sätze können an die Tafel geschrieben werden.

c *Vergleich mit anderen Sprachen:* Die Auslautverhärtung gibt es in vielen Sprachen nicht, d. h. Konsonanten (Plosive, Frikative) werden am Wortende nicht automatisch und immer stimmlos gesprochen (z. B. im Englischen, Finnischen, Koreanischen, Spanischen). Weitere Beispiele in Dahmen/Hirschfeld/Meißner/Reinke (2021–2025).

7 **a** Bitten Sie die L, in den vorgegebenen Sätzen Verben ohne und mit Präfixen zu ergänzen. Machen Sie die L darauf aufmerksam, dass das Verb in Aufforderungen und Bitten immer an erster Stelle im Satz steht. Bei Verben mit Präfix wird das Präfix an die letzte Stelle im Satz gestellt. Dazwischen befindet sich das Mittelfeld, welches durch weitere Satzglieder besetzt wird.

b Ermuntern Sie die L zum Mitsummen, Mitklopfen und Mitklatschen im Rhythmus.

c/d Weisen Sie darauf hin, dass der Satzakzent meist am Ende der Aufforderung liegt, z. B. *Sprich bitte etwas **lei**ser.* In Aufforderungen mit trennbaren Verben ist der Satzakzent bei neutraler Sprechweise auf dem Präfix (= rechte Satzklammer), z. B. *Setz dich bitte gleich **hin**.*

e Zeigen Sie, wodurch sich die höfliche Sprechweise von der nachdrücklichen Sprechweise unterscheidet. Dabei können Sie bei nachdrücklicher Sprechweise mehrere Wörter im Satz betonen und diese lauter, gespannter und höher sprechen.

8 Die L können sich beim Sprechen bewegen und Gesten machen. Sie können im Rhythmus auf den Tisch klopfen oder einen Stift bzw. ein Lineal als Taktstock verwenden.

Lösungen

6 b <b>, <g>, <s> spricht man am Silbenende stimmlos.

7 a/c. 1. Sprich (Antworte) bitte etwas **lei**ser. 2. Gib (Zeig) mir bitte deinen **Schul**planer. 3. Mach bitte das **Fens**ter auf. 4. Logg dich bitte gleich ins Sys**tem** ein. 5. Antworte (Sprich) bitte laut und **deut**lich. 6. Lies bitte **lang**samer vor. 7. Schlag bitte das **Wör**terbuch auf. 8. Setz dich bitte gleich **hin**./Logg dich bitte gleich **ein**. 9. Lauf (Sprich) bitte etwas **schnel**ler. 10. Zeig (Gib) mir bitte die **Haus**aufgabe.

Arbeitsblatt 6

9 Die L können in Kleingruppen arbeiten. Sammeln Sie mit den L gemeinsam Verben ohne und mit Präfix aus dem Schulalltag. Bilden Sie mit den Verben Aufforderungen und Bitten und sprechen Sie höflich oder nachdrücklich im Rhythmus, indem Sie eine Person aus der Lerngruppe direkt anschauen/ansprechen. Anschließend wird der Rhythmustext vorgeführt. Der Text kann auf ein Poster geschrieben und im Unterrichtsraum ausgehängt werden. *Hinweis:* Die Zeilen des Textes können, müssen sich aber nicht reimen.

10 *Handlungsorientierte Aufgabe:* Die L sollen die Schulregeln auf ihren Postern (① und ②) in Form von Aufforderungen im Singular formulieren. Weisen Sie die L darauf hin, dass sie beim Sprechen immer auch auf die Aussprache achten sollen: hier besonders auf Endkonsonanten bei Imperativ-Verben (Auslautverhärtung), Satzakzente, Satzmelodie (Lösungstiefe am Ende von Aussagesätzen).

Bestimmen Sie vor der Ü mit den L gemeinsam eine/n Beobachter/in für jede Gruppe, der/die die Abweichungen in der Aussprache der L während der gesamten Ü protokolliert und den L Feedback zur Aussprache gibt (vgl. Beobachtungsprotokoll auf S. 12).

Unterstützen Sie die L bei der Fokussierung auf die Aussprache. Geben Sie selbst Tipps für die Verbesserung der Aussprache und ermuntern Sie die L, verschiedene Aussprachelernstrategien auszuprobieren.

Das kann man auch noch üben:

- Wortakzent und Akzentvokale in Komposita, z. B. *die H**au**saufgabe, der Sch**u**lplaner*
- Komparativ der Adjektive und vokalisches R [ɐ], z. B. *Lies leise. – Lies leis**er**. Sprich laut. – Sprich laut**er**.*
- Schwa-Reduktion in Infinitiven und Assimilation in <-en> nach Frikativen und Plosiven, z. B. *hinsetz**en**, antwort**en*** [n̩]
- Ich-Laut [ç], z. B. *spre**ch**en, glei**ch**, deutli**ch***.

1 Ein Taschentuch *„Hast du ein Taschentuch?"*

1 Ü1a, Ü10c Arbeitsblatt 1, Arbeitsblatt 5

A: Die Tasche, das Heft, der Stift, das Buch. • He Freunde! Ich brauche ein Taschentuch. • Die Flasche, ein Bild, ein Schuh, ein Buch. • He Freunde! Ich habe kein Taschentuch. • Ein Füller, ein Fußball, ein Schlüssel, ein Buch. • He du! Hast du ein Taschentuch? • B: Eine Brille, ein Spitzer, eine Uhr, ein Buch. • Tut mir leid! Ich hab auch kein Taschentuch. • A: Ha, ha, ha, hatschiiii!

2 Ü1b, Ü10a Arbeitsblatt 1, Arbeitsblatt 5

der Stift – ein Stift • das Heft – ein Heft • die Tasche – eine Tasche

3 12 Ü1d, Ü10b Arbeitsblatt 1, Arbeitsblatt 5

Hast du ein Taschentuch? • Hast du eine Tasche? • Hast du ein Heft? • Hast du einen Stift? • Ich brauche ein Taschentuch. • Ich habe eine Tasche. • Ich brauche die Tasche. • Ich habe ein Heft. • Ich brauche das Heft. • Ich habe einen Stift. • Ich brauche den Stift.

4 Ü2d Arbeitsblatt 2

der Schuh, der Stift, der Füller, der Fußball, der Schlüssel, der Spitzer • das Heft, das Buch, das Taschentuch, das Bild • die Tasche, die Flasche, die Brille, die Uhr • ein Schuh, ein Stift, ein Füller, ein Fußball, ein Schlüssel, ein Spitzer • ein Heft, ein Buch, ein Taschentuch, ein Bild • eine Tasche, eine Flasche, eine Brille, eine Uhr

5 Ü3a, Ü4a 6 Ü3c Arbeitsblatt 2, Arbeitsblatt 3

ein Heft, ein Buch, ein Tisch, ein Stuhl • eine Uhr, eine Zahl, eine Tür, eine Wand • ein Spitzer, ein Schlüssel, ein Fenster, ein Drucker • eine Tasche, eine Tafel, eine Seite, eine Lampe • ein Stundenplan, ein Wörterbuch, ein Arbeitsblatt, ein Taschentuch • eine Überschrift, eine Weltkarte, eine Sporthose, eine Kamera

7 Ü5a Arbeitsblatt 3

ein Buch – ein Tuch • ein Tisch – ein Fisch • eine Zahl – ein Schal • ein Schlüssel – eine Schüssel • eine Tasche – eine Flasche • eine Klasse – eine Tasse • eine Hose – eine Rose

8 Ü5c Arbeitsblatt 3

Ein Heft ist kein Buch. • Ein Schal ist kein Tuch. • Ein Stuhl ist kein Tisch. • Ein Hund ist kein Fisch. • Ein Hemd ist keine Hose. • Eine Schüssel ist keine Dose. • Eine Tasse ist keine Flasche. • Ein Korb ist keine Tasche. • Ein Tisch ist kein Bett. • Reime sind nett.

9 Ü6b Arbeitsblatt 4

die Uhren – die Uhr • die Brillen – die Brille • die Taschen – die Tasche • die Schlüssel – der Schlüssel • die Spitzer – der Spitzer • die Flaschen – die Flasche • die Fenster – das Fenster • die Türen – die Tür • die Tische – der Tisch • die Tafeln – die Tafel • die Hefte – das Heft • die Bücher – das Buch • die Seiten – die Seite • die Bilder – das Bild • die Weltkarten – die Weltkarte • die Taschentücher – das Taschentuch

10 Ü7c Arbeitsblatt 4

A: Ich habe ein Heft. Ich brauche einen Stift. Und du? • B: Ich habe einen Stift. Ich brauche ein Buch. Und du? • A: Ich habe ein Buch. Ich brauche eine Brille. Und du? • B: Ich habe eine Brille. Ich brauche …

11 Ü8c Arbeitsblatt 5

A: Ich suche einen Radiergummi. Und du? • B: Ich suche ein Wörterbuch. • A: Ich kaufe eine Tasche. Und du? • B: Ich kaufe einen Rucksack.

2 Zu Hause und in der Stadt *„In der Stadt! Das macht Spaß!"*

13 Ü1a, Ü8b Arbeitsblatt 1, Arbeitsblatt 4

Viele, viele Wörterspiele in meiner Stadt, in unserer Stadt! • Kannst du das? Das macht Spaß! • Das Treppenhaus – die Haustür, • die Hauptstraße – das Straßenschild, • der Supermarkt – der Marktplatz, • der Autospiegel – das Spiegelbild, • die Heimatstadt – der Stadtpark, • das Fahrrad – der Radweg, • die Autobahn – der Bahnhof, • die Grundschule – der Schulhof, • die Schulklasse – das Klassenzimmer. • Wie findet ihr das? Macht das Spaß? • Das macht Spaß in meiner Stadt. • Ja! Na klar! So cool ist das!

14 Ü1b, Ü8a Arbeitsblatt 1, Arbeitsblatt 4

Treppenhaus – Haustür • Hauptstraße – Straßenschild • Supermarkt – Marktplatz • das Treppenhaus – die Haustür • die Hauptstraße – das Straßenschild • der Supermarkt – der Marktplatz

15 Ü1d, Ü2a Arbeitsblatt 1, Arbeitsblatt 2

das Treppenhaus – die Haustür • die Hauptstraße – das Straßenschild • der Supermarkt – der Marktplatz • der Autospiegel – das Spiegelbild • die Heimatstadt – der Stadtpark • das Fahrrad – der Radweg • die Autobahn – der Bahnhof • die Grundschule – der Schulhof • die Schulklasse – das Klassenzimmer

16 Ü4b Arbeitsblatt 3

das Wohnhaus – das Kaufhaus • der Spielplatz – der Sitzplatz • das Wohnzimmer – das Schlafzimmer • das Arbeitszimmer – das Wartezimmer • das Kinderzimmer – das Hotelzimmer • der Fahrplan – der Stadtplan • die Haustür – die Zimmertür • der Bahnhof – der Schulhof

17 Ü5b Arbeitsblatt 3

Im Wohnhaus wohne ich immer. • Im Kaufhaus kaufe ich ein. • Im Arbeitszimmer arbeite ich immer. • Im Schlafzimmer schlaf ich allein. • Im Wohnzimmer wohne ich immer. • Auf dem Spielplatz spiel ich mit dir. • Im Wartezimmer warte ich immer. • Und auf dem Sitzplatz sitze ich hier.

18 Ü6a Arbeitsblatt 3

Hauptbahnhof • Fußballplatz • Haustürschlüssel • Einfamilienhaus • Bushaltestelle • Kinderspielplatz • Fahrradweg • Treppenhauslicht • Wohnzimmertür • Kaufhaustreppe

19 Ü7b Arbeitsblatt 4

A: Das Fahrrad steht in der Badewanne. • B: Nein! Das Fahrrad fährt auf dem Fahrradweg. • A: Der Schreibtisch steht auf dem Kinderspielplatz. • B: Nein! Der Schreibtisch steht im Arbeitszimmer. • A: Der Fernseher steht im Treppenhaus. • B: Nein! Der Fernseher steht im Wohnzimmer. • A: Die Kinder spielen auf dem Hauptbahnhof Fußball. • B: Nein! Die Kinder spielen auf dem Fußballplatz Fußball. • A: Die S-Bahn hält an der Bushaltestelle. • B: Nein! Die S-Bahn hält am Hauptbahnhof. • A: Die Autos fahren auf dem Fahrradweg. • B: Nein! Die Autos fahren auf der Autobahn.

3 Wo? Woher? Wohin? *„Hallo du, wohin reist du?“*

20 Ü1a, Ü9c Arbeitsblatt 1, Arbeitsblatt 4

Alle: Ich, du, er, sie, es – wir, ihr, sie! • A: Hallo du! Sag, wo wohnst du? Hallo du, woher kommst du? • B: Ich wohne in Hamburg. Ich komme aus Deutschland. • C: Sie wohnt in Hamburg. Sie kommt aus Deutschland. • A: Ich wohne in Salzburg. Ich komme aus Österreich. • C: Er wohnt in Salzburg. Er kommt aus Österreich. • A: Hallo ihr! Sagt, wo wohnt ihr? Hallo ihr, woher kommt ihr? • Alle: Wir wohnen in Frankfurt. Wir kommen aus Frankfurt. • A: Und du und du und du? Wo wohnst du? • Alle: Ich, du, er, sie, es – wir, ihr, sie! • A: Hallo, du! Wohin reist du? Hallo du! Wohin reist du? • B: Ich reise nach Australien. • C: Ich reise nach Italien. • A: Du reist nach Australien? Du reist nach Italien? • Ich reise in die USA, nach Mexiko und Kanada. • Alle: Und du? • D: Ich? Ich bleibe hier in Frankfurt bei dir! • A: Schön!

21 Ü1b, Ü9a Arbeitsblatt 1, Arbeitsblatt 4

ich wohne, ich komme • du wohnst, du kommst • er wohnt, er kommt • sie wohnt, sie kommt • wir wohnen, wir kommen • ihr wohnt, ihr kommt • sie wohnen, sie kommen

22 Ü1d, Ü9b Arbeitsblatt 1, Arbeitsblatt 4

Wo wohnst du? • Ich wohne in Hamburg. • Du kommst aus Deutschland. • Er kommt aus Österreich. • Sie wohnt in Frankfurt. • Wir wohnen in Hamburg. • Ihr wohnt in Frankfurt. • Sie wohnen in Salzburg. • Ich reise nach Italien. • Du reist nach Italien? • Du reist nach Australien. • Er reist in die USA. • Sie reist nach Mexiko. • Wir reisen nach Kanada. • Ihr reist nach Österreich? • Wir reisen nach Frankfurt. • Sie reisen nach Deutschland.

23 Ü3a, Ü4a Arbeitsblatt 2

wir – ihr • wie – sie • wo – so • ja – da • sehr – Meer • das – was • ich – dich • in – hin • noch – doch • dort – Ort

24 Ü3c, Ü4a Arbeitsblatt 2

ich – ihr • und – du • es – er • das – da • kommen – wohnen

25 Ü5a Arbeitsblatt 3

Wien • Köln • Kiel • Salzburg • Frankfurt • Jena • Klagenfurt • Hamburg • Bremen • München • Stuttgart • Berlin • Hannover • Magdeburg • Bern • Luzern • Regensburg • Solingen • Luxemburg • Vaduz

26 Ü7a Arbeitsblatt 3

Ich reise nach Wien. • Du reist nach Wien. • Du reist nach Wien? • Sie reist nach Wien?

4 Partyzeit *„Die Party fängt an!“*

27 Ü1a, Ü8b, Ü10 Arbeitsblatt 1, Arbeitsblatt 5, Arbeitsblatt 6

Alle: He, es geht los! Partyzeit!!! • A: Wasch dich, kämm dich, zieh dich an! • Beeil dich! Schnell! Die Party fängt an! • B: Ja, mache ich! • Ich wasche mich, kämme mich und zieh mich an! • C: Du wäschst dich, du kämmst dich, du ziehst dich an. • B: Ich beeile mich! Ja, die Party fängt an! • A: Beeilt euch doch! He, die Party fängt an! • BC: Wir beeilen uns! Ja! Die Party fängt an! • A: Ich zieh mir das Hemd an! – BC: Du ziehst dir das Hemd an. • B: Ich zieh mir das Shirt an! – AC: Er zieht sich das Shirt an. • C: Ich zieh mir den Rock an! – AB: Sie zieht sich den Rock an. • A: Ich zieh mir die Jeans an! – BC: Er zieht sich die Jeans an. • D: Ich zieh mir die Schuhe an! – Alle: Sie zieht sich die Schuhe an. • D: Ich setz mir den Hut auf! – Alle: Sie setzt sich den Hut auf. • A: Ich setz mir das Cap auf! – BC: Du setzt dir das Cap auf. • A: Ist das nicht cool? He, wie gefällt's dir? • B: Ja, man, so cool! Und es gefällt mir! • Alle: Party!!!! • D: Hallo, hallo, ich lade euch ein. • Zu meiner Party lade ich euch ein. • Die Party fängt um acht abends an. • Ich freu mich auf euch. Leute, denkt daran. • Alle: Wir essen und tanzen. Wir haben Spaß. • Wir machen Party. So cool ist das!

28 Ü1b, Ü8a Arbeitsblatt 1, Arbeitsblatt 5

Ich wasche mich. • Du wäschst dich. • Er kämmt sich. • Wir kämmen uns. • Ihr zieht euch an. • Sie beeilen sich. • Ich zieh mir das Hemd an. • Du ziehst dir die Jeans an. • Sie zieht sich den Rock an. • Wir ziehen uns die Schuhe an. • Ihr wascht euch die Hände. • Sie kämmen sich die Haare.

29 Ü2a, Ü3a Arbeitsblatt 2

Ich kämme mich. • Du kämmst dich. • Er kämmt sich. • Wir kämmen uns. • Ihr kämmt euch. • Sie kämmen sich.

30 Ü4a Arbeitsblatt 3

Ich freue mich auf die tolle Party. • Ich freue mich auf die coole Musik. • Ich freue mich auf meine netten Freunde. • Ich freue mich auf das leckere Essen. • Ich freue mich auf alles. • Ich ärgere mich über die langweilige Party. • Ich ärgere mich über die laute Musik. • Ich ärgere mich über den Streit. • Ich ärgere mich über das schlechte Essen. • Ich ärgere mich über alles.

31 Ü6a Arbeitsblatt 4

Ich verabschiede mich von meinen Freunden. • Ich bedanke mich für die Einladung. • Ich ziehe mich aus. • Ich ruhe mich aus. • Ich erinnere mich an die schöne Party. • Ich schlafe mich aus. • Ich freue mich auf die nächste Party.

5 Modelcasting *„Du siehst gut aus!“*

32 Ü1a, Ü10c Arbeitsblatt 1, Arbeitsblatt 5

Hallo! Modelcasting! • Oh man, du siehst gut aus. Ein toller Stil: • Die langen Haare, das coole Profil, • die blaue Jacke, der rote Schal, • das bunte Kleid. Phänomenal! • Oh wow, du siehst toll aus! Ganz coole Pose! • Das hellbraune Hemd, die blaugraue Hose, • die hübschen Schuhe, der herrliche Hut, • der lange Mantel. Das passt alles gut. • Und er? Er ist unglaublich elegant • mit dem silbernen Ring an der linken Hand, • mit der schicken Frisur und mit dem grauen Jackett • mit den goldenen Knöpfen. Wirklich sehr nett. • Und du? Dich finde ich auch toll! • Das herrliche Kleid mit dem bunten Muster, • die roten Schuhe, die moderne Kette, das … • Achtung! Es geht los!

33 Ü1b, Ü2a, Ü10a Arbeitsblatt 1, Arbeitsblatt 2, Arbeitsblatt 5

der coole Mann | mit dem weißen Hut • das herrliche Kleid | mit dem bunten Muster • die schöne Frau | mit der tollen Frisur • die schicken Jacken | mit den großen Knöpfen

34 Ü1d, Ü10b Arbeitsblatt 1, Arbeitsblatt 5

Das schöne Mädchen … • mit den langen Haaren. • mit der blauen Jacke. • mit der tollen Frisur. • Das nette Mädchen … • mit dem roten Schal. • mit dem gelben Hemd. • mit dem schicken Kleid.

35 Ü2e Arbeitsblatt 2

der rote Schal, der herrliche Hut, der lange Mantel • mit dem silbernen Ring • das coole Profil, das bunte Kleid, das hellbraune Hemd, das herrliche Kleid • mit dem grauen Jackett, mit dem bunten Muster • die blaue Jacke, die blaugraue Hose, die moderne Kette • an der linken Hand, mit der schicken Frisur • die langen Haare, die hübschen Schuhe, die roten Schuhe • mit den goldenen Knöpfen

36 Ü4a, Ü6a, Ü7a Arbeitsblatt 3, Arbeitsblatt 4

das kleine Mädchen mit der schwarzen Bluse • das große Mädchen mit der weißen Bluse • der große Junge mit der kurzen Hose • der kleine Junge mit der langen Hose • der junge Mann mit dem langen Mantel • der alte Mann mit dem kurzen Mantel • das kleine Mädchen mit dem schmutzigen Kleid • das große Mädchen mit dem sauberen Kleid • die lustige Schülerin mit den kurzen Haaren • die traurige Schülerin mit den langen Haaren • die freundliche Nachbarin mit der modernen Brille • die unfreundliche Nachbarin mit der altmodischen Brille • die alte Frau mit dem großen Koffer • die junge Frau mit dem kleinen Koffer • der sportliche Lehrer mit der hellen Jacke • der unsportliche Lehrer mit der dunklen Jacke • das kleine Kind mit dem alten Fahrrad • das große Kind mit dem neuen Fahrrad

37 Ü5a Arbeitsblatt 3

das kleine Mädchen mit der schwarzen Bluse • der große Junge mit der kurzen Hose • der junge Mann mit dem langen Mantel • das kleine Mädchen mit dem schmutzigen Kleid • die lustige Schülerin mit den kurzen Haaren • die freundliche Nachbarin mit der modernen Brille • die alte Frau mit dem großen Koffer • der sportliche Lehrer mit der hellen Jacke • das kleine Kind mit dem alten Fahrrad

38 Ü8a Arbeitsblatt 4

Die rechte Hand – die linke Hand, der rechte Arm – der linke Arm, • das rechte Bein – das linke Bein, der rechte Fuß – der linke Fuß, • die Augen, die Ohren, der Mund, • der runde Kopf, der runde Bauch • und einen Rücken habe ich auch. • Ich winke mit der rechten Hand. – Ich winke mit der linken Hand. • Ich kreise mit dem rechten Arm. – Ich kreise mit dem linken Arm. • Ich kreise mit dem rechten Bein. – Ich kreise mit dem linken Bein. • Ich wippe mit dem rechten Fuß. – Ich wippe mit dem linken Fuß. • Ich mach das linke Auge auf. – Ich mach das rechte Auge auf. • Wir machen die Augen zu. • So! Wir haben Ruh! • Wir nicken mit dem runden Kopf. • Wir hüpfen mit dem runden Bauch. • Und mit den Beinen hüpfen wir auch.

39 Ü9b Arbeitsblatt 5

Du bist so cool … • mit dem hübschen Kopf, • mit dem roten Mund, • mit dem blonden Zopf, • mit den winzigen Ohren, • mit der kleinen Nase, • mit den niedlichen Füßen, • mit dem hübschen Kleid, • mit der schicken Jacke, • mit der langen Kette, • mit dem lustigen Hut. • Ja, ja, ja! Das find ich gut!

6 Mein Tag *„Was machst du heute?“*

40 Ü1a 50 Ü9c 51 Ü9e Arbeitsblatt 1, Arbeitsblatt 5

So ist mein Tag. Hör mal zu. • Das ist mein Tag. Hör mal zu: • Aufwachen, aufstehen, • anziehen, fernsehen, • frühstücken, rausgehen • und an der Ampel stehen. • Dann kommt die Bahn. Ich steig ein. • Ich setz mich hin. Ich schlaf ein. • Ich wach auf. Ich steig aus. • Ich geh rein. Ich geh raus. • Ich fahr wieder nach Haus. • Einkaufen, heimgehen, • ausruhen, fernsehen. • So ist mein Tag. Hör mal zu. • Das ist mein Tag. Und jetzt du!

41 Ü1b/f, Ü9a Arbeitsblatt 1, Arbeitsblatt 5

aufwachen, aufstehen • einsteigen, aussteigen • reingehen, rausgehen • einschlafen, ausschlafen

42 Ü1d/f, Ü9b Arbeitsblatt 1, Arbeitsblatt 5

Ich wach auf. Du wachst auf. • Ich steh auf. Du stehst auf. • Ich seh fern. Du siehst fern. • Ich geh heim. Du gehst heim. • Ich steig ein. Du steigst ein. • Ich steig aus. Du steigst aus. • Ich schlaf ein. Du schläfst ein. • Ich schlaf aus. Du schläfst aus.

43 Ü2a Arbeitsblatt 2

stehen, machen, sehen, gehen, schlafen, kaufen, laufen, packen, fahren, hören, sprechen, kommen

44 Ü2c Arbeitsblatt 2

stehen – aufstehen • sehen – aussehen • kommen – mitkommen • gehen – weggehen • schlafen – ausschlafen • packen – einpacken • kaufen – einkaufen • fahren – hinfahren

45 Ü3a Arbeitsblatt 2

einkaufen, mitkommen, verstehen, anziehen, einschlafen, erfahren, zuhören, bestellen

46 Ü3b, Ü4a Arbeitsblatt 2, Arbeitsblatt 3

einkaufen – verkaufen • mitkommen – bekommen • aufstehen – verstehen • anziehen – erziehen • einschlafen – verschlafen • hinfahren – erfahren • zuhören – gehören • feststellen – bestellen

47 Ü5a Arbeitsblatt 3

Ich wach auf. Ich steh auf. Was machst du? • Ich steh auf. Ich geh los. Was machst du? • Ich komm mit. Ich komm an. Was machst du? • Ich geh rein. Ich kauf ein. Was machst du? • Ich steig ein. Ich fahr heim. Was machst du? • Ich seh fern. Ich schlaf ein. Was machst du?

48 Ü7a Arbeitsblatt 4

Ich stehe um neun Uhr auf. Und du? • Ich sehe nachmittags fern. Und du? • Ich rufe meine Oma an. Und du? • Ich hole meine Freundin ab. Und du? • Ich ziehe meine Lieblingsjeans an. Und du? • Ich räume mein Zimmer auf. Und du?

49 Ü8b Arbeitsblatt 5

Morgens um sieben wache ich auf. • Morgens um acht Uhr stehe ich auf. • Morgens um neun ziehe ich mich an. • Vormittags sehe ich am liebsten fern. • Vormittags lege ich mich hin. • Vormittags gehe ich nicht raus. • Mittags gehe ich auch nicht raus. • Mittags schalt ich das Radio ein. • Mittags pack ich mein Essen aus. • Nachmittags gehe ich endlich raus. • Nachmittags hol ich dich ab. • Nachmittags kaufen wir ein. • Abends gehen wir wieder heim. • Abends ziehen wir uns aus. • Abends schlafen wir ein.

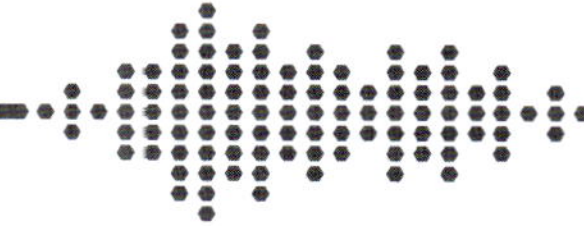

7 Mein Kalender *„Wann hast du Geburtstag?"*

▶ 52 Ü1a, Ü10b Arbeitsblatt 1, Arbeitsblatt 6

Eins, zwei, drei, vier Jahreszeiten. Eins, zwei, drei, vier Jahreszeiten. • Der Frühling: Die Sonne scheint. Das Gras ist grün. • Der Sommer: Es ist so heiß. Die Blumen blühen. • Der Herbst: Es ist so bunt und schön im Wald. • Der Winter: Es schneit und es ist bitterkalt. • Eins, zwei, drei, vier Jahreszeiten. Eins, zwei, drei, vier Jahreszeiten. • Der Frühling: Eins, zwei, drei – März, April und Mai. • Der Sommer: Juni, Juli und August – Ich hab jetzt zum Baden Lust. • Der Herbst: September, Oktober, November. Oh ja! • Jetzt ist schon bald der Winter da. • Der Winter: Dezember, Januar, Februar. Klar! • So geht es weiter Jahr für Jahr! • Eins, zwei, drei, vier Jahreszeiten. Eins, zwei, drei, vier Jahreszeiten. • Wann hast du Geburtstag? – Am zwölften September? • Am siebzehnten Mai? Am sechsten Dezember? • Am sechsundzwanzigsten Januar? • Oder am dreizehnten Februar? Am …

▶ 53 Ü1b, Ü10a Arbeitsblatt 1, Arbeitsblatt 6

Heute ist der zweite Dritte. Heut ist der zweite März. • Heute ist der zweite Sechste. Heut ist der zweite Juni. • Heute ist der sechste Neunte. Heut ist der sechste September. • Heute ist der sechste Zehnte. Heut ist der sechste Oktober. • Heute ist der sechste Zwölfte. Heut ist der sechste Dezember.

▶ 54 Ü2b Arbeitsblatt 2

Der Frühling: Eins, zwei, drei: März, April und Mai. • Der Sommer: Du hast es gewusst! Juni, Juli und August. • Der Herbst: Ja! September, Oktober, November. Aha!? • Der Winter: Na klar! Dezember, Januar, Februar. • Im Frühling ist es warm. Im Sommer ist es heiß. • Im Herbst ist es schon kühl. Im Winter gibt es Eis.

▶ 55 Ü3a Arbeitsblatt 2

Eins, zwei, drei, vier. • So zählen wir. • Fünf, sechs, sieben, acht. • So wird's gemacht. • Neun, zehn und elf. Jetzt kommt die Zwölf. • Nun zähle heiter immer so weiter! • Dreizehn, vierzehn fünfzehn, • sechzehn, siebzehn, achtzehn, • neunzehn, zwanzig. Juhu!!!! • Jetzt zählst du!

▶ 56 Ü4a Arbeitsblatt 3

A: Wann lernst du? Wann lernst du? Am ersten März? Am zweiten März? • Am dritten, vierten, fünften März? Oder vielleicht am sechsten März? • B: Ja, genau, dann lerne ich. Das ist kein Scherz! • A: Wann lernst du? Wann lernst du? Am achten April? Am neunten April? • Am zehnten, elften, zwölften April? Oder vielleicht am dreizehnten April? • B: Nein, ich lerne nicht, weil ich nicht will! • A: Wann lernst du? Wann lernst du? Am vierzehnten Mai? Am fünfzehnten Mai? • Am sechzehnten, siebzehnten, achtzehnten Mai? • Oder vielleicht am neunzehnten Mai? • B: Eins, zwei, drei! Am neunzehnten Mai bin ich dabei. • A: Wann lernst du? Wann lernst du? Am zwanzigsten August? Am einundzwanzigsten August? • Am zweiundzwanzigsten August? Am dreiundzwanzigsten August? • Oder vielleicht am vierundzwanzigsten August? • B: Nein, nein, nein! Denn im August hab ich keine Lust! • AB: Schade!

▶ 57 Ü5a, Ü7a Arbeitsblatt 3, Arbeitsblatt 5

A: Wann hast du Geburtstag? Und was wünschst du dir? • B: Am zweiten Mai hab ich Geburtstag. Eine Pizza wünsche ich mir. • A: Wann hast du Geburtstag? Und was wünschst du dir? • B: Am zwölften März hab ich Geburtstag. Eine Geburtstagstorte wünsche ich mir. • A: Wann hast du Geburtstag? Und was wünschst du dir? • B: Am sechsten März hab ich Geburtstag. Glückskekse wünsche ich mir. • A: Wann hast du Geburtstag? Und was wünschst du dir? • B: Am zwanzigsten März hab ich Geburtstag. Ein Xylophon wünsche ich mir. • A: Wann hast du Geburtstag? Und was wünschst du dir? • B: Im Dezember hab ich Geburtstag. Eine Mütze wünsche ich mir.

▶ 58 Ü6a Arbeitsblatt 4

Heute ist der zweite Erste. Heut ist der zweite Januar. • Heute ist der zweite Zweite. Heut ist der zweite Februar. • Heute ist der zweite Dritte. Heut ist der zweite März. • Heute ist der zweite Vierte. Heut ist der zweite April. • Heute ist der zweite Fünfte. Heut ist der zweite Mai. • Heute ist der zweite Sechste. Heut ist der zweite Juni. • Heute ist der sechste Siebente. Heut ist der sechste Juli. • Heute ist der sechste Achte. Heut ist der sechste August. • Heute ist der sechste Neunte. Heut ist der sechste September. • Heute ist der sechste Zehnte. Heut ist der sechste Oktober. • Heute ist der sechste Elfte. Heut ist der sechste November. • Heute ist der sechste Zwölfte. Heut ist der sechste Dezember.

▶ 59 Ü8a Arbeitsblatt 5

sechs Geburtstagskarten • zwei Geburtstagstorten • zwölf Geburtstagskerzen • zwanzig Geburtstagsgäste • sechsundzwanzig Geburtstagsgeschenke • Kekse backen und Witze erzählen • Pizza mit Pilzen und Zwiebeln essen • Mixgetränke mit Milch und Zucker mixen • Luzia und Moritz tanzen

8 Gut, besser, am besten! *„Ich kann alles viel besser als du!"*

▶ 60 Ü1a, Ü9c Arbeitsblatt 1, Arbeitsblatt 6

A: Ich kann alles und ich kann es gut. • Ich mache alles und ich mache es gut. • B: Ich kann das alles viel besser als du! • Ich bin auch viel hübscher und klüger als du! • A: Ich kann schneller laufen. Ich kann höher springen. • Ich kann besser rechnen. Ich kann schöner singen. • B: Ich kann cooler tanzen und mich schneller drehen. • Ich kann besser hören und viel weiter sehen. • C: Ich kann länger tauchen und viel lauter lachen. • Ich kann wirklich alles viel besser machen. • A: Nein, nein, nein! Das kann nicht sein! • Ich laufe am schnellsten. Schau doch mal her! • B: Ich springe am höchsten. Und ich kann noch mehr. • C: Ich tauche am längsten. Ist das nicht perfekt? • A: Ich rechne am besten. Alles korrekt. • B: Ich dreh mich am tollsten und schnellsten im Kreis. • C: Und ich esse das größte und leckerste Eis. • A: Niemand ist besser und klüger als ich! • Ich mag mich so gern! • Aber am liebsten hab ich dich! • Alle: Wir können alles zusammen machen. • Laufen und springen und andere Sachen. Genau!

▶ 61 Ü1b, Ü9a Arbeitsblatt 1, Arbeitsblatt 6

groß – größer – am größten • hoch – höher – am höchsten • klug – klüger – am klügsten • hübsch – hübscher – am hübschesten

▶ 62 Ü1d, Ü9b Arbeitsblatt 1, Arbeitsblatt 6

gut – besser – am besten • lieb – lieber – am liebsten • lang – länger – am längsten • laut – lauter – am lautesten • weit – weiter – am weitesten

▶ 63 Ü2a ▶ 64 Ü2b Arbeitsblatt 2

Ich fahre gern Rad und ich fahre schnell. • Du fährst gern Roller und du fährst schneller. • Er fährt gern Skateboard und er fährt am schnellsten. • Sie tanzt gern Tango und sie tanzt cool. • Ihr tanzt gern Samba und ihr tanzt cooler. • Wir tanzen gern Hip-Hop und wir tanzen am coolsten. • Ich höre gern Klassik und ich höre es laut. • Du hörst gern Hip-Hop und du hörst es lauter. • Er hört gern Rock und er hört es am lautesten.

▶ 65 Ü2c ▶ 66 Ü2d Arbeitsblatt 2

Ich sammle Comics und ich hab schon ganz viele. • Du sammelst Comics und du hast schon viel mehr. • Er sammelt Comics und er hat am meisten. • Ich kann singen und ich kann es sehr gut. • Sie kann singen und sie kann es viel besser. • Wir können singen und wir können es am besten. • Cool, cooler, am coolsten.

▶ 67 Ü2e Arbeitsblatt 2

Ich fahre gern Rad und ich fahre schnell. • Du fährst gern Roller und du fährst schneller. • Er fährt gern Skateboard und er fährt am schnellsten. • Sie tanzt gern Tango und sie tanzt cool. • Ihr tanzt gern Samba und ihr tanzt cooler. • Wir tanzen gern Hip-Hop und wir tanzen am coolsten. • Ich höre gern Klassik und ich höre es laut. • Du hörst gern Hip-Hop und du hörst es lauter. • Er hört gern Rock und er hört es am lautesten. • Ich sammle Comics und ich hab schon ganz viele. • Du sammelst Comics und du hast schon viel mehr. • Er sammelt Comics und er hat am meisten. • Ich kann singen und ich kann es sehr gut. • Sie kann singen und sie kann es viel besser. • Wir können singen und wir können es am besten. • Cool, cooler, am coolsten.

▶ 68 Ü3a, Ü5a ▶ 69 Ü3b Arbeitsblatt 3, Arbeitsblatt 4

Ich laufe schnell. • Schneller, schneller, schneller! • Ich rufe laut. • Lauter, lauter, lauter! • Ich spreche leise. • Leiser, leiser, leiser! • Ich springe hoch. • Höher, höher, höher! • Ich tauche tief. • Tiefer, tiefer, tiefer!

▶ 70 Ü4a, Ü5a ▶ 71 Ü4b Arbeitsblatt 3, Arbeitsblatt 4

Deine Schwester ist klug. Meine Schwester ist klüger. Ich habe eine klügere Schwester. • Dein Rad fährt schnell. Mein Rad fährt schneller. Ich habe ein schnelleres Rad. • Dein Handy ist toll. Mein Handy ist toller. Ich habe ein tolleres Handy. • Deine Uhr ist cool. Meine Uhr ist cooler. Ich habe eine coolere Uhr. • Deine Haare sind lang. Meine Haare sind länger. Ich habe längere Haare. • Dein Bruder ist groß. Mein Bruder ist größer. Ich hab einen größeren Bruder.

▶ 72 Ü6b, Ü8a/d Arbeitsblatt 4, Arbeitsblatt 5

schön – schöner – am schönsten • groß – größer – am größten • hoch – höher – am höchsten • süß – süßer – am süßesten • klug – klüger – am klügsten • jung – jünger – am jüngsten • hübsch – hübscher – am hübschesten • gesund – gesünder – am gesündesten

▶ 73 Ü7a, Ü8d Arbeitsblatt 5

A: Ö-ö-ö! Schön – schöner – am schönsten! • B: Was findest du schön? Was findest du schöner? • A: Ö-ö-ö! Was ist am schönsten? • B: Ü! Frühling? • A: Ü! Bücher? • B: Ü! Glück! • A: Glück ist am schönsten! • B: O-ö-ö! Groß – größer – am größten! • A: Wer ist groß? Wer ist größer? • B: Ö-ö-ö! Wer ist am größten? • A: Ich? • B: Du? • A: Er? • B: Er ist am größten! • A: Ü-ü-ü! Süß – süßer – am süßesten! • B: Was ist süß? Was ist süßer? • A: Ü-ü-ü! Was ist am süßesten? • B: Ö! Vögel? • A: Ü! Nüsse? • B: Ü! Nüsse? • A: Vögel? Nüsse? Nein, nein, nein! Zucker ist am süßesten. • B: U-ü-ü! Klug – klüger – am klügsten! • A: Wer ist klug? Wer ist klüger? • B: Ü-ü-ü! Wer ist am klügsten? • A: Ich oder du? Hör mal zu! • B: Am klügsten … bist du!

9 Telefonieren *„Ich hätte gern mit Anna gesprochen."*

▶ 74 Ü1a, Ü12c Arbeitsblatt 1, Arbeitsblatt 8

A: Drei-zwei-sechs-sechs-vier-vier! – Hallo, hallo? Ist jemand hier? • B: Hallo, hallo? Wer ist denn da? – Ist dort Frau Weber aus Altona? • C: Guten Tag, hier ist Krause. – Ist die Anna zu Hause? • Alle: Hallo! Hallo, hallo! • C: Ich hätte gern mit Anna gesprochen. • Alle: Hallo! Hallo, hallo! • C: Ich würde gern mit Anna sprechen. • Alle: Hallo! Hallo, hallo! • D: Sieben-sieben-fünf-zwei-drei-drei! – Hallo, hallo? Ist da die Polizei? • 📞: Hallo, hallo, hier ist leider besetzt. – Hörst du den Piepton? Sprich bitte jetzt! • A: Hallo, hallo! Ich versteh kein Wort! – Hier ist Maria. Wer spricht denn dort? • Alle: Hallo! Hallo, hallo! • B: Dürfte ich bitte mit Paula sprechen? • Alle: Hallo! Hallo, hallo! • B: Könnte ich bitte mit Paula sprechen? • Alle: Hallo! Hallo, hallo! • 📞: Hier ist der Anschluss Sieben-sieben-drei-acht. – Paula ist nicht da. Tschüss. Gute Nacht! Tuuuuuuuut …!

▶ 75 Ü1b/e, Ü12a Arbeitsblatt 1, Arbeitsblatt 8

Ich hätte, du hättest, sie hätte gern … • Wir hätten, ihr hättet, sie hätten gern. • Ich würde, du würdest, er würde gern … • Wir würden, ihr würdet, sie würden gern.

▶ 76 Ü1d/e, Ü12b Arbeitsblatt 1, Arbeitsblatt 8

Dürfte ich, dürftest du, dürfte er bitte …? • Dürften wir, dürftet ihr, dürften sie bitte …? • Könnte ich, könntest du, könnte sie bitte …? • Könnten wir, könntet ihr, könnten sie bitte …?

▶ 77 Ü2a ▶ 78 Ü2c Arbeitsblatt 2

Wir! • wir haben – wir hatten – wir hätten • wir werden – wir wurden – wir würden • wir dürfen – wir durften – wir dürften • wir können – wir konnten – wir könnten

▶ 79 Ü2e Arbeitsblatt 2

Ich! • ich habe – ich hatte – ich hätte • ich werde – ich wurde – ich würde • ich darf – ich durfte – ich dürfte • ich kann – ich konnte – ich könnte • Du! • du hast – du hattest – du hättest • du wirst – du wurdest – du würdest • du darfst – du durftest – du dürftest • du kannst – du konntest – du könntest • Sie! • sie hat – sie hatte – sie hätte • sie wird – sie wurde – sie würde • sie darf – sie durfte – sie dürfte • sie kann – sie konnte – sie könnte • Wir! • wir haben – wir hatten – wir hätten • wir werden – wir wurden – wir würden • wir dürfen – wir durften – wir dürften • wir können – wir konnten – wir könnten • Ihr! • ihr habt – ihr hattet – ihr hättet • ihr werdet – ihr wurdet – ihr würdet • ihr dürft – ihr durftet – ihr dürftet • ihr könnt – ihr konntet – ihr könntet • Sie alle! • sie haben – sie hatten – sie hätten • sie werden – sie wurden – sie würden • sie dürfen – sie durften – sie dürften • sie können – sie konnten – sie könnten

▶ 80 Ü4a Arbeitsblatt 3

Ich hätte, ich hätte, ich hätte so gern … • Ich hätte gern Irina gesprochen. • Ich hätte gern mit Irina gesprochen. • Ich hätte gern die Dunja gesprochen. • Ich hätte gern mit Dunja gesprochen. • Ich hätte gern den Peter gesprochen. • Ich hätte gern mit Peter gesprochen. • Ich hätte gern Frau Krause gesprochen. • Ich hätte gern mit Frau Krause gesprochen. • Ich hätte gern Herrn Mang gesprochen. • Ich hätte gern mit Herrn Mang gesprochen. • Ich hätte gern den Direktor gesprochen. • Ich hätte gern mit dem Direktor gesprochen. • Ich hätte, ich hätte, ich hätte so gern … Ich hätte, ich hätte, ich hätte so gern!

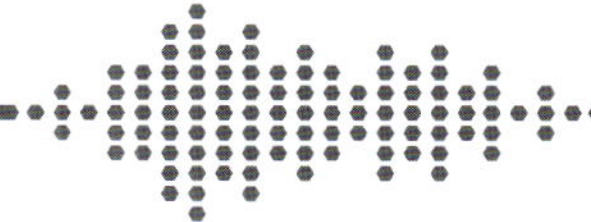

81 **Ü5a, Ü7a** Arbeitsblatt 4
Hier ist Paula. Ich hätte gern mit Amina gesprochen. • Hier ist Tanja. Ich hätte gern mit Anton gesprochen. • Guten Tag, Nassar. Ich würde gern mit Frau Gül sprechen. • Guten Tag, Krause. Ich würde gern mit Herrn Müller sprechen. • Hallo, hier ist Lange. Könnte ich bitte mal die Jala sprechen? • Hallo, hier ist Paula. Könnte ich bitte mal mit Frau Lange sprechen? • Guten Tag, Löser. Dürfte ich bitte Herrn Wang sprechen? • Guten Tag, Duda. Dürfte ich bitte Frau Fröhlich sprechen?

82 **Ü8a/d** 83 **Ü8b** Arbeitsblatt 5
A: Hallo! Hallo, hallo! • B: Ja....? Wer ist denn da? • A: Hier ist Bingül. Ich würde, ich würde, ich würde so gern ... • B: Was würdest du, würdest du, würdest du gern? • A: Ich würde so gern mal den Bülent sprechen. • B: Der Bülent muss leider, leider noch spülen. • A: Oh nein, wie schade. Wir wollen doch spielen. Das ist schöner als langweilige Bücher zu lesen oder ganz blöde Rätsel zu lösen. • B: Das könntet ihr, könntet ihr, könntet ihr machen. Das dürftet ihr, dürftet ihr, dürftet ihr machen. Das würdest du, könntest du, dürftest du machen und noch ganz viele andere Sachen. Aber erst spülen und dann dürft ihr spielen! • A: Natürlich. Sehr schön! Auf Wiedersehen! • AB: Tschüss!

84 **Ü8c** Arbeitsblatt 5
lesen – lösen • kennen – können • spielen – spülen • Kissen – küssen

85 **Ü9b** Arbeitsblatt 6
Kissen, küssen, liegen, lügen, kennen, können, lesen, lösen

86 **Ü10a** Arbeitsblatt 6
Hallo, hier ist die Mama. Habt ihr schön gespült? Ihr wisst doch: Erst spülen, dann spielen. • Guten Tag, hier ist Möller. Ist dort die Firma Keller? Handeln Sie mit Türen? • Hallo, hier ist Röder. Ich würde Ihnen gern das Paket mit den vielen Kissen schicken. • Guten Tag, hier ist Heffler. Könnte ich bitte Mias Bruder sprechen? • Hallo, hier ist Lisa Löser. Lösen Sie bitte mein Problem. Lügen Sie nicht. • Hallo, hier ist Schiller. Ich suche grüne Söckchen für meine Tochter.

10 Wochenende *„Es ist so toll, zusammen zu sein!"*

87 **Ü1a, Ü8b** Arbeitsblatt 1, Arbeitsblatt 6
Endlich ist es soweit! Es ist Samstagmorgen! • Wochenende! Hey cool! Keine Sorgen! • Es ist so schön, morgens spät aufzustehen. • Ja, es macht Spaß, abends feiern zu gehen. • Es ist so toll, mal den Stress zu vergessen, • gemeinsam zu kochen, Pizza zu essen. • Ich finde es super, die Musik laut zu machen, • auf der Straße zu tanzen und mit euch zu lachen. • Es ist so cool, mit den Freunden zu spielen, • zusammen zu sein und sich ganz frei zu fühlen. • Ich mag es sehr, durch die Stadt zu laufen, • sich im Park zu treffen und ein Eis zu kaufen. • Habt ihr vielleicht auch Lust, dabei zu sein • und was Tolles zu machen? Euch fällt schon was ein! • Ich finde es toll, gemeinsam zu singen. • Ich habe Lust, in den See zu springen. • Es ist auch schön, manchmal nichts zu tun. • Ich finde es gut, mich mal auszuruhen. • Es macht auch Spaß, ins Museum zu gehen. • Ich finde es lustig, Witze zu erzählen. • Es ist schön, ...

88 **Ü1b, Ü8a** Arbeitsblatt 1, Arbeitsblatt 6
Es ist so toll, zusammen zu sein, Pizza zu essen, einen Witz zu erzählen und manchmal gar nichts zu tun.

89 **Ü2c, Ü4a** Arbeitsblatt 2, Arbeitsblatt 3
Ich finde es toll, morgens spät aufzustehen. • Ich finde es toll, gemeinsam zu frühstücken. • Ich finde es toll, ins Schwimmbad zu gehen. • Ich finde es toll, mein Zimmer aufzuräumen. • Ich finde es toll, meine Freundin anzurufen. • Ich finde es toll, schicke Sachen anzuziehen. • Ich finde es toll, eine Party zu feiern. • Ich finde es toll, ein Buch zu lesen.

90 **Ü5a** 91 **Ü5b** Arbeitsblatt 4
Wochenende! Es ist soweit! • Am Samstag um zehn habe ich Zeit, • einen Schwamm zu benutzen • und Fenster zu putzen. • Nein, nein, nein! Das kann nicht sein! • Am Samstag um zehn habe ich Zeit, • in den Zoo zu gehen, • einen Film anzusehen, • plötzlich zu tanzen, • ein paar Blumen zu pflanzen, • ein Schnitzel zu braten, • ein Rätsel zu raten, • einen Witz zu erzählen, • einen Apfel zu schälen, • eine Pizza zu kaufen, • rückwärts zu laufen, • mich mal auszuruhen • oder gar nichts zu tun.

92 **Ü6a** Arbeitsblatt 4
die Pizza, das Rätsel, der Witz, der Zoo, der Tanz, die Portion

93 **Ü7b** Arbeitsblatt 5
Ich habe keine Zeit, ... • Pilze zu sammeln und zu putzen, • ein Geburtstagsgeschenk zu kaufen, • Plätzchen zu backen, • ein Zitroneneis zu kaufen, • Zwiebeln auf die Pizza zu legen, • zum Zahnarzt zu gehen, • das Wohnzimmer zu putzen, • den Text zu übersetzen, • eine Zeitung zu lesen, • zu Fuß nach Zürich zu gehen, • die Ziegen und Zebras im Zoo anzuschauen.

11 Gesund oder krank? *„Was tut dir weh?"*

94 **Ü1a, Ü10b** Arbeitsblatt 1, Arbeitsblatt 5
A: Warum kommst du denn nicht zum Unterricht? • B: Mein Kopf tut mir weh, mein Bauch tut mir weh, meine Nase tut mir weh. Mir tut alles weh! • A: Ach ja, ich versteh! Dein Kopf tut weh, dein Bauch tut weh, deine Nase tut weh. Dir tut alles weh! Jaja, ich versteh! • A: Warum kommt er denn nicht zum Unterricht? • C: Sein Hals tut weh, sein Fuß tut weh, seine Ohren tun weh. Ihm tut alles weh! • A: Ach ja, ich versteh! • A: Warum kommt sie denn nicht zum Unterricht? • D: Ihre Hand tut weh, ihr Rücken tut weh, ihre Füße tun weh. Ihr tut alles weh! • A: Ach ja, ich versteh! • A: Warum kommt ihr denn nicht zum Unterricht? Was tut euch denn weh? • Alle: Unsere Füße tun weh, unsere Finger tun weh, unsere Hände tun weh! Oweh, oweh, uns tut alles weh! • A: Oje, oje! Eure Füße tun weh, eure Finger tun weh, eure Hände tun weh! Ihnen tut alles weh! Oje, oje!

95 **Ü1b, Ü10a** Arbeitsblatt 1, Arbeitsblatt 5
Mein Kopf tut mir weh. • Dein Ohr tut dir weh. • Ihre Hand tut ihr weh. • Sein Hals tut ihm weh. • Unsere Füße tun uns weh. • Eure Hände tun euch weh. • Ihre Ohren tun ihnen weh. • Mir tut der Kopf weh. • Dir tut das Ohr weh. • Ihr tut die Hand weh. • Ihm tut der Hals weh. • Uns tun die Füße weh. • Euch tun die Hände weh. • Ihnen tut alles weh.

96 **Ü2c** Arbeitsblatt 2
Mir geht es gut. • Dir geht es schlecht. • Ihm geht es sehr gut. • Ihr geht es nicht gut. • Uns geht es besser. • Euch geht es am besten. • Ihnen geht es super.

97 **Ü3c** Arbeitsblatt 2
mein Fuß, mein Knie, meine Hand, meine Zähne • dein Zeh, dein Herz, deine Nase, deine Haare • sein Arm, sein Bein, seine Lippe, seine Ohren • ihr Rücken, ihr Auge, ihre Zunge, ihre Augen • unsere Finger • eure Beine • ihre Hände

98 **Ü5b** Arbeitsblatt 3
Ja, du hast Recht! Mir geht es schlecht. • Dein Hals tut dir weh? Trink heißen Tee! • Ich hab Schmerzen am Zeh. Es tut wirklich weh. • Ich habe Herzklopfen. Ich brauche Schmerztropfen. • Klatscht in die Hände. Jetzt ist es zu Ende.

99 **Ü6a** Arbeitsblatt 3
der Zeh, der Tee, er • die Zähne, das Mädchen • die Hände, das Herz, schlecht

100 **Ü7a** Arbeitsblatt 4
Mir geht es, dir geht es, ihr geht es gut. • Mir geht es, dir geht es, ihr geht es gut. • Mir geht es sehr gut, dir geht es sehr gut, ihr geht es sehr gut! • Sehr, sehr gut! • Ihm geht es, uns geht es, euch geht es gut. • Ihm geht es, uns geht es, euch geht es gut. • Ihm geht es besser, uns geht es besser, euch geht es besser. • Viel, viel besser! • Ihnen geht es, allen geht es, uns geht es gut. • Ihnen geht es, allen geht es, uns geht es gut. • Uns geht es am besten! • Ja, ja, ja! Alles klar!?

101 **Ü8a** Arbeitsblatt 4
Was tut denn weh? Was tut dir denn weh? • Mir tut der Kopf weh. Ich habe Kopfschmerzen. • Mir tut der Hals weh. Ich habe Halsschmerzen. • Mir tut der Bauch weh. Ich habe Bauchschmerzen. • Mir tut das Herz weh. Ich habe Herzschmerzen. • Mir tut der Rücken weh. Ich habe Rückenschmerzen. • Ich habe auch Husten und Schnupfen dazu. • Mir geht es sehr schlecht. Lasst mich in Ruh.

102 **Ü9a** 103 **Ü9c** Arbeitsblatt 5
A: Schmerzen, Schmerzen! • B: Du brauchst Medizin. • A: Schmerzen, Schmerzen! • B: Nimm doch Aspirin. • A: Ich habe Halsschmerzen. • B: Du brauchst Halsschmerztabletten. • A: Ich habe Kopfschmerzen. • B: Du brauchst Kopfschmerztabletten. • A: Ich habe Magenschmerzen. • B: Du brauchst Magentropfen. • A: Ich habe Herzschmerzen. • B: Du brauchst Herztropfen. • A: Ich habe Schnupfen. • B: Du brauchst Nasentropfen. • A: Ich habe Husten. • B: Du brauchst Hustentropfen. • A: Ich habe Fieber. • B: Du brauchst ein Fieberzäpfchen. • A: Ich habe Schmerzen. • B: Du brauchst ein Schmerzzäpfchen. • A: Mir tut alles weh! • B: Dann trink heißen Tee. • A: Danke, sehr nett. Ich leg mich ins Bett!

12 Gemeinsam! *„Wir freuen uns! Wir verstehen uns!“*

104 **Ü1a, Ü11b** Arbeitsblatt 1, Arbeitsblatt 6
Ich und du. Wir und ihr … • Ich und du. Wir und ihr … • Ich freue mich, du freust dich, er freut sich auch. • Wir freuen uns, ihr freut euch, sie freuen sich auch. • Ich und du. Ich und du. • Ich … und du! – Hör mal zu! • Wir treffen uns, wir verstehen uns. • Wir vertragen uns. Wir freuen uns. • Wir streiten uns nie. – Nein! Wir streiten uns nie! • Ich ärgere mich, du ärgerst dich, er ärgert sich nicht. • Wir ärgern uns, ihr ärgert euch, sie ärgern sich nicht. • Sie und er. Sie und er. • Sie … und er. Hört mal her! • Sie treffen sich, sie verstehen sich. • Sie vertragen sich. Sie freuen sich. • Sie streiten sich nie. – Nein! Sie streiten sich nie! • Ich freue mich, du freust dich, er freut sich sehr. • Wir freuen uns, ihr freut euch, sie freuen sich sehr. • Ihr und ihr. Ihr und ihr. • Ihr … und ihr. Dort und hier! • Ihr trefft euch. Ihr versteht euch. • Ihr freut euch. Ihr vertragt euch. • Ihr streitet euch nie. – Nein! Ihr streitet euch nie! • Ich fühle mich, du fühlst dich, er fühlt sich gut. • Wir fühlen uns, ihr fühlt euch, sie fühlen sich gut. • Ich fühle mich auch gut. • Fühlst du dich auch gut? • Fühlt ihr euch auch gut? • Jaaa!

105 **Ü1b, Ü11a** Arbeitsblatt 1, Arbeitsblatt 6
Ich freue mich, • du freust dich, • er freut sich auch. • Wir freuen uns, • ihr freut euch, • sie freuen sich auch. • Wir streiten uns, • ihr streitet euch, • sie streiten sich auch. • Wir verstehen uns, • ihr versteht euch, • sie verstehen sich auch.

106 **Ü2a** Arbeitsblatt 2
Ich fühle mich gut. So gut, so gut. • Du fühlst dich gut. So gut, so gut. • Sie fühlt sich gut. So gut, so gut. • Er fühlt sich gut. So gut, so gut. • Wir fühlen uns gut. So gut, so gut. • Ihr fühlt euch gut. So gut, so gut. • Sie fühlen sich gut. So gut, so gut. • Das ist so gut, so gut, so gut … • Ich freue mich sehr. So sehr, so sehr. • Du freust dich so sehr. So sehr, so sehr …

107 **Ü3a** Arbeitsblatt 2
Ich beeile mich. • Du beeilst dich nicht. • Ich wasche mich schnell. • Ich ziehe mich an. • Ich kämme mich. • Du wäschst dich nicht. • Du ziehst dich nicht an. • Du kämmst dich nicht. • Ich fühle mich nicht gut. • Ich ärgere mich. • Ich hasse dich. • Wir streiten uns. • Ich entschuldige mich. • Du entschuldigst dich nicht. • Wir trennen uns.

108 **Ü4a** Arbeitsblatt 3
Sie treffen sich. • Sie sehen sich. • Sie lernen sich kennen. • Sie verlieben sich. • Sie küssen sich. • Sie verloben sich. • Sie streiten sich. • Sie entschuldigen sich. • Sie vertragen sich. • Sie treffen sich auch. • Sie sehen sich auch. • Sie lernen sich auch kennen. • Sie verlieben sich auch. • Sie küssen sich auch. • Sie verloben sich auch. • Sie streiten sich auch. • Sie entschuldigen sich auch. • Sie vertragen sich auch.

109 **Ü5a** Arbeitsblatt 3
Sie treffen sich nicht. • Sie sehen sich nicht. • Sie lernen sich nicht kennen. • Sie verlieben sich nicht. • Sie küssen sich nicht. • Sie verloben sich nicht. • Sie streiten sich nicht. • Sie entschuldigen sich nicht. • Sie vertragen sich nicht.

110 **Ü7a, Ü8a** Arbeitsblatt 4, Arbeitsblatt 5
Ich lese Märchenbücher. • Ich spreche ein Gedicht. • Ich backe einen Kuchen. • Ich koche eine Suppe. • Ich trinke einen Becher Milch. • Ich mache Hausaufgaben. • Ich mache gar nichts. • Ich habe schreckliche Bauchschmerzen. • Ich habe heute in der Schule meine Lieblingsfächer. • Ich habe acht Wochen Ferien. • Am Wochenende ist das Wetter schlecht. • Meine Lieblingshose hat Löcher.

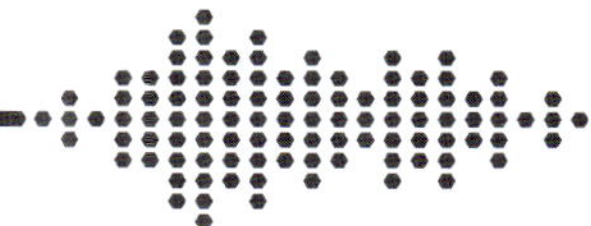

111 Ü9a Arbeitsblatt 5
A: Ärgere, ärgere, ärgere dich nicht! Ärgere, ärgere, ärgere dich nicht! • B: Manchmal ärgere ich mich über den Wetterbericht. • A: Sei doch nicht traurig! Ärgere dich nicht! • B: Manchmal ärgere ich mich über den Deutschunterricht! • A: Ja, das ist möglich. Aber ärgere dich nicht! • B: Manchmal ist es nachts dunkel. Und ich finde kein Licht. • A: Ja, das ist schrecklich. Aber ärgere dich nicht! • B: Manchmal bin ich müde. Doch das Lernen ist Pflicht. • A: Ja, das ist schade. Aber ärgere dich nicht! • B: Manchmal fühl ich mich dick. Ich hab zu viel Gewicht. • A: Das ist doch nicht schlimm. Bitte ärgere dich nicht! • A: Manchmal kauf ich Kuchen, doch mir schmeckt er nicht. • B: Ja, das ist schade, doch ärgere dich nicht. • B: Manchmal seh ich im Spiegel mein müdes Gesicht. • A: Ruh dich doch mal aus. Aber ärgere dich nicht! • B: Manchmal freu ich mich über ein schönes Gedicht. • A: Ja, das ist herrlich! Ärgere dich nicht! • B: Ärgere, ärgere, ärgere dich nicht! Ärgere, ärgere, ärgere dich nicht! • A: Ärgere dich nicht! Freu dich und singe! • B: Freu dich mit uns über die schönen Dinge!

112 Ü10a Arbeitsblatt 6
Wie oft ärgerst du dich über die Hausaufgaben? • Wie oft ärgerst du dich über eine schlechte Note? • Wie oft freust du dich auf die Schule? • Wie oft verliebst du dich? • Wie oft trefft ihr euch? • Wie oft streitet ihr euch? • Wie oft entschuldigt ihr euch? • Wie oft fühlt ihr euch super?

13 Einkaufen *„Ich hätte gern eine Tafel Schokolade."*

113 Ü1a, Ü11c Arbeitsblatt 1, Arbeitsblatt 7
Ich hätte so gern, ja ich hätte so gern … • Ich hätte so gern, ja ich hätte so gern … • ein Kilo Tomaten, drei Schachteln Pralinen, • vier Gläser Gurken, fünf Pfund Apfelsinen, • zwei Päckchen Nudeln, ein Glas Marmelade • und dann bitte noch eine Kiste Limonade, • drei Tüten Nüsse, ein Gummitier • und bitte noch zehn Rollen Toilettenpapier, • zwei Becher Joghurt, drei Dosen Tee, • einen Beutel Kartoffeln und ein Päckchen Kaffee, • zwei Gläser Senf, zwei Beutel Bonbons • und dann hätte ich gern noch die Luftballons, • zwei Tuben Zahnpasta, ein Säckchen Reis, dazu vier Stück Kuchen, ein Erdbeereis, • hundert Gramm Schinken, eine Banane, • sechs Scheiben Wurst und drei Becher Sahne. • Und dann hätte, dann hätte, dann hätte ich gern • noch eine Tafel Schokolade. • Oh, tut mir leid! Sowas haben wir nicht! • Ach, das ist ja wirklich schade!

114 Ü1b, Ü11a Arbeitsblatt 1, Arbeitsblatt 7
Ich hätte, du hättest, sie hätte so gern … • Wir hätten, ihr hättet, sie hätten so gern …

115 Ü2a, Ü4a 116 Ü2b, Ü4a Arbeitsblatt 2, Arbeitsblatt 4
Ich hätte gern eine Tube Senf, zwei Dosen Pralinen, drei Kilo Weintrauben, zwei Briefmarken. • Ich hätte gern eine Scheibe Käse. • Ich hätte gern ein Kilo Mandarinen. • Sie hätte gern eine Tüte Nüsse. • Er hätte gern eine Dose Kekse. • Wir hätten gern sechs Tüten Mehl. • Sie hätten gern sieben Scheiben Schinken. • Alle hätten gern eine Kiste Limonade.

117 Ü3a, Ü4a Arbeitsblatt 3, Arbeitsblatt 4
Was hättet ihr, hättet ihr, hättet ihr gern? • Was hättest du, hättest du, hättest du gern? • Hättest du gern einen Beutel Kartoffeln? • Hättest du gern zwei Tafeln Schokolade? • Hättet ihr gern eine Schachtel Waffeln? • Hättest du gern ein Glas Apfelmarmelade? • Was hättet ihr, hättet ihr, hättet ihr gern? • Sagt mal, was hättet ihr, hättet ihr gern?

118 Ü5a Arbeitsblatt 4
ein Stück Kuchen • eine Tafel Schokolade • ein Glas Kirschen • eine Dose Kekse • eine Tüte Bonbons • eine Flasche Limonade • eine Schachtel Pralinen • ein Beutel Nüsse • ein Becher Sahne • eine Scheibe Brot

119 Ü5e Arbeitsblatt 4
ein Stück Kuchen – zwei Stück Kuchen • eine Tafel Schokolade – zwei Tafeln Schokolade • ein Glas Kirschen – zwei Gläser Kirschen • eine Dose Kekse – zwei Dosen Kekse • eine Tüte Bonbons – zwei Tüten Bonbons • eine Flasche Limonade – zwei Flaschen Limonade • eine Schachtel Pralinen – zwei Schachteln Pralinen • ein Beutel Nüsse – zwei Beutel Nüsse • ein Becher Sahne – zwei Becher Sahne • eine Scheibe Brot – zwei Scheiben Brot

120 Ü6a, Ü7a 121 Ü6c Arbeitsblatt 5
A: Was hättest du gern? Was hättest du gern? Hättest du gern einen Beutel Bonbons? • B: Ach nein, ach nein. Ich hätte viel lieber die Luftballons. • A: Was hättest du gern? Was hättest du gern? Hättest du gern eine Tafel Schokolade? • B: Ach nein, ach nein. Ich hätte lieber eine Flasche Limonade. • A: Was hättest du gern? Was hättest du gern? Hättest du gern eine Schachtel Pralinen? • B: Ach nein, ach nein. Ich hätte lieber ein Kilo Mandarinen. • A: Hättest du gern einen Beutel Kartoffeln? Wir hätten hier auch noch bunte Pantoffeln. • B: Kartoffeln? Pantoffeln? Danke, nein! Ich kaufe lieber woanders ein. • A: Schade!

122 Ü9b Arbeitsblatt 6
Senf in Tuben • Schinken in Flaschen • Apfelsinen in Netzen • Wurst in Beuteln • Kartoffeln in Gläsern • Zwiebeln in Kisten • Marmelade in Säckchen • Zitronen in Bechern • Milch in Flaschen • Chips in Tüten

123 Ü10a Arbeitsblatt 6
Wir kochen und backen. Wir freuen uns sehr! • Wir brauchen so viel. Die Schränke sind leer! • Zwei Flaschen Milch, drei Tüten Mehl, ein Päckchen Salz, • zehn Scheiben Käse, ein Netz Zitronen und ein Pfund Schmalz, • ein Becher Sahne, hundert Gramm Schinken, ein Säckchen Reis, • drei Beutel Kartoffeln, sechs Tüten Zucker. Kennst du den Preis? • Wir brauchen so viel. Wer kauft es ein? • Wir kochen und backen. So schön kann das sein!

14 Lernen *„Hör doch bitte mal zu!"*

124 Ü1a/d, Ü5a, Ü6a, Ü8c Arbeitsblatt 1, Arbeitsblatt 4, Arbeitsblatt 5
He, hallo du! Hör doch mal zu! • He, hallo ihr! So geht das hier! • Setz dich hin! Pass gut auf! • Heb den Kaugummi auf! • Lies den Text! Schreib den Satz! • Setz dich auf deinen Platz! • Komm mal her! Sag das Wort! • Beeil dich doch! Geh zum Sport! • Sei doch still! Bleib mal stehen! • Kannst du das nicht verstehen? • Nein, tut mir leid. Ich verstehe es nicht. • Was muss ich hier machen? Ich verstehe das nicht. • Pass doch auf! Setz dich hin! • Nein, das hat keinen Sinn! • Sag es nett! Das ist leicht. • Okay! Setz dich hin! Pass gut auf! • Alles klar! Gut, das reicht.

125 Ü1b, Ü8a Arbeitsblatt 1, Arbeitsblatt 5

Setz dich! • Setz dich hin! • Lies! • Lies den Text! • Schreib! • Schreib den Satz! • Geh! • Geh zum Sport!

126 Ü2a Arbeitsblatt 2

Wir schreiben. • Wir schreiben mit. • Ihr schreibt mit. • Was machst du? • Ich schreibe mit.

127 Ü3a Arbeitsblatt 2

hören • schreiben • sprechen • antworten • lesen • sagen • wiederholen • singen

128 Ü3d Arbeitsblatt 2

Hör bitte! • Schreib bitte! • Sprich bitte! • Antworte bitte! • Lies bitte! • Sag bitte! • Wiederhol bitte! • Sing bitte!

129 Ü3e Arbeitsblatt 2

hören – Hör bitte! • schreiben – Schreib bitte! • sprechen – Sprich bitte! • antworten – Antworte bitte! • lesen – Lies bitte! • sagen – Sag bitte! • wiederholen – Wiederhol bitte! • singen – Sing bitte!

130 Ü4a Arbeitsblatt 3

aufschreiben • mitmachen • zuhören • mitsingen • mitkommen • abschreiben

131 Ü4b Arbeitsblatt 3

aufschreiben – Ich schreib auf. Schreib bitte auf. • mitmachen – Ich mach mit. Mach bitte mit. • zuhören – Ich hör zu. Hör bitte zu. • mitsingen – Ich sing mit. Sing bitte mit. • mitkommen – Ich komm mit. Komm bitte mit. • abschreiben – Ich schreib ab. Schreib bitte ab.

132 Ü5b Arbeitsblatt 4

Schreib den Satz! • Hör doch mal zu! • Setz dich hin! • Pass gut auf! • Heb den Kaugummi auf! • Lies den Text! • Komm mal her! • Sag das Wort! • Beeil dich doch! • Geh zum Sport! • Sei doch still! • Bleib mal stehen!

133 Ü5d Arbeitsblatt 4

Schreib den Satz! – schreiben • Hör doch mal zu! – zuhören • Setz dich hin! – hinsetzen • Pass gut auf! – aufpassen • Heb den Kaugummi auf! – aufheben • Lies den Text! – lesen • Komm mal her! – herkommen • Sag das Wort! – sagen • Beeil dich doch! – sich beeilen • Geh zum Sport! – gehen • Sei doch still! – sein • Bleib mal stehen! – stehen bleiben

134 Ü7b Arbeitsblatt 5

Sprich bitte etwas leiser. • Gib mir bitte deinen Schulplaner. • Mach bitte das Fenster auf. • Logg dich bitte gleich ins System ein. • Antworte bitte laut und deutlich. • Lies bitte langsamer vor. • Schlag bitte das Wörterbuch auf. • Setz dich bitte gleich hin. • Lauf bitte etwas schneller. • Zeig mir bitte die Hausaufgabe.

Vokale

Buchstaben		Laute	Beispiele
A-Laute			
A	a	[aː]	Tafel
Aa	aa		Staat
Ah	ah		Zahl
A	a	[a]	Hand
E-Laute			
E	e	[eː]	Weg
	ee		Tee
Eh	eh		sehr
Ä	ä	[ɛː]	Mädchen
Äh	äh		zählen
E	e	[ɛ]	Sessel
Ä	ä		ärgern
	-e	[ə]	Jacke
	e-		Geschenk
	-er	[ɐ]	Bruder
	er-		verabschieden

Buchstaben		Laute	Beispiele
I-Laute			
I	i	[iː]	Berlin
	ie		viel
	ih		ihr
	y		Party
I	i	[ɪ]	Stift
O-Laute			
O	o	[oː]	rot
Oh	oh		Ohr
	oo		Zoo
O	o	[ɔ]	Kopf
U-Laute			
U	u	[uː]	Fuß
Uh	uh		Uhr
U	u	[ʊ]	Mund

Buchstaben		Laute	Beispiele
Ö-Laute			
Ö	ö	[øː]	schön
Öh	öh		höher
Ö	ö	[œ]	können
Ü-Laute			
Ü	ü	[yː]	Süden
Üh	üh		Frühling
Y	y		typisch
Ü	ü	[ʏ]	München
Y	y		Ypsilon
Diphthonge			
Au	au	[aɔ̯]	Haus
Äu	äu	[ɔœ̯]	Häuser
Eu	eu		neun
Ai	ai	[aɛ̯]	Mai
Ei	eu		Kleid

Konsonanten

Buchstaben		Laute	Beispiele
B	b	[b]	Ball
	bb		Hobby
	-b	[p]	Urlaub
C	c	[k]	Cola
		[ts]	CD
Ch	ch	[ç]	sprechen
		[x]	Sprache
		[k]	Chor
		[ʃ]	Chef
		[tʃ]	chatten
	chs	[ks]	sechs
	ck	[k]	packen
D	d	[d]	du
	dd		Pudding
	-d	[t]	Hand
	dt		Stadt
F	f	[f]	Foto
	ff		treffen
G	g	[g]	Glas
	gg		Bagger
	g	[ʒ]	Etage
		[k]	Tag

Buchstaben		Laute	Beispiele
H	h	[h]	Haus
	h	[–]	Ohr
	-ig	[ɪç/ɪk]	lustig
J	j	[j]	Junge
		[ʒ]	Jackett
		[dʒ]	Jeans
K	k	[k]	Kopf
L	l	[l]	lustig
	ll		Ball
M	m	[m]	Mann
	mm		immer
N	n	[n]	Nase
	nn		Mann
	ng	[ŋ]	Junge
	nk	[ŋk]	Bank
P	p	[p]	Puppe
	pp		Lippe
Pf	pf	[pf]	Pferd
Ph	ph	[f]	Phonetik
Q	q	[kv̥]	Qualität
R	r	[ʁ]	Regen
	rr		Herr
	r	[ɐ]	Ohr

Buchstaben		Laute	Beispiele
Rh	rh	[ʁ]	Rhythmus
S	s	[z]	Sonne
	ss	[s]	Tasse
	s		Haus
	ß		Fuß
Sch	sch	[ʃ]	Tasche
Sp	sp	[ʃp]	Sport
	sp	[sp]	Prospekt
St	st	[ʃt]	Stadt
	st	[st]	lustig
T	t	[t]	Tag
	tt		bitte
Th	th		Thema
	-tion	[ts]	Emotion
	ts		rechts
	tz		Platz
V	v	[f]	Vogel
		[v]	Verb
	-v	[f]	brav
W	w	[v]	wo
X	x	[ks]	Text
Z	z	[ts]	Zahn
	zz		Pizza

Bildquellen: